세계
민담
전집

세계
민담
전집

10

폴란드 | 유고 편

오경근 | 김지향 엮음

황금가지

세계 민담 전집을 펴내면서

민담이란 한 민족이 수천 년 삶의 지혜를 온축하여 가꾸어 온 이야기들입니다. 그 민족 특유의 자연관, 인생관, 우주관, 사회 의식이 속속들이 배어 있는 민담은 진정 그 민족이 발전시켜 외부와 교통해 온 문화를 이해하는 골간입니다. 세계화 시대를 맞아 국경의 의미가 나날이 퇴색되고 많은 사람들이 인류 공통의 문제를 피부로 느끼는 지금, 한편으로는 국가와 민족 인종 간의 몰이해로 인한 충돌이 더욱 빈번해져 가고 있습니다. 서로의 문화를 진정으로 이해해야 할 필요성이 더욱 커진 오늘, 한 민족의 문화에서 민담이 갖는 중요성을 생각할 때, 우리나라에 아직 믿고 읽을 만한 민담 전집을 갖지 못했다는 것은 여러 모로 불행한 일이 아닐 수 없습니다.

지금까지 세계 여러 민족의 옛이야기들이 전혀 출판되지 않았던 것은 아니지만, 개별적으로 나와 망실되고 절판된 데다가 영어나 일본어 판에서 중역된 것이 대부분이었고, 그나마 아동용으로 축약 변형되어 온전한 모습으로 소개되지 못했습니다. 황금가지에서는 각 민족의 고유 문화를 이해하는 실마리가 될 민담을 올바르게 소개하고자 다음과 같은 원칙에 따라 편집을 진행하였습니다.

첫째, 근대 이후에 형성된 국가의 구분에 얽매이지 않고 더 본질적인 민족의 분포와 문화권을 고려하여 분류하였습니다. 국가적 동질성과 문화적 동질성이 반드시 일치하지는 않기 때문입니다.

둘째, 각 민족어 전공자가 직접 원어 텍스트를 읽은 후 이야기를 골라 번역했습니다. 영어 판이나 일본어 판을 거쳐 중역된 이야기는 영어권과 일본어권 독자들의 입맛에 맞도록 순화되는 과정에 해당 민족 고유의 사유를 손상시켰을 우려가 높습니다. 황금가지 판 『세계 민담 전집』은 해당 언어와 문화권을 잘 이해하고 있는 전공자들이 엮고 옮겨 각 민족에 가장 널리 사랑받는 이야기, 그들의 문화 유전자가 가장 생생하게 드러나는 이야기들을 가려 뽑도록 애썼습니다.

셋째, 기존에 알려져 있던 각 민족의 대표 민담들뿐 아니라 그동안 접하기 힘들었던 새로운 이야기들을 여럿 소개합니다. 또한 이미 들은 적이 있는 이야기일지라도 축약이나 왜곡이 심했던 경우에는 원형에 가까운 형태로 재소개했습니다.

황금가지 판 『세계 민담 전집』은 또한 작은 가방에도 들어가는 포켓판 형태로 제작되어 간편하게 들고 다니며 읽을 수 있게 하였습니다. 세계를 여행하면서 그 지역에 뿌리를 두고 자라난 이야기들을 읽고 확인하는 것도 이 전집을 읽는 또다른 즐거움이 될 것입니다.

세계 민담 전집 편집부

차 례

황금가지 세계 민담 전집 폴란드·유고 편

폴란드 민담

마왕 보루타와 흰머리 보루타 ●●● 11

마왕 보루타와 귀족 칼리나 ●●● 15

마왕 로키타 ●●● 20

트바르돕스키 ●●● 28

유리 산 ●●● 34

레흐, 포피엘, 피아스트 ●●● 39

크라크와 바벨 성의 용 그리고 반다 공주 ●●● 46

포드할레의 전설 ●●● 53

성녀 킹가의 결혼 지참금 ●●● 58

고사리 꽃 ●●● 61

야노식 ●●● 78

타트리 산맥의 잠자는 기사 ●●● 88

바다의 눈 ●●● 96

발트 해의 여왕 ●●● 102

임금이 된 농부 ●●● 106

토요일 산 ●●● 129

황금 오리 ●●● 142

바질리쉑 ●●● 150

인어 ●●● 162

예수와 강도들 ●●● 173

유고 민담

금빛 털을 가진 숫양 ●●● 181

호수 속의 크라사 ●●● 190
바쉬 첼리크 ●●● 193
동물의 언어 ●●● 219
황금 사과와 공작 아홉 마리 ●●● 226
영원한 어둠의 세계 ●●● 242
두더지의 유래 ●●● 244
내기를 위한 거짓말 ●●● 246
착한 일을 하면 후회하지 않는다 ●●● 252
메제도비치 ●●● 262
악마와 그의 제자 ●●● 270
곰과 여우 ●●● 275
황제를 지혜로 이긴 소녀 ●●● 279
거짓말은 오래가지 않는다 ●●● 284
나는 그를 보내 주고 싶은데 그가 나를 놔 주지 않아 ●●● 296
작은 악마 ●●● 297
나스루딘과 개 ●●● 298
저는 사실 사라예보 출신이 아니에요 ●●● 299
사악한 여자 ●●● 300
말보다 빠른 소녀 ●●● 305
하늘에도 땅에도 없는 궁전 ●●● 308
용과 황제의 아들 ●●● 312
나쁜 시어머니 ●●● 322

해설 | 폴란드 · 유고 민담을 소개하며 ●●● 327

....
폴란드 민담
....

● 폴란드는 지리상 북유럽과 서유럽, 러시아의 중간에 위치한다. 동유럽 국가 중 비교적 큰 면적을 차지하지만 끊임없이 외침을 당한 끝에 100년 넘도록 지도상에 폴란드가 없었던 시기도 있었다. 분할 점령을 당한 후 독립 투쟁의 시기를 거쳐 하나의 국가로 거듭났다. 같은 종교와 언어를 가진 폴란드인들은 전통과 민족의 자주성을 강하게 의식한다.

마왕 보루타와 흰 머리 보루타

보루타Boruta는, 폴란드의 중부 지역에 세워졌다가 무너져 버린 웽치차Łęczyca 성의 지하 창고에 지금도 앉아 있는 유명한 마왕의 이름이다. 그는 아주 오래 산다. 벌써 거의 400년이나 살았다. 그러나 지금은 조용히 앉아서 아무런 소식이 없는 것을 보면 매우 늙었음이 분명하다. 그의 이름은 오랫동안 널리 알려졌다.

한번은 못된 양반이 자기의 이웃을 욕하며 저주를 퍼부었다.

"보루타가 그놈의 목을 조르든지, 아니면 아예 모가지를 비틀어 버렸으면 좋겠다!"

그러면 마왕은 그러한 저주들에 기꺼이 응하곤 하였다.

웽치차 성 부근에 어디 출신인지, 또한 이름이 무엇인지 알려지지 않은 한 귀족이 살고 있었는데, 그는 매우 건장하고 힘이 셌다. 아무도 그와 대적할 수가 없었다. 그가 칼을 강하게 한 번 휘두르기만 해도 상대편의 손에서 칼이 떨어져 나갔기 때문이다. 그가 담장에 등을 대고 싸우면 사람들이 아무리 한꺼번에 덤벼도 그를 당해

낼 수가 없었다.

그래서 그 귀족은 '보루타'라는 별명을 얻게 되었다. 그의 힘과 기운을 도저히 감당해 낼 수 없는 사람들은 마왕 보루타가 그를 돕고 있는 것임에 틀림없다고 말하였다. 그리고 그가 두건이 달린 희고 낡은 겉옷을 입고 다녔기 때문에, 마왕인 진짜 보루타와 구별하기 위해 그를 '흰 머리 보루타'라고 불렀다.

그때부터는 아무도 그에게 시비를 거는 사람이 없었다. 모든 사람들이 그를 피했고 길을 양보했다. 심지어 주막집에서 술에 취한 귀족들이 서로 칼을 들고 싸우다가 흰 머리 보루타의 목소리를 듣고는 문간으로 그리고 마당으로 허둥대고 도망가서 거기에서 마저 싸우기도 했다.

이웃들이 힘줄이 툭 불거진 그의 오른손에 대해 그러한 존경을 보내는 것, 아니 그보다는 오히려 두려움을 나타내는 것에 그는 매우 자부심을 느꼈다. 우쭐해진 그는 종종 만약 그가 진짜 보루타를 만나면 그의 목을 비틀어 버리고 그가 지키고 있는 보물들을 자기가 차지하겠다며 허풍을 떨었다. 그럴 때면 벽난로 속, 혹은 벽난로 뒤에서 비웃음이 들려오는 것 같았다.

흰 머리 보루타는 엄청난 술고래여서 이웃의 술주정뱅이들이 모두 함께 달려들어도 그를 취하게 만들 수가 없었다. 그는 항상 첫 잔은 '보루타의 건강을 위하여!'라고 외치며 마셨는데, 그러면 곧 굵은 목소리가 응답했다.

"고맙다!"

흰 머리 보루타는 한때 부유했지만 재산을 모두 술판에 날려 버렸다. 그러자 그는 웽치차 성의 보물 창고로 가서 자기가 사랑하며 형님이라고 부르는 마왕 보루타에게서 금 보따리 몇 개를 얻어 와야겠다고 작정했다.

　자정이 되자 이 겁없는 귀족은 등불을 들고 자기의 힘과 칼만을 믿은 채 성의 지하로 내려갔다. 다마스크 강철로 만든 날이 시퍼렇게 선 칼을 칼집에서 빼어 들고 깜깜한 주위를 등불로 비추었다. 그는 구불구불한 길을 따라 두 시간을 내려갔다. 마침내 벽에 숨겨진 문을 부수자 보석들이 눈에 들어왔다. 그런데 구석의 금덩이 위에 번뜩이는 눈을 가진 부엉이의 모습을 한 보루타가 혼자 앉아 있었다. 건방진 귀족도 그 모습에 얼굴이 창백해지고 몸을 부들부들 떨기 시작했으며, 너무나 겁이 나서 땀을 비오듯이 흘렸다. 잠시 후 정신을 좀 가다듬은 뒤에, 그는 인사를 하며 기어들어 가는 목소리로 말하였다.

　"위대하고 자비로우신 마왕 형님께 엎드려 큰절을 올립니다!"

　부엉이는 고개를 끄덕였다. 그러자 흰 머리 보루타는 조금 마음이 놓였다. 다시 한번 인사를 하고 난 후 그는 두루마기의 주머니와 가져온 자루들에다 금과 은을 채우기 시작하였다. 너무나 많이 담았기 때문에 돌아서기조차 힘들었다.

　이미 동이 트기 시작하였으나, 귀족은 금을 담는 것을 멈출 수가 없었다. 결국에는 더 이상 담을 곳이 없어지자, 입에다 채워 넣기 시작했다. 마침내 많은 금을 잔뜩 퍼 담은 뒤에 그는 다시 한번 파수꾼에게 인사를 하고는 지하에서 나왔다. 그러나 그가 막 문턱을 넘어서려는 순간 문이 자동으로 닫히면서 그의 발뒤꿈치를 싹둑 잘라버렸다.

　절뚝거리면서 그리고 흐르는 피로 흔적을 남기면서, 또한 너무나 많이 꽉꽉 채워 넣은 보석들로 무거운 자루들을 메고서, 그는 마지막 안간힘을 다 써서 간신히 집으로 돌아왔다.

그는 바닥에다 금과 은을 내려놓았고, 입에 든 것도 뱉어 냈다. 그리고 지치고 맥이 빠져 바닥에 쓰러져 버렸다. 이때부터 그는 많은 돈을 가지게 되었지만, 힘과 건강을 잃고 남은 삶을 신음 속에서 보내야만 하였다. 그러다가 밭의 경계선을 놓고 이웃과 다투게 되어 결투를 했는데, 예전에는 보루타가 손가락 하나로도 이길 수 있었던 그 이웃사람이 싸움에서 이기고 흰 머리 보루타는 죽었다.

그의 집은 폐허가 되었다. 아무도 거기에서 살려고 하지 않았다. 마왕 보루타가 거실과 방들에 남아 있는 보석들을 웽치차 성으로 도로 옮기면서 마당에 있는 늙은 버드나무에 종종 앉기 때문이다.

마왕 보루타와 귀족 찰리나

웽치차 성 지하 보물 창고의 어둠 속, 타르 입힌 나무 막대기가 불을 밝히며 타고 있는 옆에 수염을 기른 웬 귀족 양반이 앉아서 술을 통째로 들이켜고 있었다. 그는 진홍색 겉옷을 입고 금박 허리띠를 했으며 검을 차고 있었다. 회색 양가죽으로 만든 사각 모자는 어딘가 어색하게 걸려 있는 것처럼 보이고 그에게 잘 맞지가 않았다. 그런데 그가 머리를 긁으려고 손을 올릴 때마다 손에 무시무시한 손톱이 달린 것이 보였고 모자를 들출 때 작고 까만 뿔 두 개가 보였다. 그가 바로 옛날에 폴란드 중부 지방 마조브셰Mazowsze의 대공들이 성의 지하 창고에 숨겨둔 보물들을 지키고 있는 유명한 마왕 보루타였다. 얼굴은 크고 붉었으며 길고 숱 많은 콧수염은 턱수염과 함께 가슴에까지 닿고, 큰 키에 넓은 어깨 그리고 번뜩이는 눈을 갖고 있었다. 그는 달콤한 포도주가 담겨 있던 빈 통 위에 우울하게 앉아 있었으나, 어쩌다가 한번씩 웃을 때면 긴 콧수염을 말아올려 흔들거리는 큰 귀 뒤로 넘겼다. 보루타는 이렇게 혼잣말하였다.

"나는 이미 지겹도록 오랫동안 이 어둡고 축축한 지하 창고에 앉아 있었고, 이제는 더 이상 마실 술도 없어. 마지막 남은 포도주 한 통도 곧 마셔 버릴 테지!"

그리고 이렇게 생각하였다.

'이제는 아무도 감히 이 보물들을 훔치려고 하지 않고, 여기 있으니 바깥세상이 그립군. 한 곳에 이렇게 앉아 있자니 지겨워 죽겠고 이러다가는 바위처럼 굳어 버리겠어. 이곳은 항상 어둡고 춥고 우울해. 그런데 저 바깥세상에는 따뜻한 햇빛이 비치고, 새들과 사람들은 즐겁게 노래를 하지. 악단이 연주하고 잔치가 벌어진다고. 더 이상은 정말 못 참겠어. 훌훌 벗어젖히고 나도 신나게 놀아 보자! 지하 창고를 잠그고 세상으로 나가야겠어. 하지만 좋은 손님 대접을 받으려면 옷매무새를 단정히 해야겠지.'

웽치차 성에서 1마일 떨어진 곳에 사는 귀족 칼리나의 집에서 악단의 연주 소리가 들려왔다. 칼리나가 자기의 큰딸을 시집보내는 것이었다. 많은 친척들이 온 집 안을 가득 메웠고, 문간과 베란다 그리고 방들에는 꿀, 맥주, 보드카 통들이 즐비했는데, 그도 그럴 것이 칼리나는 이 고을 땅의 절반을 가진 부자였고, 게다가 이러한 큰 잔치를 만나서 그동안 광에서 녹슬고 있던 은화를 아낌없이 풀었기 때문이었다.

예상치 않은 새 손님이 그 집의 문 앞에 나타났을 때는 이미 결혼식이 끝나고 신부의 머리에 족두리를 씌우는 의식도 다 끝난 후였으며, 악단이 결혼식 때 부르는 노래를 연주하고 있었다. 손님은 진홍색 겉옷에 금박 허리띠를 두르고, 머리에는 회색 양가죽 사각모자를 쓰고 허리에는 칼을 찼으며, 검은 장갑을 끼고 큰 박차가 달린 목이 긴 장화를 신고 있었다. 그는 문을 활짝 열어젖히며 들어서서는 모자도 벗지 않은 채 인사를 하고 계속 걸어가서 탁자에 앉았다.

악단은 연주를 멈추었고, 결혼식 노래는 연주를 듣던 사람들의 귀에서 일순간에 사라졌다. 놀란 부인들은 구석으로 몰려갔다. 모든 사람들의 얼굴에서 난처한 기색을 본 주인은 이 낯선 사람에게로 가서 말하였다.

"형제여, 당신이 좋다면 언제라도 우리 집에서 빵과 소금을 드실 수 있습니다. 그러나 이 자리에는 제가 당신을 초대하지 않았습니다. 그러니 제발!"

그렇게 말하고는 문을 가리켰다. 그러나 낯선 사람은 나가지 않겠다는 뜻으로 고개를 흔들었고, 귀찮다는 듯 소리쳤다.

"마실 거!"

칼리나가 꿀 단지와 사발을 이 손님에게 주라고 말하고 하인들이 그렇게 하자 이 낯선 사람은 사발은 바닥에다 던져 버리고 꿀 단지를 들어 단숨에 마셨다. 이것을 본 웽치차의 귀족들은 좋아하며 박수를 치고 소리쳤다.

"이 사람은 우리의 형제다! 우리의 형제."

낯선 사람은 기분이 좋아져 유쾌하게 웃고는 콧수염을 말아올려 귀 뒤로 넘겼고, 꿀이 든 큰 나무통을 보자 그것을 집어서 상 위에 올려놓고는 마개를 던져 버린 뒤 입을 딱 벌리고 구멍에서 콸콸 쏟아지는 꿀을 벌컥벌컥 마셨다.

모든 사람들은 이 놀라운 모습의 낯선 사람을 빙 둘러싸고, 부인들과 아가씨들은 엄청나게 마시는 그를 보며 의자에 앉았다. 낯선 사람은 단지 코로만 숨쉬며 계속 들이켰다. 곧 그는 통을 집어들어 잘 나오도록 기울였고, 마침내는 꿀이 떨어졌다. 한 통을 깨끗이 비운 것이었다! 그리고 콧수염 한쪽을 잡아 그것으로 입가와 턱수염에 묻은 거품을 닦고는 소리쳤다.

"음악! 노래!"

그렇게 외친 그는 신부를 낚아챘다. 놀란 그녀가 비명을 질렀지만 낯선 사람은 그녀가 무서워하는 것도 아랑곳없이 잡아끌었다. 그러자 신랑이 그녀를 보호하려 나서며 그 무례한 사람에게 결투를 신청하였다. 낯선 사람은 주저하였으나, 신랑이 그의 모자가 떨어져 나갈 정도로 세게 뺨을 갈기고 다른 이들도 그의 목덜미를 가격하며 달려들자 그는 소리쳤다.

"한 명씩, 한 명씩 덤벼라!"

그러고는 마당으로 나갔다.

개들은 마치 늑대의 냄새를 맡은 듯 짖어 대었고, 귀족들은 그가 달아나지 못하도록 그의 뒤를 쫓았다. 횃불과 촛불을 높이 밝히니 마당은 대낮같이 밝았다.

낯선 사람은 칼을 빼어 들고는 신랑이 자신의 검으로 바닥에 십자가를 긋는 것을 타는 듯한 눈빛으로 바라보았다. 칼이 부딪힐 때마다 불똥이 튀겼고 낯선 사람은 능숙하게 방어하였다. 그러나 신랑은 그보다 더 꾀가 많았다. 그를 당해 낼 수 없음을 알아차린 신랑은 칼을 오른손에서 왼손으로, 왼손에서 오른손으로 번갈아 바꿔 쥐었다. 그러자 낯선 이는 정신을 차릴 수가 없어서 언제 상대가 칼을 휘둘렀는지도 모른 채 목덜미 부분을 강하게 얻어맞았다. 그의 손가락 두 개가 잘려 나가고 장갑이 바닥에 떨어졌다. 낯선 사나이는 피가 흐르는 손에서 검을 떨어뜨렸다. 그때 첫 닭이 울었다. 부상당한 그는 신음하고, 바닥에 떨어진 금박 허리띠, 피에 젖은 장갑 그리고 자신의 검을 남겨둔 채, 그를 에워싸고 있던 귀족들을 껑충 뛰어넘어서 사라져 버렸다. 그가 서 있던 자리에서는 타르가 조금

끓고 지독한 황산 냄새가 모든 사람들의 코를 찔렀다. 집주인 칼리나는 허리띠와 장갑을 집어들었는데, 큰 손톱이 달린 손가락 둘이 바닥으로 떨어지자 몸을 부르르 떨었다. 신랑은 칼을 살펴보았다. 그것은 이교도의 칼이었다. 즉 십자가 표시가 없었고, 단지 터키의 초승달 문양이 새겨져 있었다.

그러자 모든 사람들이 외쳤다.

"보루타, 보루타야!"

웽치차 성의 어두운 지하 창고, 타르 입힌 막대기가 타고 있는 옆에서 수염을 기른 한 귀족이 진홍색 겉옷은 입고 있었으나, 허리띠와 칼은 없고 양가죽으로 만든 찢어진 회색 사각모자를 쓰고 앉아 있었다. 그는 빈 술통 두 개 위에 누워서 손톱이 단지 세 개만 남아 솟아 있는 손을 핥으며 혼자 투덜거렸다.

"이제 다시는 세상 밖으로 나가지 않겠어. 아침에 햇빛을 쬘 때는 아주 좋았지. 그런데 저녁에는 그 망할 놈의 귀족 때문에 내가 얻은 것이 무언가? 내가 마실 때는 박수를 치더니 그 다음에는 내게 결투를 신청해? 나는 그래도 그들을 쉽게 처치할 수 있다고 생각했는데, 놈들이 마왕보다 더 칼을 잘 쓰다니. 허리띠와 칼, 손가락 둘을 잃었고, 모자는 찢어졌고 팔에는 상처를 입었다. 게다가 가장 기분 나쁜 것은 그들이 보루타에게 부상을 입혔다는 사실을 알고 있다는 것이지."

화가 난 그는 콧수염을 배배 꼬고 턱수염을 잡아당겼으며, 부상당한 손을 핥았다.

그때부터 웽치차의 마왕은 성의 지하에서 더 이상 밖으로 나오지 않았다.

마왕 로키타

웽치차의 유명한 보루타에 관한 흥미로운 이야기들은 카르파티 산맥[1] 부근 갈리치아[2] 지방의 제슈프 지역에서 그에 못지 않게 자신의 이름을 날린 유명한 마왕 로키타를 생각나게 한다.

카르파티 산맥이 시작되는 제슈프에서 반마일 떨어진 흐미엘르닉Chmielnik 주교구 소속의 브웽도바 마을에서, 한 가난한 농부가 아내에게 자신의 절망스런 모습을 보이지 않으려고 집에서 뛰쳐 나와서는 앞에서 깊은 계곡이 입을 벌리고 있는 높은 바위 위로 가서 섰다. 팔을 축 늘어뜨린 그는 자기와 자기 아내의 노력이 아무런 효과도 없이 모두 수포로 돌아가기만 하는 딱한 사정에 대해서 소리를 내어 이야기하기 시작했다. 그가 그렇게 한탄하며 울고 있을 때, 갑자기 그의 앞에 마왕 로키타가 나타났다. 농부는 처음에 겁에 질렸으나, 가까이서 자세히 로키타를 보니 전혀 무섭지 않게 보였다.

로키타는 농부에게 정해진 날 약속한 시간에 정확하게 돈을 갚기만 한다면 아무런 이자도 받지 않고 많은 돈을 빌려주겠지만 제때

갚지 못할 경우에는 대신 그의 영혼을 가져가겠다고 제의하였다. 농부는 그 제의에 동의하고 많은 돈을 받았다. 그러고는 마치 높은 양반에게 하듯이 모자를 벗고 머리가 무릎에 닿도록 깊숙이 절을 하였다. 그러자 로키타는 계곡 밑으로 뛰어내려 빽빽한 덤불 속으로 사라졌다.

농부는 그 돈으로 충분한 재산을 모았을 뿐만 아니라, 아주 큰 부자가 되었다. 정해진 날짜가 다가오자 그는 바위와 계곡이 있는 그 너도밤나무 숲으로 갔고, 이전과 같은 자리에 서서 로키타를 부르기 시작했다.

"로키타! 로키타!"

그렇게 여러 번 외치고 나자 계곡의 깊은 곳에서 다른 마왕의 목소리가 들려왔다.

"로키타는 없다. 셰로카가 벼락으로 쳐서 그를 죽여 버렸다."

농부는 그것이 무엇을 뜻하는 것인지 이해하였다. 마왕이 말하는 셰로카는 성모 마리아를 이르는 것으로서, 그녀는 광대한 지역에 막대한 권력을 갖고 있기 때문에 그녀 앞에서는 마왕들도 몸을 떨었다.

로키타가 벼락을 맞아 죽어서 돈을 돌려줄 수 없게 된 농부는 돈을 갖고 그냥 집으로 돌아왔다. 사람들은 그때부터 그를 로키타라고 부르기 시작했다. 지금도 그 마을에는 이 농부의 자손들이 '로키타'라는 이름을 그대로 갖고 살고 있는데, 그들은 자신들의 땅을 갖고 있으며 부유한 층에 속한다.

여기 로키타에 관한 유명한 옛 이야기가 있다. 어느 날 그는 유명하다는 보루타를 만나고 싶어 웽치차로 날아갔다. 보루타는 진심으로 아주 반갑게 이 예기치 않은 손님을 반겼으나, 그가 '미꾸라지 같은 놈들'이라고 부르는 웽치차의 귀족들이 포도주와 맥주를 다 마셔 버렸기 때문에 로키타를 이웃 마을인 피오트르쿠프^{Piotrków}로 초대하였다. 그곳에서는 마침 재판이 열리고 있는 중이어서 훌륭한 헝가리 포도주를 파는 지하의 술집들은 많은 사람들로 북적댔다.

보루타가 웽치차 성문 위에 앉아서 두 손가락을 어찌나 세게 퉁겼는지 사분의 일 마일 떨어진 교회에서 잠을 자고 있던 오르간 연주자가 놀라서 깰 정도였다. 곧 화려하게 치장한 힘센 말 두 마가 나타났다. 보루타와 로키타는 두건을 두르고 말에 올랐다. 모든 사람들은 그들을 보고 진홍색 겉옷을 입는 카르마진 가의 귀족들로 생각했으나, 사실은 마왕 둘이 10마일을 한 시간에 달릴 수 있는 마법의 말을 타고 가는 중이었다.

보루타는 귀족 행세를 잘 했기 때문에 그를 보는 사람들은 그가 대귀족 출신이라고 믿어 의심치 않았으며, 카르파티 산맥 저지대에서 온 촌뜨기 로키타도 보루타로부터 훈련을 잘 받아서 제법 고관처럼 보였다.

그들은 곧 피오트르쿠프에 도착하여 첫 번째 주막집에서 먹고 마신 뒤 곧바로 법정으로 갔다. 보기에도 곰같이 힘이 셀 것 같은 우람한 몸집의 보루타와 그보다는 못하지만 건장한 체격의 로키타가 오래 묵은 헝가리 포도주를 마신 탓에 기분이 좋아져서 주위의 사람들에게 정중히 인사하며 나타나자, 그 기세에 압도당한 법관들이 새로운 손님들에게 자리를 양보해 주었다.

그때 법정은 일곱 아이들을 데리고 구석에 서 있는 불쌍한 과부의 처벌에 대해 막 선고를 내리려는 판이었다. 실은 죽은 남편의 숙부이고 비인간적인 사람인 촌장이 그녀로부터 농장을 빼앗아 버린 것이었다. 따라서 죽은 사람이 정말 그 농장을 숙부에게 팔고 돈을 받았는지 아닌지에 대해서 그 자리에 있었던 증인이 진술하고 선서하는 일이 남아 있었다.

로키타는 재판에만 정신을 집중하여 주위에서 일어나고 있는 일에는 신경을 쓰지 않고 있었으나, 보루타는 그에게서 조금 떨어진 곳에서 촌장이 불쌍한 과부의 땅을 차지하려고 한 귀족을 매수하며 거짓 증언을 하도록 시키는 소리를 들었고, 또한 그가 법정 창문 밑으로 가 쌈지에서 100즈워티짜리 붉은 지폐를 꺼내 건네는 것도 보았다.

보루타는 로키타의 귀에 대고 몇 마디를 속삭였다. 그러자 로키타의 얼굴에서 곧 웃음이 사라졌고 눈에서는 불이 튀었으며 손은 부들부들 떨렸다.

매수된 귀족은 법정의 칸막이 앞으로 나와 외쳤다.

"존경하는 재판장님, 저는 농장 값을 지불할 때 그 자리에 있었습니다. 그리고 이것이 사실이라는 것을 증명하고 맹세합니다."

그가 말을 마치자 불쌍한 과부는 바닥에 무릎을 꿇고 엎드려 울부짖었다.

"오, 주님 그리고 고아들의 수호자이신 어머님 성모 마리아여, 저와 제 자식들에게 은총을 베푸소서!"

법정은 귀족이 선서하도록 그를 불렀다. 그때 무시무시한 목소리가 울려퍼져 건물 전체를 뒤흔들었다.

"그는 거짓말쟁이다. 거짓 선서를 하려 한다!"

그것은 보루타의 목소리였다.

손을 들어 선서하려던 귀족은 얼굴이 창백해지고 열사병에 걸린 것처럼 몸을 덜덜 떨었다. 그러나 잠시 후 정신을 가다듬고 용기를 내어 말하였다.

"선서합니다……."

그러나 그 다음에는 말을 잇지 못하였다. 왜냐하면 로키타가 칸막이 앞으로 껑충 뛰어 나가서 그를 잡아채서는 자기 가슴으로 끌어 당겼다가 다시 그 자리에 세워놓고, 자신은 보루타와 함께 잽싸게 법정을 빠져나갔기 때문이었다. 귀족은 십자가 앞에 서 있었으나 이미 더 이상 말을 할 수가 없었다.

"당신은, 선서합니까?"

제일 가까이 있던 판사가 물었다. 귀족은 다시 무언가 말을 하려 했다. 그러나 그의 벌어진 입에서 피가 뿜어져 나와 책상의 파란 천 위로 쏟아졌고 그는 기절했다. 깜짝 놀란 판사들이 책상에서 일어섰고, 방청석에서는 큰 소란이 일어나 재판이 정지되었으며 기절한 귀족은 광장으로 옮겼다. 그곳은 많은 사람들로 붐볐다.

큰길에 말을 탄 두 귀족이 있었다. 한 명은 엄청난 키에 육중한 체격이었고, 다른 한 명은 그보다는 날씬하였으나 역시 건장하였다. 그들은 바로 보루타와 로키타였다. 온 배심원들과 판사들은 쩌렁쩌렁 울리는 보루타의 말을 들었다.

"형제 여러분! 선서를 하려던 귀족은 거짓말을 하였습니다. 그는 거짓 증언을 하는 대가로 부자이고 마을의 우두머리이며, 또한 저 불쌍한 어린아이들의 작은할아버지인 사람으로부터 100즈워티를 받았습니다!"

"거짓말!"

화가 난 마을의 우두머리가 외쳤다.

보루타는 계속해서 침착하게 말했다.

"형제 여러분! 기절한 귀족의 주머니를 뒤져 보시오. 그는 초록색 쌈지에 악으로 물든 100즈워티를 갖고 있소."

가까이 서 있던 사람들이 혀 잘린 귀족의 주머니를 뒤져 초록색 쌈지를 꺼내었다. 그 안에 100 즈워티가 있었다.

"자, 누구 말이 맞습니까?"

경멸하는 표정으로 말하면서 보루타는 숱 많은 콧수염을 말아 귀 뒤로 넘겼다. 마을 우두머리를 옹호하는 자가 말했다.

"그것은 아무런 증거가 못 됩니다. 귀족은 자기의 돈을 가지고 있었을 뿐이었으니까요."

화가 난 보루타가 소리쳤다.

"그렇다면 여보게, 친구, 진정한 증거를 보여 주게나!"

그러고는 로키타를 가리켰다. 로키타는 안주머니에서 피 묻은 빨간 고깃점을 꺼내 들고 말했다.

"이것은 내 손으로 직접 저 위선적인 증인의 목에서 잘라 낸 혀입니다. 혀야, 네가 말해 보아라!"

그렇게 말하고는 로키타는 그것을 길 가운데로 던졌다. 그러자 혀는 마치 개구리처럼 폴짝폴짝 뛰면서 세 번 반복해서 말했다.

"나는 거짓말했다! 나는 거짓말했다! 나는 거짓 선서를 하고 거짓말했다!"

모든 군중들은 그것을 보고 놀라서 돌처럼 굳어 버렸다. 그때 보루타가 말하였다.

"저 사악한 촌장에겐 내가 직접 벌을 주겠습니다. 당신들은, 형제들이여, 거짓 증언한 놈을 처벌하십시오. 그는 벌써 열두 번이나 거짓 증언을 했답니다. 그러한 부도덕은 마귀들마저도 참을 수가 없는 것입니다. 당신들에 관해 '피오트르쿠프의 증인은 사탕무 수프 한 숟가락이면 산다.' 라는 수치스런 말이 괜히 있는 것이 아닙니다."

"옳소! 옳소!"

모두가 소리쳤다. 그러는 동안 보루타는 촌장을 마치 짚단처럼 가볍게 집어들어 자기의 말안장 앞에 태우고 로키타와 함께 말을 달려 사람들의 시야에서 사라졌다.

"죽여라! 거짓 증언한 놈을 베어 버려라!"

사방에서 외쳤다. 깨어난 귀족은 꿇어앉아 용서를 빌기 시작했고, 그의 머리 위에서는 수많은 칼들이 번득거렸다. 그때 근엄한 예수회 신부가 간절한 목소리로 어찌 아무런 힘이 없는 사람을 그렇게 벌할 수 있느냐고 하면서 성난 사람들을 달랬다. 그리고 자신의 몸으로 그를 보호하며 수도원으로 데려갔다.

군중들은 흩어졌고, 교회에서 일하는 노인이 혀를 가져다 마을의 공동묘지 담장 밑에다 묻었다. 그러나 혀는 다음날 같은 시각에 땅에서 뛰쳐나와 깡총대면서 외치기 시작했다.

"나는 거짓말했다! 나는 거짓말했다! 나는 거짓 선서를 하고 거짓말했다!"

아무리 혀를 땅속 깊숙이 묻어도 그런 일이 며칠 동안 계속 반복되자, 예수회 신부들이 나와서 기도를 드린 후 혀에다 성수를 뿌렸다. 그때서야 비로소 혀는 가루가 되어 없어졌고, 수도원에 세속인의 신분으로 남게 된 귀족은 말을 되찾았으나 단지 기도문을 외울 때만 말했다.

다음날 법정의 담 밑에서 촌장의 시체가 발견되었다.

사흘째 되던 날 법정에 모든 법관들이 모여서 불쌍한 과부에게 유리하도록 판결을 내렸다. 촌장이 귀족에게 줬던 100즈워티를 신부가 그녀에게 주었고, 피오트르쿠프의 귀족들과 시민들도 그녀에게 마차를 선사하여 아이들과 함께 집으로 돌아가게 하였다. 예수회 수도원에서도 풍족한 선물을 주었다.

촌장의 시체는 부잣집 양반답게 성대하게 장례를 치르기 위하여 훌륭한 관에 넣어서 큰 방 한가운데에 갖다 놓았다.

그런데 자정이 되자 이상한 행렬이 나타났다. 집 앞에 장례 마차가 나타나서는 시체가 담긴 관을 실었다. 까마귀처럼 시커멓고 눈에서는 불똥이 튀는 말 네 마리가 끄는 마차는 질풍같이 달려 사라졌다. 마부는 독일식의 삼각형 모자를 썼고, 짧은 반바지와 망토를 걸친 양반 두 명이 탔으며, 하인은 빨간 스타킹을 신고 있었다. 마차가 움직이기 시작했을 때, 갑자기 큰까마귀, 갈가마귀, 땅까마귀 떼가 나타나서 퍼덕거리며 온 도시를 뒤덮었다. 그리고 모든 것이 사라져 버렸다. 촌장의 시체는 발견되지 않았다. 나중에 수도원에서 소문이 들리기를, 늙은 신부가 꿈속에서 보았는데 납치된 시체가 웽치차 성의 지하 창고에 있더라는 것이었다. 몇 년이 지나고 난 후에야 비로소 촌장의 친척들이 그 성의 지하 창고에 들어가서 시체를 발견하였다. 자세히 들여다보니 그것은 정말로 그 못된 촌장의 시체였다.

● — 주

1 폴란드와 슬로바키아 간의 경계를 이루고 있는 산맥으로서 알프스 산맥의 지류이다.
2 20세기 초반까지 폴란드의 남부 지방과 우크라이나의 서부 지역을 가리킬 때 쓰던 말이다.
3 Szeroka. 폴란드 말로 '넓고 크다'라는 뜻이 있다.

트바르돕스키

트바르돕스키Twardowski는 부친 쪽으로 보나 모친 쪽으로 보나 명망 있는 귀족 가문의 후예였다. 그는 늘 맘씨 좋은 보통 사람들보다 더욱 냉철하고 이성적인 사람이 되기를 소망했다. 특히나 죽음에 굴복하는 것을 원치 않았기 때문에 죽지 않고 오래 살 수 있는 특효약을 찾아내려 하였다. 그러던 어느 날, 케케묵은 옛날 책에서 악마를 불러내는 비법을 읽게 된 마법사 트바르돕스키는 으슥한 밤 자정을 기하여 몰래 크라쿠프Kraków, 17세기 초까지 폴란드의 수도였고, 현재도 폴란드 제2의 도시이며 관광의 명소를 떠났다. 도시 전체를 가로질러 포드구르Podgór에 도착한 그는 큰 소리로 사탄을 불렀다. 그러자 순식간에 악마가 나타나서는 트바르돕스키와 계약을 맺었다.

악마는 트바르돕스키의 손가락을 베어 흘러나온 피로 무릎 위에다 길고 긴 계약서를 쓰고는 서명을 했다. 계약서의 여러 조항 가운데 가장 중요한 내용은 바로 이것이었다.

"트바르돕스키를 로마에서 붙잡기 전까지 사탄은 트바르돕스키의 영혼과 육체에 대하여 아무런 권리도 가지지 않는다."

트바르돕스키는 악마와 계약을 맺은 덕분에 자신의 심복이 된 악마에게 폴란드 전역에서 은을 가져와 한곳에 모아놓고 모래로 덮으라고 명령하였다. 그러고는 올쿠슈^{Olkusz} 지방을 손가락으로 가리켰다. 충성스런 심복은 명령을 이행하였고, 여기에서 오늘날 올쿠슈 지방의 유명한 은 광산이 탄생했다.

두 번째로 트바르돕스키가 악마에게 명령한 것은 아주 길고 높은 바윗덩이를 피에스코바 스카와^{Pieskowa Skara}로 가져와서 뾰족하고 가느다란 쪽이 아래로 가도록 바위를 거꾸로 세워서 그 상태로 영원토록 있게 하라는 것이었다. 충직한 부하가 된 악마가 바윗덩이를 거꾸로 세워놓은 것이 오늘날에 이르러 스카와 소콜라^{Skara Sokoła, '송골매 바위' 라는 뜻}라고 불리게 된 것이었다.

트바르돕스키가 요구하는 것들은 무엇이든지 곧바로 이루어졌다. 트바르돕스키는 알록달록 색칠을 한 말을 타고 날개도 없이 날아다녔고, 먼 길을 갈 때에는 수탉을 타고 말보다 더 빨리 달렸다. 비스와 강을 건널 때에는 자신의 연인과 돛도 없고 노도 없는 배를 저어 건넜으며, 손에 등잔을 들면 100마일 밖의 마을까지도 환하게 밝힐 수 있었다.

어느 날 그는 한 처녀에게 푹 빠져 그녀와 결혼하고 싶어졌다. 그 처녀는 항아리에 살아 있는 동물 한 마리를 넣고는 그 항아리 안에 든 것이 무엇인지 알아맞히는 사람과 결혼하겠다고 선언하였다. 영리한 트바르돕스키는 허름하고 초췌한 거지로 변장하고, 아름다운 처녀를 찾아갔다. 그러자 그녀는 멀리서 항아리를 보여 주며 물었다.

"과연 이 동물은 무엇일까요? 벌레일까요? 뱀일까요? 이것을 맞히는 사람이 바로 내 남편이 될 거랍니다."

트바르돕스키는 대답했다.

"친애하는 숙녀여! 그것은 벌이오."

정답을 맞힌 트바르돕스키는 곧바로 그녀와 결혼했다.

트바르돕스키 부인은 크라쿠프 시내에 진흙을 다져서 작은 집을 짓고, 냄비와 그릇들을 잔뜩 가져왔다. 트바르돕스키는 부유한 귀족이 지나다 들른 것처럼 위장을 하고는 악마에게 그것들을 깨뜨려 버리라고 명령하곤 했다. 부인이 홧김에 나뭇가지를 분지르면 호화로운 마차에 앉은 트바르돕스키는 낄낄거리며 즐거워하곤 했다.

그의 주위에는 금이 모래처럼 널려 있었다. 왜냐하면 그가 원하기만 하면 언제든 악마가 금을 가져다 주었기 때문이었다. 하루는 오랫동안 유람을 하다가 그만 마법을 부릴 도구도 없이 어두운 숲 속에서 길을 잃고 말았다. 그가 고민에 빠져 있는데 갑자기 악마가 나타나서는 지금 즉시 로마로 갈 것을 제안하였다.

트바르돕스키는 화를 내며 주문의 힘으로 악마를 물리쳤다. 화가 난 악마는 이를 갈며 소나무를 뿌리째 뽑아 트바르돕스키의 두 다리를 후려쳐서 다리 한 쪽을 박살내 버렸다. 그날 밤 이후부터 트바르돕스키는 다리를 절게 되어 절름발이로 널리 알려지게 되었다.

마법사의 영혼을 오랫동안 기다리다 지친 악마는 마침내 계략을 꾸미게 되었다. 악마는 우선 저택의 하인으로 변장하고, 마치 도움을 요청하기 위하여 주인인 트바르돕스키를 초대하는 것처럼 위장하였다. 트바르돕스키는 마을에 있는 음식점의 이름이 '로마'라는 사실은 까맣게 모르고, 사신과 함께 한걸음에 마을로 달려왔다.

저택의 문지방을 넘어서자 거기에는 수많은 까마귀, 부엉이 그리고 올빼미들이 지붕을 온통 뒤덮고 있었으며, 음산한 소리가 대기를 뒤흔들고 있었다. 당장에 무언가 좋지 않은 일이 자신을 덮치리라는 사실을 예감한 트바르돕스키는 악마가 저택에 나타나는 순간, 떨리는 손으로 이제 막 세례를 받은 갓난아기를 재빨리 요람에서 들어올려 어르기 시작하였다.

뾰족한 삼각형 모자와 기다란 조끼가 달린 감색 드레스코트, 꽉 끼는 짧은 바지, 장식 단추와 리본이 달린 구두로 아름답게 차려입기는 하였지만 모두들 그가 악마라는 것을 금방 알아차릴 수 있었다. 왜냐하면 모자 아래에 뿔이 솟아 있었고, 구두 밖으로 발톱이 보였으며 엉덩이에는 꼬리가 보였기 때문이었다.

악마는 즉시 트바르돕스키를 데려가고 싶었지만 트바르돕스키의 팔에 안겨 있는 아기를 보는 순간 자신이 곤경에 빠졌음을 깨달았다. 왜냐하면 자신은 그 아기에 관해서는 아무런 권리도 없었기 때문이었다. 그렇지만 영리한 사탄은 곧 묘안을 떠올리고는 마법사에게 다가가 속삭였다.

"너는 훌륭한 귀족이다. 베르붐 노빌레 데베트 에세 스타빌레[2]."

귀족 서약을 깨트려서는 안 된다는 걸 누구보다 잘 알고 있는 트바르돕스키는 아기를 요람에다 내려놓고는 자신의 동반자들과 함께 굴뚝으로 빠져나갔다. 그러자 부엉이와 까마귀와 올빼미 떼들도 기꺼이 동참하였다. 모두모두 높이, 더 높이 날아올랐다. 트바르돕스키는 영혼을 지킬 수 있었다. 하늘 위에서 아래를 내려다보았더니 어찌나 높이 날았는지 시골 마을은 모기만 하게 보였고, 큰 도시들은 파리만 하게 보였다. 크라쿠프는 마치 거미 두 마리가 엉켜 있는 것 같았다.

트바르돕스키는 회한의 감정을 느꼈다. 저 땅 위에다 자신이 아끼고 좋아하고 사랑하는 모든 것들을 두고 오지 않았던가. 카르파티폴란드 남폭 체코와 슬로바키아의 국경을 이루는 산맥 중의 하나의 독수리들조차도 날갯짓하기 힘든, 저 멀리 까마득히 보이는 더 높은 곳으로 날아오르던 트바르돕스키는 숨이 턱까지 차올랐지만 마지막 힘을 다해 성스러운 신의 노래를 흥얼거리기 시작했다.

　이것은 그가 그 어떤 마법도 알지 못하고 순수함을 간직했던 아주 오래전 젊은 시절에 마리아를 경배하며 매일같이 부르던 성가 중의 하나였다.

　비록 온 힘을 다하여 정성스럽게 노래를 불렀지만, 그의 소리는 공중으로 산산이 흩어졌다. 그렇지만 산 위에서 양을 지키던 목동들은 과연 저 구름 속 어디에서 성가가 들려오는지 궁금하게 여기면서 이상하다는 듯 고개를 들어 바라보았다. 그의 목소리는 하늘로 솟아오르진 못했지만, 사람들의 영혼을 일깨우기 위하여 지상으로 퍼졌던 것이다.

　노래를 끝마친 그는 깜짝 놀랐다. 왜냐하면 자기의 몸이 더 이상 위로 날아가지 않고, 공중에 매달려 있었던 것이다. 주위를 둘러보니 그와 함께 비행하던 것들이 더 이상 보이지 않고, 저 하늘 어디에선가 청보라색 구름 사이에서 천상의 목소리가 들렸다.

　"심판의 날까지 지금처럼 하늘에 매달려 있을 것이니라!"

　이렇게 하늘에 매달려 있게 된 이래로 그는 지금까지 허공 위를 떠다니고 있다. 비록 그의 입에서 말은 사라지고, 그의 목소리는 더 이상 아무에게도 들리지 않지만 그때 그 시절을 기억하는 나이 많은 노인들은 몇 년 전에 하늘에서 반짝였던 검은 얼룩을 가리키면서 그것이 바로 심판의 날까지 하늘에 매달리게 된 트바르돕스키라고 이야기하곤 한다.

● ─ 주

1 Wisła. 폴란드의 남쪽 체코와 슬로바키아의 국경인 타트리 산맥에서 발원하고 폴란드 중앙을 관통하여 발트 해로 흘러드는, 폴란드에서 가장 큰 강.
2 *Verbum nobile debet esse stabile.* 귀족 서약에 따르면 귀족은 아무것도 손에 들어서는 안 된다.

유리 산

　유리로 된 높은 산의 꼭대기에 황금으로 지은 성이 우뚝 서 있었다. 성 앞에는 사과나무가 한 그루 있고, 그 사과나무에는 황금 사과들이 열려 누군가 그 황금사과를 따는 사람만이 황금의 성으로 들어갈 수 있었다. 그 성 안의 방들 중 은으로 된 방에는 마법에 걸린 아리따운 공주가 갇혀 있었다. 그런데 공주는 이루 다 헤아릴 수 없이 많은 보물들을 갖고 있어서, 지하 창고들은 값진 보석들로 가득 찼고 성의 모든 방에는 금 궤짝들이 즐비했다.
　오래전부터 많은 기사들이 산 위로 올라가려고 시도해 보았지만 아무 소용없었다. 발굽에 날카로운 징을 박은 말을 타고 위로 오르려고 했던 사람이 한둘이 아니었으나 모두가 허사였다. 결국에는 비탈진 산의 중턱에서 요란한 소리를 내면서 밑으로 떨어져 손과 다리가 부러지고, 혹은 목이 부러지기도 했다.
　아름다운 공주는 그 늠름한 기사들이 용맹한 말을 타고 산 위로 오르려고 하다가 끝내는 실패하는 모습들을 창문에서 안타깝게 바라보곤 했다! 공주의 모습은 보는 사람들의 마음을 아프게 했다. 온 사방에서 그녀를 구하기 위해서 사람들이 달려왔지만, 불쌍한 공주는 벌써 7년 동안이나 구원자들을 애타게 바라보고만 있었다! 유리산 근처에는 이미 기사들과 말들의 시체가 적지 않게 쌓였고 갈비뼈가 부러져 신음하며 죽어 가는 사람들도 많았다. 마치 공동묘지 같았다.

사흘이 지나면 이제 7년째 되는 해도 다 저물게 되는 때에, 황금 갑옷을 입은 한 기사가 비탈진 유리 산 밑으로 다가왔다. 그는 말을 달려 단숨에 산의 중턱까지 올라가서는 다시 무사히 내려왔다. 보는 사람들은 모두 감탄하였다. 첫 번째 시도를 성공한 그는 이튿날 동이 틀 무렵에 다시 말을 타고 마치 평지를 달리듯이 산 위로 올라가기 시작했고, 말발굽에서는 불똥이 튀었다. 그는 벌써 정상 가까이까지 다다랐다. 다른 기사들이 모두 놀란 눈으로 쳐다보았다. 사람들은 이제 그가 거의 사과나무 밑에까지 간 것을 보았다. 그러나 그때 엄청나게 큰 매가 날아와 넓은 날개를 퍼덕이면서 말의 눈을 쪼았다. 말은 울음소리를 내고 콧김을 내뿜으며 무성한 갈기를 곤두세웠으며 깜짝 놀라서 앞발을 번쩍 쳐들었다. 그러자 발이 미끄러지기 시작했고, 곧 기사와 함께 유리 산을 긁으며 밑으로 추락해 버렸다. 말과 기사는 단지 뼈만 남은 채 박살났다.

다음 날이면 일곱 번째 해가 끝나게 되는 날이었다. 잘생기고 키가 크고 건장한 체격의 젊은이가 도착하였다. 그는 많은 기사들의 목이 속절없이 부러져 나가는 것을 지켜보았다. 그는 미끄러운 유리 산 밑으로 가서 말도 타지 않은 채 혼자서 산을 오르기 시작했다. 그는 1년 전에 집에 있다가, 마법에 걸려 유리 산 꼭대기의 황금 성 안에 갇혀 있는 공주에 관한 소식을 들었다. 그래서 그는 숲으로 가서 시라소니를 사냥하여 날카롭고 긴 발톱을 자신의 두 손과 발에 단단히 묶었다. 그렇게 장비를 차린 그는 힘차게 유리 산을 오르기 시작했다. 해는 서쪽으로 기울었고 젊은이는 중간쯤에서 멈추었다. 지친 그는 간신히 숨을 내쉬었고, 지독한 갈증으로 인하여 입술이 타들어 갔다. 검은 구름이 다가왔으나, 그가 아무리 애원하고 빌어도 비 한 방울 떨어뜨리지 않았다. 그는 입을 벌렸으나 헛수고였고, 검은 구름은 조개 껍데기처럼 바싹 마른 그의 입술에 이슬 한 방울도 내지 않고 지나가 버렸다.

그의 다리는 상처투성이가 되어 피가 흘렀고, 그는 단지 두 손으로 매달려 있었다. 해는 이미 져 버렸다. 그가 꼭대기를 보기 위해 머리를 쳐들고 위를 보자 머리에서 양가죽 모자가 벗겨져 밑으로 떨어졌다. 밑을 바라보니 까마득한 벼랑! 그곳으로 떨어진다면 반드시 죽고 말 것이다! 시체들이 썩는 지독한 냄새에 숨이 막혔다. 그것은 지금 그가 여기에 있는 것처럼 산을 오르려다, 밑으로 떨어져 버린 용감한 젊은이들의 잔해였다.

이제 어둠이 밀려왔고, 별들은 희미하게 유리 산을 비추었다. 그러나 젊은이는 피투성이가 된 팔에 마치 묶인 듯 매달려 있었다. 더 이상 위로 올라갈 수가 없었다. 힘이 다 빠져 버렸기 때문이었다. 무엇을 어떻게 해야 할지 모르는 그는 그저 축 늘어져서 죽음을 기다렸다. 갑자기 졸음이 밀려왔고, 지친 그는 자신이 어디에 있는 줄도 모르는 채 단잠에 빠져들었다. 하지만 꿈속에서도 날카로운 발톱을 유리벽에 깊숙이 꽂고 있었기 때문에 밑으로 떨어지지 않고 자정까지 푹 잘 수가 있었다.

황금 사과나무는 지난번에 말을 공격하여 황금 갑옷을 입은 기사를 떨어뜨린 매가 지켰다. 매는 경계심 많은 초병처럼 밤이면 항상 산 주위를 돌며 날았다. 달이 구름 밖으로 나오자마자 매는 사과나무에서 날아올랐고, 공중을 빙빙 돌다가 젊은이를 발견하였다.

죽은 짐승의 고기를 좋아하는 매는 그를 방금 죽은 시체로 여기고는 쏜살같이 곤두박질쳐 그의 몸에 내려앉았다. 그러나 그때 젊은이는 자고 있지 않았고, 매를 보고는 그것의 도움으로 산꼭대기로 올라가야겠다고 작정하였다.

매의 날카로운 발톱이 그의 살 속으로 파고들었다. 젊은이는 고통을 꾹 참고 새의 다리를 덥석 움켜잡았다. 깜짝 놀란 매는 그를 매단 채 성 위로 높게 날아올라서는 높은 탑 주위를 돌기 시작했다. 젊은이는 매의 다리를 단단히 잡고서 흐릿한 달빛 속에 희미한 등불처럼 빛나고 있는 성을 내려다보았다. 예쁘게 장식을 한 높은 창문들은 형형색색으로 반짝거렸고, 베란다에는 아름다운 공주가 자신의 운명에 대해 골똘히 생각하며 깊은 상념에 빠진 채 앉아 있었다. 그는 매가 사과나무 가까이로 나는 것을 알고는 허리띠에서 단검을 꺼내어 매의 다리를 잘라 버렸다. 새는 고통으로 인해 높이 날아올라 구름 속으로 사라졌고, 젊은이는 사과나무의 가지들 위로 떨어졌다.

그때서야 그는 날카로운 발톱이 살 속까지 박힌 매의 다리들을 던져버리고 황금 사과의 껍데기를 벗겨 찢어진 상처에다 올려놓았다. 그러자 모든 상처들이 금방 아물었다. 그는 주머니에다 황금 사과를 가득 넣고서 씩씩하게 성으로 들어갔다. 문 앞에서 무시무시한 용이 그를 가로막았지만, 그가 사과를 던지자 용은 해자의 물로 뛰어들어 사라졌다.

곧 거대한 문이 열렸고, 그는 아름다운 꽃과 나무들로 가득한 정원의 뜰 안에 마법에 걸린 아름다운 공주가 높은 베란다에 앉은 것을 보았다.

　늠름하고 멋진 젊은이를 보자 공주는 그에게로 달려와서 마치 남편을 반기듯이 맞이하였다. 공주는 그에게 자기의 모든 재물을 주었고, 젊은이는 지체 높은 부자가 되었다. 그러나 그는 더 이상 땅으로 돌아오지 못했다. 왜냐하면 성과 공주를 지키고 있던 큰 매만이 성과 보물들을 날개에 싣고 땅으로 옮길 수 있기 때문이었다. 하지만 다리가 잘린 매는 유리 산 근처의 숲에서 죽은 채로 발견되었다. 어느 날 그는 자기의 아내인 공주와 함께 성의 정원을 거닐다가 성 밑에 많은 사람들이 모인 것을 보고 놀랐다. 그래서 그는 은 피리를 불었다. 그러자 황금 성의 전령 역할을 하는 제비가 날아왔다.
　"가서 무슨 일인지 알아보고 오너라!"
　그는 작은 새에게 말하였다. 제비는 재빨리 갔다와서 전했다.
　"매의 피가 죽은 사람들을 살려냈습니다. 유리 산을 오르다 밑으로 떨어져 죽은 사람들이 오늘 마치 잠에서 깨어난 듯 모두 일어나서 힘차게 말에 올랐고, 온 백성들은 이 놀라운 기적을 바라보고 있습니다."

레흐, 포피엘, 피아스트

아주아주 오랜 옛날, 천 년도 더 전에 레흐[1], 체흐[2] 그리고 루스[3] 라는 삼 형제가 있었는데, 그들은 세상에 새로운 나라를 건설하기 위해 세 방향으로 각자 길을 나섰다.

레흐는 북쪽으로 향했다. 그는 그 당시 우리의 땅(폴란드 유역)을 덮고 있던 사람의 발길이 닿지 않은 광활한 숲을 통해 오랫동안 갔다. 단지 태양 혹은 물의 흐름을 따라가면서 빽빽한 수풀을 헤쳐 나갔고, 늪지대를 건넜으며 마침내 바르타[4] 강가의 넓은 평지에 다다랐다. 그곳의 아름다운 경치, 비옥한 토양, 풍부한 물고기와 짐승들에 감탄한 그는 그곳에다 자신의 왕국을 세우기로 결심하였다.

레흐의 명령에 의해 왕국을 건설하는 데 쓸 나무들을 숲에서 벌목하던 이들은 흰 독수리들의 둥지를 발견했다. 레흐는 그것을 좋은 징조로 생각하여서 흰 독수리를 자신이 출전할 전쟁에서 자기 표상으로 삼았고, 자기가 세운 부락을 그니에즈노[5]라고 불렀다.

그니에즈노에서 멀지 않은 곳, 고페우(Goper) 호숫가에 크루셰비차

● ─── 폴란드 민담

Kruszewica라는 부족 국가가 있었다. 그곳은 레흐의 자손들 중 한 명인 포피엘[6] 공이 다스리고 있었는데, 그는 아주 엄격하고도 강압적으로 통치하였다. 그는 자신의 전임자들이 가졌던 것보다도 더 큰 권력을 원했다. 그래서 아무에게도 자문을 구하지 않고 혼자서 지배했다. 그의 부인인 니엠카는 그에게 독일에서는 지배자들이 모두 다 그렇게 한다고 종종 말했다.

그러나 폴란드에서는 옛날부터 중요한 일이 있을 때에는 부족장이 영향력 있는 지주들을 불러모아 자주 의논했다. 지주들로 구성된 그 집회를 비에츠wiec라고 불렀다. 포피엘은 집회 소집을 원하지 않았으며, 지주들은 그것에 분개하여 그와 함께 참전하려 하지 않았고, 심지어 그에게 복종하기를 거절하였다.

포피엘은 그의 숙부들이 그와 같은 불화를 이용하여 지주들과 연합하고 그에게서 권력을 빼앗아 갈까 봐 두려워하였다. 그래서 잔치를 열어 숙부들을 초대하였고, 그의 부인은 꿀과 포도주에 독을 섞어서 그들을 모두 독살하였다.

그는 시체들을 고페우 호수에 던졌다.

그러나 그 범죄는 곧 대가를 받았다. 물에 빠진 숙부들의 몸속에서 쥐들이 수천 마리 나와서는 크루셰비차로 향하였고, 곧바로 범죄자의 궁궐로 들어갔다.

겁에 질린 포피엘은 그러한 적들을 맞아 어떻게 대항할 줄 몰라 도망쳤고, 온 가족을 데리고 호수 가운데 섬에 솟아 있는 석탑에 몸을 숨겼다. 그러나 쥐들은 그를 따라 건너가서 석탑 안에 있는 그를 덮쳐 갉아 먹었다.

포피엘이 지배하던 때에 크루셰비차에서 멀지 않은 곳에 부유한 지주이며 수레와 그 부속품들을 만드는 사람인 피아스트Piast가 살았다. 그는 자신의 농장을 갖고 있었다. 이웃 사람들은 모두 그를 존경하고 사랑했는데, 그가 기꺼이 사람들에게 조언을 해 주고 도왔으며 모든 사람들에게 친절했고, 또한 영리하고 검소했기 때문이었다.

그는 집과 농지 이외에도 많은 벌통을 갖고 있었고, 그것은 그에게 꿀과 밀랍을 제공해 주었다. 그는 또한 수레 제작으로 돈을 벌었다. 훌륭한 아내인 제피하Rzepicha가 그의 일을 도왔다. 명랑하고 건강한 아이들은 그들의 행복이었다. 폴란드 시인인 니엠체비츠Niemcewicz는 오래전에 아름다운 역사적 시가들을 통해 우리 역사의 유명한 인물들과 중요한 사건들을 묘사하였는데, 이 농부에 대해서 다음과 같이 말하고 있다.

크루셰비차의 양순한 농부들 가운데에
신과 사람들을 사랑하는 피아스트가 있었네.
그의 집은 크지 않았으나 사방이 깨끗하였네.
고페우 호수 뒤편에 벌통을 갖고 있었네.
오래된 단풍나무가 토담집에 그늘을 만들어 주었고,
그 위에는 황새가 둥지를 틀고 있었네.

포피엘과 지주들이 비에츠를 두고 대립하고 있을 바로 그 시기에 피아스트의 큰아들이 여덟 살이 되었다. 이제부터 이 사내아이의 양육은 어머니가 아니라 아버지가 책임지게 되는 때라서 그 생일은 부모들에게는 중요한 날이었다. 아이의 생일날에 단발 의식이 거행되는데, 아버지가 아이의 긴 머리를 자르고 그에게 이름을 주며, 그에게 조상들의 가호가 있기를 청하는 것이었다.

의식이 거행되는 날에는 이웃들을 초대하였다. 이웃들이 이 의식을 기억하고 앞으로 아이에게 호의를 베풀어 주기를 바라는 마음에서 푸짐하게 대접하곤 하였다. 그래서 피아스트와 제피하도 고기, 빵, 꿀 그리고 야생 과일들을 풍성하게 준비하였다. 집을 깨끗이 청소하고 푸른 나뭇가지들로 장식하였으며, 푸짐한 상을 마련했다.

초대된 손님들이 상 주위로 막 둘러앉았을 때, 낯선 여행자들이 문간에 나타났다. 금발에 온화한 얼굴을 가진 두 젊은이들이었다. 먼지 쌓인 겉옷은 그들이 먼 길을 왔음을 잘 말해 주었다. 그들은 쉬었다 가기를 청하였다. 그들은 영주의 저택에 갔으나 문전박대당하였고, 이제 농가에 부탁해 보려고 이 초가집에 온 것이었다.

기독교 개종 이전의 폴란드에서는 손님을 접대하는 것이 너무나 당연한 것이었고 의무이기도 하였다. '집에 손님이 든 것은 신이 오신 것과 마찬가지다.' 라는 옛말이 있는데, 이 말은 그 당시 모두가 느끼고 생각하는 것을 아주 잘 표현한 것이다.

피아스트 역시 방문객을 기쁘게 맞아들였다. 그들에게 흙먼지를 털고 씻을 물을 갖다 주었으며, 식탁에 앉히고 같이 음식을 들기를 권했다. 그러는 동안에 의식이 시작되었다. 어머니는 면으로 만든 하얀 옷을 입고 긴 머리를 곱게 빗어넘긴 소년을 데려다 아버지 앞에 세웠다.

소년은 아버지 앞에서 무릎을 꿇고 고개를 숙였다. 피아스트는 그를 일으켜 세워 안아 준 다음, 샘물을 그의 머리에 뿌리고 가위를 꺼내어 이마 위의 머리를 잘랐다.

그 다음에는 가위를 손님 중의 최연장자에게 넘겨 주었고, 그가 다시 긴 머리 한 줌을 잘라내었다. 그런 식으로 친척과 이웃의 어른들이 아이의 머리를 조금씩 잘라냈다. 여자들은 그것들을 모아서 땅에다 묻었다.

그때 두 방랑객이 자리에서 일어섰으며, 그들 중의 한 명이 말하였다.

"형제들이여, 우리가 소년을 우리들 신의 이름으로 축복할 수 있도록 허락해 주십시오."

그리고 성호를 그은 다음, 계속해서 말하였다.

"성부와 성자와 성신의 이름으로 너, 지에모비타Ziemowita에게 세례를 주노라. 신의 은총이 너와 너의 집 그리고 너의 자식들에게 함께할지어다."

자리에 있던 사람들은 그 말에 놀람과 감격을 금치 못했고, 대단히 고마워했다. 신의 축복은 가장 큰 선물이었던 것이다. 지에모비타라는 이름 또한 모든 사람들의 마음에 들었고, 피아스트는 진심으로 두 손님에게 감사를 드렸다.

이제는 의식 때 부르는 노래가 시작되었다. 어머니는 금방 꺾어 온 약초들을 엮어 만든 화환을 아이의 깍은 머리 위에 씌웠고, 아버지는 조상님들의 묘지에다 제물을 바치고 빌기 위해 아이의 손을 잡고 묘지로 향했다. 가는 도중에는 계속해서 노래를 불렀다. 묘들에 우유를 뿌렸으며, 각 산소마다 그릇에 음식을 담아서 앞에 놓았다.

마지막에 집으로 돌아왔을 때 그들은 젊은 나그네들이 사라진 것을 알아차렸다. 그들이 떠나는 것을 아무도 알아차리지 못했고, 또한 어느 방향으로 갔는지도 보지 못했다. 그들은 성자들이었음이 분명했다. 왜냐하면 신의 은총이라는 성스러운 선물을 두고 갔기 때문이었다.

마침내 손님들은 다들 돌아갔다. 그러나 다음날, 포피엘이 그 누구의 이야기도 들으려 하지 않기 때문에 새로운 영주를 뽑기 위해서 지주들이 모두 모인다는 소식을 갖고 왔다. 온 사방에서 많은 사람들이 모여들었다. 어떤 이들은 걸어서 왔고, 어떤 이들은 마차를 타고 왔으며, 또 다른 사람들은 말을 타고 왔는데, 아무도 피아스트의 농장을 그냥 지나치지 않았다. 모두들 그의 현명한 말에 귀를 기울였고, 음식을 대접받고 기력을 회복했다. 크루셰비차에 급속도로 굶주림이 찾아와 그 많은 사람들이 몰려왔는데, 아무도 자기가 먹을 음식을 많이 가지고 오지 않았으며, 그 지역에 있는 것으로 그들을 먹이기에는 너무도 부족했다. 인심 좋은 수레 제작자는 사람들을 환영하여 받아들였으나, 내심 이 많은 사람들을 위한 음식을 어디서 구할지 걱정하였다. 음식이 부족해지면 어찌해야 좋담? 걱정이 되어 아내에게 아직 곳간에 무엇이 남아 있는지 물었다.

제피하는 곧 곳간으로 달려갔고, 잠시 후 돌아와서는 도저히 믿기지 않는다는 표정으로 양식이 전혀 줄어들지 않았고 항아리마다 예전과 마찬가지로 식품이 가득하다고 말했다. 놀라기도 하고 기쁘기도 했던 피아스트는 그러한 선물과 은총을 주신 신께 감사하고는 마음 놓고 사람들을 초대하여 대접하였다. 손님들은 대접을 받고 놀라워하며 칭찬했다.

"이 많은 사람들이 배불리 먹을 수 있을 정도로 충분한 양식을 갖고 있으니 당신은 정말 훌륭한 농부입니다."

"이것은 제가 한 일이 아닙니다. 이것은 신의 뜻이요, 축복입니다. 저의 오두막에 성자들을 모신 이후로 양식이 줄지를 않습니다."

사람들은 모두 놀라 서로를 쳐다보았다.

"신들이 스스로 축복을 내리시는 사람을 두고 우리가 누구를 영주로 삼는단 말인가! 피아스트에게는 신의 도움과 은총이 있으니 그가 우리를 복되게 다스릴 것이다."

그리고 수레제작자 피아스트는 크루셰비차의 권좌에 올랐다.

진홍색 어의를 입었고, 손에는 검을 들었다. 성스러운 왕관을 자신의 머리에 썼으며, 자기가 농부였던 것에 감사하고 기념하기 위해 옥좌 옆에 자신의 쟁기를 갖다놓도록 명하였다.

●──주

1　Lech. 우리나라 단군과 마찬가지로 폴란드 민족의 시조라고 여겨지는 인물.
2　Czech. 폴란드 전설에서 체코 민족의 시조라고 여겨지는 인물.
3　Rus. 러시아 민족의 시조라 여겨지는 인물.
4　Warta. 독일과의 국경을 이루는 오드라 강과 폴란드 중심부를 관통하는 비스와 강을 연결하는 강으로서 폴란드의 중서부를 흐르고 있다.
5　Gniezno. 폴란드 최초의 수도로 그 이름에는 '둥지' 라는 뜻이 있다.
6　10세기 말 폴란드의 옛 수도 그니에즈노의 전설적인 왕자. Gall Anonim의 연대기에 의하면 공국에서 쫓겨나 쥐들에게 잡아먹혔고 그의 뒤를 이어 피아스트의 아들 시에몬트가 왕위를 이어 받았다.
7　Niemka. '독일 여자' 라는 뜻.

크라크와 바벨 성의 용 그리고 반다 공주

새하얀 비스와 강, 어찌하여 너의 강물은 그처럼 하얀 것인가? 강물 위로 사람들의 눈물이 뚝뚝 떨어질 때, 그때만 해도 이처럼 새하얗지는 않았건만……. 강둑에서는 팔다리가 부러진 사람들이 살려달라고 울부짖지만 어디에도 구원은 없구나.

산 아래 동굴에 거처하는 용은 눈에 띄는 모든 것을 잡아먹고, 손에 걸리는 것이면 무엇이든 먹어 치운다. 배고픔 때문에 화가 나 눈이 뒤집히면 산 전체를 고함으로 뒤흔들고 배가 불러 동굴 속에서 숨을 헐떡거리면 공기가 온통 혼탁해진다. 밤이고 낮이고 휴식은 없다. 들판은 텅 비고 사람들은 도망치고 동물들은 두려워서 숲으로 숨어 버렸다. 가축들과 남자들은 멸종되어 버리고, 제물로 전락해 버린 여자들과 아이들은 한 끼도 배불리 먹지 못하고 억압 속에 떨고 있다. 용은 끊임없이 괴성을 지르며 사람들을 질식시킨다. 과연 무엇으로 독사같이 사나운 용을 물리칠 수 있을 것인가? 칼로는 놈의 표피를 뚫을 수 없고, 막대기로 놈의 두개골을 부숴 버릴 수도 없다. 손으로 녀석의 목을 조를 수도 없고 번개로 죽일 수도 없다. 물도 놈을 삼키지 못하고 땅도 놈을 파묻을 수 없다.

크라크는 성 안에 쓸쓸하게 앉아 턱수염을 쓰다듬으며 땅을 내려다보며, 오랫동안 생각과 명상에 잠겼다. 어떡하면 용을 때려눕힐 수 있을까? 어떻게 하면 저 괴물을 처치할 수 있을까? 한 달을 생각하고 두 달을 고민하는 동안 용은 여전히 사람들을 잡아먹고, 세 달을 생각하는 동안 용은 여전히 고함을 질러 댔다.

뭐 뾰족한 수가 없을까? 좋은 수, 좋은 수…….

그러는 사이에 세월은 흘러 일곱 달이 지나가고, 일곱 번 눈이 녹을 무렵 크라크는 스쿠바Skuba를 불러오게 하였다.

"친애하는 스쿠바야, 양과 수송아지를 죽여 그 내장을 전부 강물에다 버려라. 그리고 뜨거운 타르, 불타는 유황, 불 붙은 석탄을 모아 오너라. 유황과 송진을 짐승의 뱃속에 채워 넣어라! 그러고는 용이 배가 고파서 고함칠 때, 용의 동굴 앞에 던져라. 용이 그 불씨를 집어삼키면 용의 내장이 불에 타서 그 무서운 야수는 터져 버리고 말 것이다."

스쿠바는 그 길로 달려가서 현명한 왕이 명령한 대로 그대로 행하였다. 수송아지와 양을 죽이고 내장은 강에 버린 후 석탄과 유황과 송진으로 속을 채운 양과 수송아지를 용이 사는 동굴까지 낑낑거리며 끌고 갔다.

용이 배고픔으로 화가 나서 울부짖으며 배고픈 입을 벌리자 그는 옳다구나 하고 음식을 던져 주었다. 용은 그 무시무시한 입으로 짐승을 꿀떡 삼키고는 산 전체가 진동하고 마을이 뿌리부터 흔들릴 정도로 괴성을 질렀다. 용의 뱃속에 불이 붙어 내장이 모두 타들어 갔다. 그러자 용은 뱃속의 불을 끄기 위해서 동굴 밖으로 머리를 내밀고는 비스와 강으로 달려가 단숨에 강물을 들이마시기 시작했다. 어찌나 물을 많이 마셨던지 몸이 풍선처럼 부풀어 올랐고 결국에는 배가 터져 괴성을 지르며 죽어 버렸다.

 그 순간 크라크는 검을 들고 성에서 나와 무시무시한 괴물의 머리를 단숨에 잘라서는 횃대 위에 높이높이 걸었다.

 보아라. 친애하는 백성들이여!
 드디어 우리의 고난도 끝이 났구나.
 새들은 즐거이 지저귀고,
 들판의 산들바람은 노랫소리를 싣고 나부끼네. 농부들이여!
 어서어서 밭으로 나오게나.
 목동들이여!
 가축을 몰고 나오너라.
 아이들이여!
 숲으로 가라.
 이미 이 땅에서 용은 사라졌도다.

 용의 동굴 위로 우뚝 솟은 산 위에는 돌로 만든 성이 세워지고 크라크는 왕이 되어 네 지방, 네 민족을 평화롭게 다스렸다. 세월이 흘러 크라크의 은빛 턱수염은 길게 자라서 가슴을 덮고 무릎까지 내려왔다. 이제 머리카락이 땅에 닿을 정도로 자라나자 왕은 죽음의 시간이 이미 찾아왔음을 깨달았다. 왕은 자신의 왕국을 떠나지만 백성들이여, 즐거워도 말고 슬퍼하지도 말라. 이미 왕의 옆에는 늠름한 두 왕자와 반다^{Wanda}라는 이름의 아름다운 공주가 있으니…….
 마침내 턱수염이 땅바닥에 닿았다.

"자, 이제 내가 떠나야 할 시간이 왔구나. 왕자들이여, 왕국을 둘로 나누어 가져라. 누이에게는 왕국의 지참금을 주어라. 그리고 형제애를 지키며 살아가거라. 너희들의 아버지가 죽은 후에 눈물을 흘리라, 백성들이여."

백성들은 눈물을 흘렸고 시신은 라소타Lassota 산으로 옮겨졌다. 장작 더미 위에 왕의 시신을 올려놓고, 화장으로 장례식을 치렀다. 크라크의 재를 모으고, 모든 백성들은 한 움큼씩 손에 흙을 가져다 그 위에 뿌려서 큰 봉분을 만들었다.

왕국은 크라크Krak와 레흐Lech 두 왕자가 나누어서 통치하였다. 크라크가 반, 레흐가 반, 이렇게 반반씩 공평하게 땅을 나누었다. 그렇지만 레흐는 두려움에 사로잡혀 경계의 눈으로 형을 바라보았다.

'형이 틀림없이 나의 목덜미를 발로 차서 부러뜨리려고 할 게야.'

"형님, 우리 물고기와 야수를 사냥하러 숲으로 갑시다. 우리 어두운 밀림으로 가서 사슴도 쫓아가고, 곰 사냥도 합시다. 네? 형님."

그들은 말에 올라탔다. 누이가 탑 위에서 간절히 부탁하였다.

"제발 사냥하러 가지 마세요. 오늘 아침에 까마귀 떼가 울었고, 어젯밤에는 피로 뒤범벅이 되는 꿈을 꾸었답니다. 시종을 데려가시고 서로 꼭 붙어 있으세요. 짐승들은 모두 거친 야수이고 숲은 어둡답니다."

크라크는 웃으면서 말했다.

"우리는 짐승과 숲이 겁나지 않아."

그들은 어두운 밀림 속으로 들어갔다. 거기서 동생이 형에게 말하였다.

"형제여, 너는 여기서 죽게 될 것이다. 그리고 내가 왕국 전체를 지배하리라."

그리고는 형의 관자놀이를 망치로 때렸다. 크라크는 검붉은 피를 쏟으며 땅으로 떨어졌다. 동생은 그 다음에 시체를 어떻게 처리할까 궁리하였다. 늑대들이 땅을 파헤치면 사람들이 시신을 발견하게 될 염려가 있었다. 결국 레흐는 칼로 형제의 시신을 네 토막 낸 뒤 다시 잘게 잘라서 교차로에 매장하였다. 그리고는 흰 모래를 그 위에 뿌리고, 발로 땅을 평평하고 고르게 다졌다. 달과 별과 어두운 숲이 이 광경을 보았다. 그러나 달과 별은 아무 말도 전할 수 없었고, 숲의 소리에 귀 기울이는 사람은 아무도 없었다. 레흐는 자기의 옷을 찢고 울면서 마을로 돌아와 오열하면서 말했다.

"슬픈 일이 벌어졌다오. 어두운 숲 속에서 난폭한 짐승이 형을 물어 죽였소. 내 겉옷에 묻어 있는 피를 보다시피, 나는 그를 지키려고 했지만 소용이 없었소."

레흐는 형의 뒤를 이어 왕국의 땅 전부를 차지하였고, 혼자서 통치하게 되었다. 형의 시체가 흰 모래로 덮여 있던 교차로에 밝은 색깔의 백합이 자라나 활짝 꽃을 피우게 되었다. 그런데 이 백합꽃들이 바람에 흔들리면서 속삭였다.

"여기는 크라크의 무덤이라네. 형제의 손이 그를 죽였다네."

으슥한 밤, 이곳을 지나는 사람들은 이 이상한 목소리를 듣고 의아해하였다. 바람은 모래를 날려 크라크의 시체를 드러냈다. 결국 사람들은 시신을 성 안으로 가져왔고, 모든 원로들이 모였다. 원로들과 사람들은 제 형을 살해한 레흐를 폐위하고 나라 밖으로 추방하였다.

이제 남매 중에서 신들에게 서약을 하고 성직자가 된 반다 공주만이 남았다. 그리고 그녀가 마땅히 여왕이 되어야만 했다.

"나는 신들께 혼인 서약을 한 몸이므로 남편을 가질 수가 없는데, 어찌 내가 그대들의 여왕이 될 수 있습니까?"

"반다는 바다와 땅과 하늘의 여왕이십니다!"

백성들은 목청껏 노래 부르며 외쳤다.

"크라크의 따님이시여, 통치해 주소서!"

한편 국경 근처에는 여우처럼 교활한 독일 사람 하나가 동굴에 살고 있었다. 수도에 사는 한 공주가 왕위를 계승하고, 왕국의 어머니가 되어 두 손에 칼자루를 쥐게 되었다는 소식이 순식간에 그에게 전해졌다. 또한 그녀는 현재 남편도 없으며 남편을 원하지도 않는다는 정보도 전달되었다. 독일 왕 리트가르Rytgar는 군사를 모아서 무방비 상태의 왕국을 공격하고 전쟁을 일으킬 음모를 꾸몄다. 그들은 국경에 멈추어 서서 공주에게 사신을 보내었다.

"반다, 내가 그대의 남편이 되고 싶소. 만일 그대가 거절한다면 나는 불과 칼을 들고 당신의 나라를 공격하여 모든 것을 불사르고 모든 사람을 학살할 것이오."

이미 군인들이 들판에 몰려들었고, 수많은 창과 작살은 숲을 이루었다. 무기 소리가 났고 방패들은 번쩍거렸다. 사절단이 왔다. 반다는 일어섰다.

"나는 이미 신들께 신앙을 지킨다는 서약을 한 몸, 절대로 남편을 가질 수 없다! 전쟁을 원하는가? 오너라. 그렇다면 군대를 보내겠다. 피의 전투로써 승부를 가리자."

사절단은 되돌아갔고, 군대는 전진하였다. 평야와 산이 온통 군대로 가득 찼다. 반다는 칼을 들고 머리에는 화관을 쓰고 빛나는 얼굴로 맨 앞에 서서 군대를 지휘하였다.

●──폴란드 민담

"동포들이여, 보아라. 독일인들은 기력이 다 떨어졌다!"

리트가르가 사방을 둘러보았을 때는 병사들은 이미 허겁지겁 달아난 뒤라 숲에도 산에도 아무런 흔적조차 찾을 수 없었다. 난폭한 리트가르 혼자만 남았다. 운명이 다했음을 깨달은 그는 반다에게 말했다.

"행복한 반다여, 그대가 여왕이 되어 나라를 다스리리라."

그러고는 칼로 스스로의 심장을 찔렀다. 반다는 전쟁에 승리하고 돌아와 온 백성들을 성으로 불러모았다. 흰색 드레스를 입고 머리에는 화관을 쓰고 손에는 꽃을 든 채 반다는 백성들 앞에 나타났다.

"여러분들과 거룩하신 우리 조상들님들께 인사합니다. 나는 신들께 혼인 서약을 했지만 이제 그들에게 내 모든 것을 바쳐야만 하는 시간이 되었습니다. 나는 내 손이 뻗치는 속세의 땅을 다스리기보다는 신에게로 돌아가렵니다. 백성들이여, 나를 비스와 강의 소용돌이 심해로 데려가 주십시오."

말을 끝마친 뒤 반다는 비스와 강으로 뛰어들었다. 백성들은 여왕을 기리며 눈물을 흘렸고, 백성들 모두가 장례식에 참여하였다. 오늘날까지도 그녀의 무덤에는 언제나 사람들이 끊이지 않으며, 그녀에 관한 노래는 영원토록 불리고 있다.

포드할레의 전설

    신께서는 이레에 걸쳐 세상을 창조하시고, 그 다음에는 세계의 여러 나라들을 만들 필요한 것들을 나누어 주셨다. 마침 신은 헝가리를 만드시고 거기에다 강들이 흐르는 비옥한 땅을 주셨다. 강들이 산기슭에 이르자 신은 그것들을 남쪽 방향으로 흐르게 하여 거기에서 포도가 자라나게 하셨다. 그런 다음에는 폴란드가 생길 땅으로 다가가 폴란드를 헝가리보다 더욱 풍부하게 하시기 위해 그 지역에다 여러 가지 다양한 형태의 땅을 만드시려고 이리저리 궁리하셨다.

    이제 막 포드할레를 지으시려고 하는 참에 그곳을 지나던 천사가 '신께 영광이!' 하고 외쳤다. 신께서는 그때 아주 멋진 생각이 떠올라서 미소를 짓고 계시는 중이었다. 천사는 신께 다가와서는 감히 그 계획하시는 일을 엿보았다. 그러고는 그것이 별로 힘든 일이 아니라고 생각하였고, 자신 스스로 해 보고 싶은 생각이 들었다.

    천사는 말했다.

"신이시여, 잠깐 휴식을 취하십시오. 그러는 동안에 제가 당신을 대신하여 일을 하겠습니다."

"네가 이 일을 혼자서 할 수 있겠느냐?"

"저를 못 믿으시겠습니까?"

천사는 자신만만하게 말했다.

"허락만 해 주십시오. 그러면 제가 당신의 전능하신 손으로 만드신 나라들에 결코 뒤지지 않는 나라를 만들 수 있다는 것을 보여 드리겠습니다."

"네가 정말로 원하고(아마도 신께서는 사랑하는 천사에게 아버지의 너그러운 마음을 보여 주시려고 하셨던 것 같다.) 기필코 해 보고 싶다면, 내가 시작한 이곳까지만 해서 끝내라.(신은 이미 자기가 잘 시작해 놓은 것이니, 쉽게 망쳐놓지는 못할 것이라고 생각했다.) 그러면 나는 계속해서 다음 장소로 가겠다."

신은 새로운 땅을 만들기 위하여 북쪽으로 갔다. 그 지역은 지금의 프로쇼프(Proszow)와 산도미에슈(Sandomierz)이다. 그 두 땅을 만드는 데는 오래 걸리지 않았다. 신에게 어려운 일이 어디 있겠는가?. 그리고 일을 마치신 후 천사에게 물으셨다.

"네 일을 다 마쳤느냐?"

"이미 끝냈습니다!"

천사는 소리쳤다.

"그러면 이리 와서 내가 만든 것을 한번 보아라."

천사는 날개를 펴고 날아가다가, 벌써 공중에서 '우와!' 하고 경탄을 금치 못하는 소리를 질렀다.

프로쇼프의 땅은 수놓은 양탄자를 깔아 놓은 것 같았으며, 많은 과수원들이 있고 개천들이 흐르는 생기 있고 다채로운 색깔의 평지였다. 산도미에슈는 조금 더 높았으며, 계곡과 언덕들로 주름져 있었고 태양을 향하여 남쪽으로 완만하게 경사져 있었기 때문에 햇빛에 달궈지고 있는 것 같았다. 비스와 강줄기는 황금빛 언덕들을 굵게 감싸며 흘렀다. 프로쇼프와 산도미에슈의 언덕과 계곡 온 사방에 황금빛 호밀 들판이 펼쳐져 있어 보는 사람에게는 마치 태양으로부터 금가루가 그 땅들로 쏟아져 내리고 있는 것처럼 보였다. 신께서 그곳들을 아주 풍성하게 만드시려고 한 것을 알 수 있었다.

한참 동안 경탄을 금치 못하는 천사에게 신께서 말씀하셨다.

"이제는 너의 포드할레를 보자꾸나."

자신의 작품에 자신만만한 천사는 신으로부터 칭찬을 받을 것이라는 생각에 서둘러 앞서 갔다. 그리고 그곳에 도달했을 때 눈앞의 광경에 놀라 믿기지 않는 듯 눈을 비볐다.

"너 도대체 무슨 짓을 한 것이냐?"

천사 또한 놀랐고, 두려움에 몸을 떨었다. 포드할레에 돌아와 보니 자기가 두고 간 것하고는 다르게 변해 있었다. 일을 시작하면서 땅에 열을 많이 주는 것보다 더 좋은 것은 없다고 생각했다. 그래서 그는 엄청난 양의 돌과 바위들을 모아 흙을 조금씩 뿌리면서 높게 높게 쌓았다. 그렇게 하늘에 닿을 정도로 높이 쌓으면 열을 많이 받을 수 있을 것이고, 그러면 땅이 아주 비옥해지리라고 확신하였다.

그리고 나서 산도미에슈에 가 있는 동안 엄청난 비가 포드할레에 쏟아졌고, 빗물이 바위 위에 있던 흙을 모두 계곡 밑으로 씻어 갔다. 그러자 벌거벗고 무시무시한 암벽들과 하늘을 찌를 듯한 봉우리들 그리고 위에는 보잘것없는 소나무들이 자라고 밑에는 검은 전나무들이 뒤덮은 어두운 협곡과 절벽들로 이루어지고 살벌한 야생이 판치는 지금의 타트리 산맥이 나타났다. 그리고 물이 흙을 미처

씻어내리지 못한 좀 더 낮은 곳의 산기슭에는 단지 이끼만 잔뜩 끼고 여기저기 듬성듬성 질 안 좋은 귀리가 자라고 있었다.

이 모든 것들을 본 신께서 천사에게 말씀하셨다.

"도대체 무슨 생각으로 이러한 땅을 만들었느냐?"

천사는 겁에 질려 설명하였다.

"신이시여, 저는 이 땅이 태양으로부터 더 많은 열을 받을 수 있도록 높이 쌓고 싶었습니다."

"하지만 너는 그렇게 함으로써 오히려 이곳에 추위를 몰고 왔다. 저 보잘것없는 귀리도 여기서는 자라지 못할 것이다. 다 익기 전에 추위에 얼어 죽을 것이다. 암암, 그렇고 말고. 너의 잘못된 생각 때문에 이곳은 추위와 배고픔의 땅이 될 것이다. 이제는 돌이킬 수 없다."

신은 포드할레를 바라보며 생각에 잠기셨다.

천사는 용기를 내어 말했다.

"너무 걱정하지 마세요. 제가 다시 잘해 보겠습니다. 다만 제가 이곳에서 살 사람들을 만들도록 허락해 주십시오. 그 사람들이 저 척박한 들판과 바위 언덕들을 비옥한 땅으로 일구는 것을 보시게 될 것입니다."

신께선 화를 내셨다.

"이제 더 이상은 안 된다! 놀고 싶다면 내가 비옥하고 풍부하게 만들어 놓은 프로쇼프나 산도미에슈로 가서 사람들을 만들어라. 그러나 산사람들을 만드는 것은 내게 맡겨두어라."

그리고 혼자서 산사람들을 생각해 내셨다. 천사가 만들어 놓은 이 가난한 땅에서 잘 살아 가도록 건장하고 키가 크며, 강철 같은 다리와 독수리같이 날카로운 눈을 가졌고, 영리하고 개척 정신이

뛰어나며 강인한 투지와 활력 그리고 지혜를 겸비한 사람이었다.[1]

●──주

[1] 현재의 포드할레 사람들은 주로 양을 치는 산악 사람들이다. 신체적으로 건장하고 힘이 세며 술 마시는 내기에서 그들을 이길 사람은 없다고들 한다.

성녀 킹가의 결혼 지참금

볼레스와프 브스티드리비는 여섯 살이 되는 해에 왕위에 올랐고, 따라서 여러 대신들이 섭정을 하였다. 그는 수도승이라고 할 수 있을 정도로 조용하고 온화하며 평범한 청년으로 자라났기 때문에, 전사나 군주로는 적당치 않았다. 신하들은 그의 아내로 역시 조용하고 신앙심 깊은 헝가리 왕의 어린 딸 킹가를 간택하였다. 그리고 폴란드 사신들은 헝가리 왕에게 혼담을 넣으려고 헝가리로 떠났다.

헝가리 왕은 그들을 환대하였다. 그는 폴란드 인들을 용맹스러운 민족이라고 여기고 있었다. 그는 사신들에게 자신이 얼마나 부유한가를 보여 주려 했고, 공주의 결혼 지참금으로 보물 창고로부터 많은 금과 은을 가져다가 쌓도록 명하였다. 그러나 킹가는 아버지에게 말했다.

"아버님, 어째서 폴란드 사람들에게 금과 은을 주십니까? 그들은 그것들을 충분히 갖고 있습니다. 그리고 만약에 부족하다면 전쟁에서 승리를 통하여 얻으면 될 것입니다. 그러니 헝가리 왕의 후

한 인심을 오래도록 기억할 수 있도록 그들에게는 없는 것을 주십시오."

어리둥절해진 왕은 물었다.

"그럼 내가 저들에게 무엇을 주어야 한단 말이냐?"

"소금입니다. 그들의 나라에는 소금이 없기 때문에 우리 나라로 사러 오고 있습니다. 저들에게 소금 광산 하나를 하사하십시오. 그러면 저는 그것을 결혼 지참금으로 폴란드에 갖고 가겠습니다."

왕은 소녀의 그 말에 껄껄 웃고 나서 말하였다.

"네가 원하는 것을 갖고 가거라."

그러자 공주는 암염 광산으로 가서, 손가락에 끼고 있던 약혼반지를 빼서는 소금이 나는 깊은 구덩이에 던져넣었다.

폴란드 신하들은 자신들의 왕에게 어여쁜 신부를 데리고 왔다. 크라쿠프 성에서 결혼 피로연이 베풀어지고 있을 때, 킹가는 남편에게 말하였다.

"사랑하는 나의 남편이여, 당신이 내게 보내 주었던 약혼반지를 찾으러 헝가리로 가요."

두 사람은 크라쿠프 근처에 있는 작은 도시인 비엘리츠카(Wieliczka)로 갔다. 킹가는 그곳의 광장 한복판에 깊은 우물을 파도록 명령했다. 광부들은 오래도록 땅을 팠고, 마침내 단단한 지반에 도달해서는 말했다.

"이제 더 이상은 팔 수가 없습니다. 진짜 암반이 드러났습니다."

그러자 킹가는 말했다.

"그 바위에서 조각을 떼어내라. 내가 그것을 보겠노라!"

그래서 인부들이 덩어리를 떼어내자, 그들 중 한 명이 그것을 빛에 비추어 보고서는 소리쳤다.

"오, 왕비님! 이것은 돌이 아니라 순수한 소금입니다!"

왕비는 명하였다.

"그 덩어리를 조각내라."

그래서 그들이 덩어리를 조각내자 그 속에서 왕비가 헝가리 광산에다 던져 넣었던 빛나는 반지가 나왔다. 지금까지도 폴란드를 부유하게 해 주는 소금 광산은 성녀 킹가의 결혼 지참금이다.

●── 주

1 Bolesław Wstydliwy. '부끄럼 많은 볼레스와프'라는 뜻이다.

고사리 꽃

아주 오랜 옛날부터 모든 사람들에게, 특히 할머니들에게 널리 잘 알려져서, 저녁이면 장작불이 소리 내며 활활 타오르는 난롯가에 모여 앉아 많이 회자되던 이야기가 있다. 그것은 연중 밤이 가장 짧은 성 요한의 날에 고사리 꽃 Kwiat paproci이 피는데, 누군가 그 꽃을 발견하여 따서 간직하면 세상에서 가장 큰 행운을 얻으리라는 것이다.

그러나 불행히도 그 밤이 연중 단 한 번뿐이고 너무나도 짧으며, 또한 숲의 많은 고사리 중에서 꽃은 단 한 송이만이, 그것도 아주 구석진 곳에서 피기 때문에 그 꽃을 발견하기 위해서는 정말로 운이 좋아야만 한다는 것이다.

거기에다 그 기적 같은 일에 대하여 아는 사람들은 덧붙여 말하기를, 그 꽃으로 가는 길은 매우 어렵고도 위험하다고 했다. 왜냐하면 많은 괴물들이 꽃을 지키기 위해 그곳으로 오는 사람들을 방해하여 아무도 통과시키지 않기 때문에 꽃을 따려는 사람은 아주 용감해야 한다는 것이었다. 그리고 그 꽃은 처음에는 매우 알아보기

●──폴란드 민담

힘들다고 하였다. 왜냐하면 그것은 아주 작고 추하며 보잘것없기 때문이다. 그러나 일단 따고 나면 아름다운 꽃봉오리로 변한다.

가는 길도 어려울 뿐더러 따기도 어렵고 해서 노인네들도 단지 들어서만 알고 있을 뿐이었다. 따라서 이야기하는 사람마다 각자 다르게 이야기했고 또한 거기에다 나름대로 첨가하기도 했다. 아무리 그렇다고 해도 그 꽃이 성 요한의 밤에 첫 닭이 울기 전 잠시 피며 그것을 따는 사람은 자기가 원하는 모든 것을 갖게 된다는 점은 같았다.

그러니 누구든 그 신기한 일이 곧 이루어진다고 한번 상상해 보라.

알려진 바로는, 오직 젊은이만이 그리고 죄를 짓지 않은 순결한 손만이 그 꽃을 딸 수 있다고 늙은이는 비록 그 꽃을 찾아낸다 해도 꽃이 그의 손에서 재가 되어 사라져 버린단다.

모든 전설에는 항상 진실의 알갱이가 들어 있는 법. 그런데 사람들이 여러 가지 쓸데없는 이야기들로 핵심을 가리고 또한 두려워하기도 하기 때문에 종종 그것을 알아보지 못하는 것이 일반적인 현상이다. 이 고사리 꽃에 관해서 가장 중요한 사실은 그것이 성 요한의 밤에 분명히 핀다는 것이다.

야첵이란 이름의 소년이 있었다. 마을 사람들은 그를 괴상한 녀석이라고 생각했다. 왜냐하면 그는 항상 여기저기를 뒤적거렸으며, 무언가 찾기 힘들다는 것이 있다는 이야기를 들으면 그것을 찾기 위해 제일 열심히 나섰기 때문이다. 천성이 그랬다. 그저 발밑에 차이는 것이나 손만 뻗어서 쉽게 얻을 수 있는 것들은 무시했고, 아주 힘들게 위험을 무릅쓰고 얻은 것에서만 만족을 느꼈다.

그러던 어느 날 저녁, 모든 사람들이 난롯가에 모여 앉아 있고 야첵은 주머니칼로 나무 지팡이 끝에다 개머리를 새겨넣기에 열중하고 있던 중에 세상을 두루두루 다녀서 모르는 게 없는 노파한테서 고사리 꽃에 대한 이야기를 듣게 되었다. 그 이야기를 흥미롭게 듣던 야첵은 너무 열중한 나머지 손에서 막대기를 떨어뜨렸고, 하마터면 자기 손가락을 벨 뻔했다. 노파는 마치 자기 눈으로 직접 본 것처럼 고사리 꽃에 관하여 상세하게 이야기했지만, 그녀의 누더기 옷은 그녀가 행운을 찾지 못했다는 것을 말해 주었다. 그리고 그녀가 이야기를 마쳤을 때, 야첵은 자신에게 말했다.

"아무려면 어때? 나는 그 꽃을 반드시 따야 해. 나는 그 꽃을 얻을 거야. 왜냐하면 사람이 무엇인가 반드시 존재한다고 굳게 믿으면, 항상 결국에는 그것이 나타나는 법이거든."

야첵은 종종 그런 말을 되새겼고, 어리석은 확신을 갖고 있었다.

정원과 밭을 가진 부모님 집이 있는 마을에서 조금 떨어진 곳에는 숲이 있었고, 바로 그 근처에서 성 요한의 밤 행사가 진행되곤 했다.

야첵은 중얼거렸다.

"친구들이 모닥불에서 겅중대며 종아리를 그슬고 있을 때, 나는 숲으로 가서 그 고사리 꽃을 찾겠어. 올해에 성공하지 못하면 내년, 내후년 그리고 그 꽃을 찾아 손에 넣을 때까지 계속해서 가겠어."

그리고 그는 몇 달 동안 다른 것들은 제쳐 두고 오직 그것만을 생각하며 그 밤을 기다리고 또 기다렸다. 그에게는 시간이 지독히도 길게 느껴졌다. 마침내 그날이 왔고 밤이 다가왔다. 그에게는 그날 밤 마을의 모든 아이들이 쏟아져 나와 모닥불을 피우고 뛰어다니며 노래 부르고 노는 것처럼 보였다.

야첵은 몸을 깨끗이 씻고 흰 셔츠를 입었다. 허리에는 빨간 줄을 둘렀지만 피나무 껍질로 만든 낡은 신발은 신지 않았고 머리에는 공작 털을 꽂은 모자를 썼다. 그리고 때가 되어 어스름이 깔리기 시작하자 숲으로 달려갔다.

검고 고요한 정적에 묻힌 숲이 나타났고 그 위로 그냥 반짝일 뿐 땅에는 아무런 빛도 주지 못하는 별들이 드리워져 있었다.

야첵은 숲으로 통하는 길이 어떻게 생겼는지 예전부터 잘 알았다. 그러나 지금 숲 깊은 곳으로 들어오자 알던 길을 하나도 찾을 수가 없었고, 나무들도 낯설었다. 모든 것들이 달라져 있었다. 나무 둥치들은 어마어마하게 굵어졌고, 땅바닥에 쓰러진 나무토막들이 커져서 그것들을 돌아갈 수도 넘어갈 수도 없었다. 이곳에 전혀 없었던 가시 돋친 덤불들이 빽빽이 자라났고 도깨비풀과 쐐기풀들이 따갑게 찔러댔다. 깜깜해서 아무것도 안 보이는 가운데, 짙은 어둠 속에서 이상하게 생긴 두 눈이 점점 번쩍거리더니 마치 그를 잡아먹으려는 듯 노려보며 노랗게 파랗게 빨갛게 하얗게 계속 변하였다. 그러다가 갑자기 깜박이고 사라지고는 하였다. 그 눈들은 오른쪽, 왼쪽, 위와 아래에 무수히 나타났다. 그러나 야첵은 그들을 두려워하지 않았다. 그것들은 단지 그를 겁주기 위한 것임을 알고 있었다. 그는 별거 아니라고 혼자 중얼거렸다.

그는 계속해서 걸었으나, 걷는 것이 너무도 힘들었다. 쓰러진 나무토막들이 길을 가로막았고 그것 때문에 걸려 넘어졌다. 겨우 기어올라 꼭대기에 올라서는 내려가려고 보면 그것은 다시 너무도 작아져서 그냥 발로 건널 수 있는 것이었다. 계속해서 소나무가 서 있었는데, 위로는 끝이 없고 밑의 나무 둥치는 마치 탑처럼 굵었다. 그 옆으로 걷고 또 걸어 한 바퀴 돌아보면 그것은 나무젓가락처럼 가늘어져서 꺾어 지팡이로 쓰기에 알맞게 보였다······. 그제야 그는 그 모든 것들이 그를 방해하는 마귀들의 장난임을 알아차렸다.

그 다음으로는 길에 덤불이 나타났다. 손가락 하나도 집어넣을 수 없을 정도로 빽빽하였다. 그러나 야첵은 덤벼들어 밀고 후려쳤다. 누르고 쥐어뜯고 부러뜨려서 결국에는 용케 그것을 뚫고 나갈 수 있었다.

늪과 진흙이 있는 곳에 다다랐다. 그것을 돌아서 갈 방법은 하나도 없었다. 발로 밟아 시험해 보았지만 푹 빠지고 바닥에 발이 닿질 않았다. 다행히 군데군데 수초들이 자라고 있어서 그는 그것들을 밟고 지나갔다. 그가 밟으면 밑으로 가라앉았지만, 빨리 뛰다시피 하여 진흙 수렁의 반대편에 도달했다. 그리고 뒤를 돌아다보니 수초들은 진흙을 뒤집어쓴 사람의 머리 형상을 하고 웃고 있었다……. 그 다음부터는 비록 구불구불하고 길은 없었지만, 쉽게 걸어갈 수 있었다. 하지만 그는 길을 잃고 너무나 헤매서 어느 길로 해서 마을로 돌아갈 수 있는지, 심지어 어느 방향에 마을이 있는지조차도 알 수가 없었다.

바로 그때 그는 거대한 고사리 덤불을 보았다. 그것들은 마치 수백 년 묵은 참나무처럼 컸고, 그중 한 줄기의 밑 부분에 마치 누가 꽂아놓은 듯 다이아몬드처럼 빛나는 작은 꽃이 있었다. 황금빛 꽃잎 다섯 장 가운데에 웃는 눈이 물레방아처럼 계속해서 돌고 있었다. 야첵의 가슴은 마구 뛰었다. 그가 손을 뻗어 막 꽃을 따려는 순간, 어디에서 어떻게 왔는지 알 수 없는 닭이 울었다. 그러자 작은 꽃은 눈을 크게 떴고 번쩍 빛을 발한 후 사라져 버렸다. 그러고는 사방에서 웃음소리만이 들려왔는데, 그것이 잎사귀들이 바람에 부딪히는 소리인지, 아니면 무언가가 웃는 것인지 혹은 개구리 울음소리인지 야첵은 도무지 구분할 수가 없었다. 왜냐하면 머리에서 윙윙 소리가 나며 현기증이 났고, 다리는 누군가가 잘라 버린 것 같앉기 때문이다. 그리고 그는 땅바닥에 쓰러졌다.

그로부터 오두막집 침대에서 눈을 뜰 때까지 그에게 어떤 일이 일어났는지 그는 전혀 기억하지 못했다. 어머니가 울면서 그에게 말하기를, 숲 속에서 그를 찾아다니다가 아침녘에야 반죽음이 된 그를 발견했다는 것이었다.

야첵은 그제야 모든 것을 잘 기억해 낼 수 있었다. 그러나 아무것도 입 밖에 내지 않았다. 창피했다. 그는 혼자 중얼거렸다.

"이것으로 끝이 아니야. 다음 성 요한의 밤이 오면 두고보자."

1년 내내 그는 오직 그것만을 고대했다. 그러나 사람들이 그것 놀릴까 봐 아무에게도 말 한마디 하지 않았다. 그러고는 1년 뒤 또 깨끗하게 몸을 씻고 흰 셔츠를 입고 빨간 허리띠를 둘렀다. 그러나 피나무 껍질 신발은 신지 않았다. 친구들이 모닥불로 몰려 갈때 그는 숲으로 갔다.

그는 첫 번째와 마찬가지로 또다시 숲을 뚫고 나가야만 할 것이라고 생각했으나, 이번에는 이전의 숲과 길이 완전히 다르게 변해 있었다. 바위들이 흩어져 있는 벌거벗은 들판에 가늘고 쭉쭉 뻗은 소나무와 참나무들이 듬성듬성 서 있었다. 이 나무에서 저 나무로 가야만 했는데, 아주 가까운 것처럼 보이면서도 마치 그에게서 도망이라도 치는 듯 다가갈 수가 없었다. 이끼가 잔뜩 낀 거대한 바위들은 땅에서 자라난 것처럼 움직이지 않았고 매우 미끄러웠다. 그것들 사이에는 여러 종류의 고사리들이 있었다. 작은 것, 큰 것들이 꼭 심어놓은 것처럼 많았지만 꽃은 아무 데도 없었다. 처음에 키가 발목까지 왔던 고사리들이, 다음에는 무릎까지, 그 다음에는 허리까지, 계속해서 목까지 자라서 마침내 그는 고사리 속에 푹 파묻히고 말았다. 고사리 숲속에서는 마치 바다 바람 같은 소리가 났는데,

그 속에는 웃음소리, 혹은 신음소리와 울음소리 같은 것이 들렸다. 고사리를 밟거나 손으로 잡으면 피라도 흘릴 듯이 신음소리를 냈다. 그에게 그 길은 정말로 길었고, 1년 내내 걸은 것처럼 생각되었다. 꽃은 아무 데도 없었다. 그러나 그는 돌아서거나 낙심하지 않고 계속해서 걸어갔다.

마침내 그는 좀 떨어진 곳에서, 황금 꽃잎 다섯 장 가운데에서 눈이 물레방아처럼 돌아가며 빛나는 바로 그 꽃을 보았다. 야첵은 달려가서 손을 내밀었다. 그러나 그때 또 닭이 울었다. 환영들은 사라져 버렸다. 그러나 이번에는 야첵도 땅바닥에 쓰러지거나 실신하지 않았다. 다만 바위 위에 앉았다. 처음에는 눈물이 나려고 했으나, 다음에는 가슴속에서 울화가 치밀어올라 모든 것이 한꺼번에 폭발해 버렸다.

"최소한 삼 세 번이다!"

화가 난 그는 소리쳤다. 그러나 곧 피로감을 느꼈고, 바위 사이의 이끼에 누워 잠이 들었다. 눈을 감자마자 그는 꿈을 꾸기 시작했다. 그는 다섯 꽃잎이 달리고 가운데는 눈이 있는 꽃이 자기 앞에서 웃는 것을 보았다.

꽃은 그에게 말했다.

"왜 그러니? 벌써 지쳤니? 계속해서 나를 괴롭힐 작정이니?"

야첵이 꽃에게 웅얼거렸다.

"나는 무슨 일이든 일단 시작하면 반드시 이루고야 말아. 이것으로 끝이 아니야. 나는 너를 갖고야 말겠어!"

그러자 꽃잎 하나가 혀처럼 길게 늘어났는데, 어림도 없다고 말하는 것 같았다. 모든 것이 사라졌고 야첵은 아침까지 깊은 잠에 빠져들었다. 그가 잠이 깨었을 때 그는 마을에서 멀지 않은 숲 끄트머리의 눈에 익은 장소에 있었다. 하지만 어제 있었던 일들이 꿈인지 생시인지 도무지 알 수가 없었다. 집에 돌아온 그는 너무 피곤해서 자리에 누워야만 했다. 어머니는 그가 무덤에서 나온 사람처럼 보인다고 했다.

그는 다시 1년 내내 아무에게도 한 마디하지 않은 채 계속해서 그 꽃을 딸 궁리만 하였다. 그러나 그는 아무런 좋은 꾀를 생각해내지 못했고, 다만 되든 안 되든 운에 맡길 뿐이었다.

저녁에 그는 다시 흰 셔츠를 입고 빨간 허리띠를 둘렀으며, 피나무 껍질 신발은 신지 않았다. 그는 어머니가 놓아 주지 않는데도 불구하고 어두워지자마자 숲으로 달려갔다.

이번에도 다른 일이 벌어졌다. 숲은 평상시와 마찬가지로 아무 것도 변한 것이 없었다. 작은 길들과 나무들은 눈에 익은 것들이었고 아무런 이상한 일도 일어나지 않았으나, 고사리는 약에 쓰려고 해도 아무 데도 없었다. 하지만 아는 길을 따라서 고사리가 자라고 있었다고 기억하는 덤불 속 깊숙한 곳까지 가기는 쉬웠다. 결국 그 장소를 찾았고, 그 속에서 여기저기 뒤적여 보았으나 아무데도 꽃의 흔적은 없었다.

고사리 하나에는 벌레들이 기어 다녔고, 다른 것에는 애벌레가 잠자고 있었다. 이파리들은 모두 시들어 있었다. 야첵은 이제 실망한 나머지 이 허망한 탐색을 그만두려고 하였다. 바로 그 순간 다섯 꽃잎이 있고 가운데에서 눈이 반짝이고 있는 꽃을 발밑에서 발견하였다. 그는 손을 뻗어 그것을 잡았다. 불덩이처럼 엄청 뜨거웠지만 놓지 않고 꼭 쥐었다.

꽃은 그의 눈앞에서 자라나기 시작했다. 너무나 눈부시게 빛났기 때문에 야첵은 눈을 감아야 했다. 곧 그는 꽃을 셔츠 안쪽 왼쪽 가슴에다 놓고 손으로 눌렀다.

그러자 그에게 음성이 들려왔다.

"네가 나를 가졌으니 행복은 너의 것이다. 하지만 한 가지만은 명심해야 한다. 나를 가진 사람은 무엇이든 자기가 원하는 모든 것을 얻을 수 있지만, 그 행복을 그 누구하고도 나누어서는 안 된다."

야첵은 너무도 기쁜 나머지 그 목소리가 하는 말을 유심히 듣지 않았다. 그는 혼자 말했다

"흥! 내가 알 게 뭐람! 세상에서 나만 좋으면 됐지."

곧 그는 꽃이 몸에 달라붙어 자라며 심장에 뿌리를 내리는 것을 느꼈다……. 그렇게 되자 이제는 그 꽃이 달아나거나 누군가 꽃을 훔쳐 갈 걱정이 없게 되었다는 생각에 매우 기뻤다.

모자를 삐딱하게 쓰고 노래를 부르면서 그는 집으로 돌아가기 시작했다. 그가 걸어갈 때 앞의 길은 은빛으로 빛났고 나무들은 물러섰으며 덤불들은 고개를 숙였고, 그가 지나가는 길의 꽃들은 고개를 땅까지 숙이며 인사했다. 그는 고개를 쳐들고 성큼성큼 걸으며 오직 무슨 소원을 빌까 하는 생각만 했다. 제일 먼저 궁전과 큰 고을, 수많은 시종들과 강력한 나라를 생각했다. 그리고 그러한 생각을 하자마자 그는 자신이 숲의 끝이긴 한데 전혀 낯선 곳에 있음을 알았다.

그는 변해 버린 자기 모습을 알아볼 수가 없었다. 가장 훌륭한 옷감으로 만든 겉옷을 입고 발에는 황금으로 된 굽이 달린 신을 신고 허리에는 띠를 두르고 가장 가볍고 부드러운 실롱스크 산 천으로 만든 셔츠를 입고 있었다.

앞에는 황금 장식의 목 사리를 한 백마 여섯 마리가 끄는 마차가 서 있었고, 시종들도 금장식을 단 옷을 입었으며 시종장은 손을 내

●──폴란드 민담

밀어 인사하면서 그를 마차에 태웠다.

야첵은 그들이 자기를 궁전으로 데리고 간다는 것을 의심하지 않았다. 어찌 되었든 눈 깜짝할 사이에 마차는 궁궐 앞마당에 도착하였다. 거기에는 수많은 시종들이 기다리고 있었다.

하지만 아는 사람이나 친구들은 하나도 없었고, 모두 낯설고 마치 겁에 질리고 왠지 걱정으로 가득 찬 것 같은 특이한 얼굴들이었다.

안으로 들어가니 정말 볼 만하였다. 너무도 화려하고 모든 것들이 풍부하였으며 한마디로 세상에서 있을 것은 다 있었다.

"으흠! 이제부터는 내가 이것들을 사용할 것이다!"

야첵은 이렇게 외치면서 사방 구석구석을 둘러보았다. 그는 제일 먼저 침대로 갔다. 왜냐하면 간밤에 많은 일을 하고 나니 졸음이 쏟아졌기 때문이었다. 얇은 속옷으로 갈아입고는 깃털 침대에 누워 비단 이불을 덮자마자 잠이 들었고 몇 시간을 잤는지 모르게 잤다. 지독한 시장기를 느꼈을 때 그는 잠에서 깨어났다.

식탁에는 이미 식기와 초가 있고 신기하게도 야첵이 생각하는 음식이 그의 앞에 놓인 그릇에 저절로 생겨났다. 오랫동안 자고 난 그는 더 이상 먹을 것을 생각할 수 없고 식욕을 잃을 때까지 쉬지 않고 먹고 마셨다.

그런 후에 정원으로 나갔다.

정원은 꽃과 과일이 만발한 나무들로 가득하였다. 그리고 점점 새로운 풍경들이 나타났다. 한쪽으로는 정원이 바다로 연결되었고, 다른 한편으론 훌륭한 숲으로 뻗어 있었다. 가운데에는 강이 흐르고 있었다. 야첵은 걸어가면서 놀라움에 입이 다물어지지 않았다. 그러나 그가 가장 이해할 수 없는 것은 자기가 들어온 숲과 자기가 살던 마을은 아무 데도 없고 찾을 수 없다는 점이었다. 아직은 그것들이 그립지는 않았다. 그러나 왠지 그것들이 모두 어디로 가 버렸는지 알고 싶어졌다.

완전히 낯설고 다르고 아름답고 훌륭한 그러나 어색한 세계가 그의 주위를 에워싸고 있었다. 왠지 조금 슬퍼지기 시작했다. 그러나 그의 부름에 사람들이 달려오기 시작하고, 넙죽 엎드려 절하며, 그가 원하기만 하면 무엇이든지 다 해결해 줬다. 남들이 그에게 달콤하고 맛있는 것들을 만들어 주어 그는 그저 먹기만 하면 되었다. 야첵은 고향 마을과 오두막집 그리고 부모님에 관한 것은 다 잊어버렸다.

다음 날은 보물 창고로 가 보고 싶다고 말했다. 그곳에는 금, 은, 다이아몬드 그리고 여러 종류의 종이들이 가득 쌓여 있는데, 그 종이 조각들은 보기엔 보통 종이였지만, 그것으로 자기가 원하는 것들을 만들 수 있었다. 야첵은 속으로 생각하였다.

'고마우신 신이시여, 만약에 제가 저것들을 한두 줌 아버지와 어머니, 형제들과 누이들에게 보내서 그들이 밭과 가축을 마련하게 하실 수 있다면……'

그러나 그는 자기의 행운은 그 누구하고도 나눌 수 없고, 만약에 나누게 되면 모든 것이 곧 사라진다는 것을 알고 있었다.

그는 혼잣말했다.

"자비로우신 신이여! 제가 왜 다른 사람들을 보살피거나 도와주어야만 합니까? 그들은 생각이 없고 손도 없단 말인가요? 제가 잘 살 수 있도록, 모두 각자 가서 꽃을 찾고 할 수 있는 데까지 알아서 살라지요."

그리고 야첵은 점점 새로운 놀이들을 궁리하면서 계속 그렇게 살았다.

새로운 궁전들을 짓고 정원을 새로 단장하였으며, 회색 말들을 밤색 말들로, 검은 말들은 암갈색 말들로 바꾸었으며, 세상의 진기한 것들을 들여왔다. 금과 값비싼 보석들로 치장하였고, 식탁에는 먼 외국으로부터 온갖 맛있는 것들이 올라왔는데 나중에는 그것들에도 싫증이 났다. 그래서 고기 경단을 먹은 후 생무를, 꿩 고기 다음에는 돼지 갈비와 감자를 먹었지만, 그것들에도 진력이 났다. 왜냐하면 이제는 배고픔을 몰랐기 때문이었다.

그에게 가장 견디기 힘든 것은 도끼, 갈퀴, 삽 등을 손에 들 필요가 없고 할 일이 없어졌다는 것이었다. 미칠 것같이 지루해지기 시작했고, 그것을 달랠 방법은 사람을 괴롭히는 것 이외에는 달리 없었다. 그것이 그에게 재미를 얼마간 느끼게 해 주었지만 그것도 결국에는 싫증이 났다.

그렇게 한 해가 지나고 또 한 해가 갔다. 원하는 것은 모두 가졌는데 행복이라는 것이 그에게는 가끔씩 너무도 어리석게 보였고 사는 것이 재미가 없었다.

이제는 고향 마을, 오두막집 그리고 부모님들을 향한 그리움이 그를 가장 괴롭혔다. 그것들을 그냥 보기라도 할 수 있다면, 그들이 그곳에서 어떻게 지내는지 알기라도 했으면……. 그는 어머니를 매우 사랑했다. 어머니를 생각하면 가슴이 미어지는 것 같았다.

어느 날 그는 큰 용기를 내었다. 그리고 마차에 올라앉아서 부모님의 오두막집 앞으로 갔으면 좋겠다고 생각했다. 그 즉시 말들이 질풍처럼 달렸고, 마차는 눈에 익은 마당에 가서 멈추었다. 아무것도 변한 것이 없었다. 야첵의 눈에는 눈물이 글썽거렸다.

모든 것들은 자기가 몇 년 전에 떠났을 때보다 좀 낡았지만 별반 다름이 없었다. 하지만 그간에 훌륭하고 좋은 것들 속에서 사는 데

익숙해진 그에게는 그것들이 더욱 초라해 보였다.

　우물 옆의 오래된 여물통, 나무를 올려놓고 쪼개던 나무 등걸, 안마당으로 통하는 문, 이끼가 무성한 지붕, 그 옆에 기대어 세워진 사다리 등이 옛날과 마찬가지였다. 그런데 사람들은 어디 있는 것인가? 허리가 구부러지고 연기에 그을은 옷을 입은 노파가 문을 비스듬히 열고 오두막 앞에 서 있는 마차를 살펴보았다.

　야첵은 마차에서 내렸다. 마당에 내려서자 이전보다 훨씬 더 마르고 늙은 부렉이 제일 먼저 그를 보고 털을 곤두세웠다. 그 개는 야첵을 보고 사납게 짖어 댄 후, 뒤로 물러앉았다. 그를 전혀 알아보지 못했다. 야첵은 오두막으로 향했다. 문간에서 어머니가 문에 기댄 채 그를 바라보았다. 그러나 그녀는 그가 자신의 아들이라고는 전혀 짐작도 못하는 것 같았다. 야첵의 가슴은 흥분으로 크게 뛰었다.

　"엄마! 저 엄마 아들 야첵이어요!"

　그 목소리에 노파는 몸을 떨었고, 연기와 눈물 때문에 충혈된 눈으로 그를 바라보고는 말문이 막힌 듯 서 있었다. 그러고는 고개를 가로저었다.

　"야첵이라고? 농담하지 마세요, 나리! 그 아이는 이미 세상에 없답니다. 벌써 몇 년 동안 불쌍한 부모한테 소식도 한번 없는데 살아 있을 리가 없어요. 그리고 만약에 그 아이가 잘 살고 있다면, 자기 부모 형제들이 굶주려 죽어 가도록 놔둘 리가 없지요."

　어머니는 고개를 끄덕이며 다시 말했다.

　"그럴 리가 없어요! 그럴 리가 없고말고! 우리 야첵은 마음이 착했기 때문에, 자기 식구들하고 나누어 가질 수 없다면 어떠한 행복도 마다할 그런 아이였어요."

야첵은 너무나 창피해서 고개를 떨구었다. 주머니에는 금이 가득 있었다. 그러나 금을 한 줌 꺼내어 어머니의 앞치마에 던지려고 손을 넣었을 때, 그러면 모든 것이 사라져 버린다는 두려움이 그를 덮쳤다. 그래서 수치감을 느끼며 그냥 그렇게 서 있었다. 늙은 어머니는 그런 그를 유심히 바라보았다. 그녀 뒤로 형제들이 모여들었고, 아버지의 머리도 보였다. 야첵은 마음이 약해졌다. 그러나 자신의 마차, 말들, 시종들을 보고, 궁궐을 생각하니 도로 마음이 굳어졌다. 그는 고사리 꽃이 마치 갑옷처럼 굳세게 그를 감싸고 있음을 느꼈다.

그는 늙으신 어머니로부터 돌아서서 아무 말 없이 뒤도 돌아보지 않으며 천천히 걸어 나왔다. 그의 뒤에서는 부렉이 사납게 짖는 소리만이 들려왔다. 야첵은 마차에 올라서는 자신의 낙원으로 돌아갈 것을 명했다.

그러나 그의 마음속에서는, 말로 표현할 수 없고 아무리 훌륭한 작가도 그것을 묘사할 수 없는 감정이 일고 있었다. 다른 사람과 나눌 수 없는 행복은 인간에게 없다는 늙은 어머니의 말씀이 그의 귓전에서 저주처럼 울렸다.

궁전으로 돌아온 후 그는 악사들에게 음악을 연주하도록 하고, 신하들에게는 춤을 추게 하였으며, 푸짐한 상을 차릴 것을 명령했다. 그는 심지어 술도 조금 마셨고, 몇몇 사람들을 채찍으로 매질하도록 했으나, 그 모든 것들은 아무 도움이 되지 못했기 때문에 매우 슬퍼졌다.

1년 내내 모든 것들이 예전과 마찬가지였지만, 그의 가슴은 돌멩이를 매단 듯 무거웠다.

마침내 그는 더 이상 참을 수가 없었고, 1년이 지난 후 다시 자기 마을의 오두막으로 갔다.

　둘러보니 모든 것들은 예전과 다름이 없었다. 여물통, 나무 등걸, 지붕, 사다리, 문 그리고 털을 곤두세운 부렉. 그러나 어머니는 밖으로 나오시지 않았다. 누더기 옷을 걸친 막내동생 마첵이 문지방에 나타났다.

　"엄마는 어디 계시니?"

　"아파서 누워 계셔요."

　꼬마는 한숨을 쉬며 말하였다.

　"아버지는?"

　"묘지에……."

　부렉이 야첵의 뒤꿈치를 물어뜯으려고 달려들었지만 그는 아랑곳없이 오두막 안으로 들어갔다. 어머니는 신음하며 구석의 침대에 누워 있었다. 야첵은 그녀에게 다가갔다. 어머니는 그를 바라보았지만, 알아보지 못하였다. 어머니는 말할 기력도 없었고, 그는 아무 것도 물을 용기가 나지 않았다.

　그의 가슴은 찢어지는 듯했다. 그의 손은 이미 황금을 꺼내 나무 의자에 던지려고 주머니 속에 있었다. 그러나 손은 움츠러들었다. 자기의 행복을 잃게 된다는 저열한 두려움이 그를 사로잡았다. 얌체 같은 야첵은 혼자 영리한 척 계산하기 시작했다.

　'어머니는 세상에서 살 날이 얼마 안 남았지만, 나는 아직 젊다. 그녀는 오래도록 고통 받지는 않을 것이다. 그러나 내 앞에는……. 인생, 세계, 권력…….'

　그리고 그는 오두막에서 나와 마차에 오른 후 궁궐로 향하였다. 그러나 돌아오자마자 문을 걸어 잠그고 한참을 울었다. 고사리 꽃이 그의 가슴에 씌워준 철갑 아래에서 그동안 묶이고 주저하던 양심이 되살아나 들끓기 시작했다.

그래서 그는 그 소리를 잊기 위하여 악사들에게 음악을 연주하게 하고, 궁중 신하들에게는 춤을 추게 하였으며, 술을 마시기 시작하였다. 양심의 소리는 간간이 들리지 않는 것 같다가는, 또다시 갑자기 굉음처럼 들려왔다. 야첵은 거의 미칠 것 같았다. 다음 날 그리고 그 다음 날들에는 한시도 쉬지 않고 계속하여 지치도록 여기저기 뛰어다니고 돌아다니고 사냥을 하고, 여러 종류의 시끄러운 고함을 듣고, 먹고 마시고 잔치를 벌이고……. 그러나 아무 소용이 없었다. 그의 귓가에는 모든 아우성을 뚫고 나온 한 가지 소리만이 울렸다.

"다른 사람과 함께 나눌 수 없는 행복은 인간에게 아무런 소용이 없다!"

1년이 채 지나지 않아서 야첵은 장작개비처럼 여위었고, 안색이 밀랍처럼 노랗게 변했다. 그러고는 자신의 그 많은 재산과 행운 속에서 참을 수 없을 정도로 괴로워했다. 결국 잠 못 이루던 어느 날 밤, 주머니에 황금을 잔뜩 집어넣고는 자신을 오두막으로 데려가기를 명했다. 모든 것을 잃는다 하더라도, 어머니와 형제들을 구하려고 결심한 것이었다.

그는 말했다.

"이제 마음대로 해 보라지! 나는 차라리 죽고 말겠어. 가슴속의 이 징그러운 벌레와는 더 이상 같이 살 수 없다."

말들은 오두막 앞에 멈추었다.

모든 것은 예전과 마찬가지였다.

우물 옆의 낡은 여물통, 나뭇등걸, 지붕, 사다리…….

그러나 오두막의 문간에는 아무도 나타나지 않았다. 야첵은 문으로 달려갔다. 문은 나무 막대기로 받쳐져 있었다. 창문으로 들여다보니 오두막이 텅 비어 있었다.

그때 나무 담장 옆에 서 있던 거지가 그를 향해 말했다.

"거기서 무엇을 찾고 있나요, 나리? 오두막에는 아무도 없어요. 거기에 살던 사람들은 가난, 굶주림 그리고 병 때문에 다 죽었습니다요."

행운의 사나이는 마치 굳어 버린 것처럼 문지방에서 오래도록 서 있었다. 그는 속으로 되뇌었다.

'모두가 내 잘못으로 인하여 죽은 것이다. 그러니 나도 죽여라!'

그가 그렇게 생각하자마자 땅이 쩍 갈라졌고 그는 사라졌다. 그리고 그와 함께 행운의 고사리 꽃도 같이 사라져 버렸다. 그러니 지금은 그 꽃을 찾아 봐야 헛수고일 뿐이다.

●──주

1   Sobotka. 태양을 숭배하기 위한 고대 슬라브 의식에서 생겨난 행사. 춘분절 밤. 또는 성 요한의 날 밤에 진행된다. 참가자들은 모닥불을 피우고 노래하고 춤을 추었으며, 소녀들은 화환을 강물에 띄우기도 했다.

●──폴란드 민담

야 노 식

옛날에 한 학생이 방학을 맞아 고향집으로 가고 있었다. 그는 큰 숲을 가로질러 가다가 그만 길을 잃었다. 밤은 놀라울 정도로 빠르게 찾아왔다. 그가 아무리 헤매도 그 숲에서 빠져나갈 수가 없었다. 마침내 그는 큰 나무 위로 올라가서 사방을 둘러보았다. 멀리서 반짝이고 있는 불빛을 발견한 그는 길을 혼동하지 않도록 불빛이 있는 방향으로 모자를 던진 후 나무 밑으로 내려와 작은 오두막집에 다다랐다. 창문으로 새어나오는 빛을 통해 길을 잃은 학생은 오두막에 앉아 있는 노파를 보았다. 그가 문을 열고 조그만 방 안으로 들어가자, 노파가 그에게 물었다.

"너는 대체 누구냐? 무엇 때문에 여기에 왔느냐?"

"저는 방학을 맞아 학교에서 집으로 가는 도중에 숲에서 길을 잃었어요. 할머니, 저를 받아 주시고 이곳에서 밤을 새고 가도록 허락해 주세요. 저는 야노식이라고 합니다."

노파는 대꾸하였다.

"너를 재워 줄 수가 없단다. 우리 언니가 돌아오면 분명히 너를 죽이고야 말 테니까."

학생은 노파의 말을 듣고 자기가 마녀들의 집에 왔다는 것을 알아차렸다. 그러나 그는 겁내지 않고 대답하였다.

"뭐 이제, 죽일 테면 죽이라지요. 저는 여기서 떠나지 않을 거예요. 저는 몹시 지쳤어요. 여기에서 밤을 지내야 되겠어요."

마녀는 더 이상 어떻게 할 수 없음을 알고, 젊은이를 저녁 식탁으로 불렀다. 둘이서 저녁을 다 먹고 난 후 마녀는 그를 난로 뒤에 숨겼다. 좀 있으니 빗자루를 탄 언니 마녀가 창문을 통해서 날아 들어왔다. 그리고는 코를 킁킁거리며 말했다.

"에이! 분명히 여기 이 오두막 어딘가에 사람을 숨겼지?"

동생은 소리쳤다.

"뭐라고! 흠, 하는 수 없지. 얘, 야노식아, 나오너라!"

그래서 그는 별 수 없이 숨은 곳에서 나와야만 했다.

언니 마녀가 말하였다.

"나랑 같이 저녁을 먹자꾸나."

그는 그녀와 함께 식탁에 앉았다. 다 먹고 나자 언니 마녀는 그에게 말했다.

"네 목숨이 아깝거든 이제 이곳에서 떠나라. 왜냐하면 큰언니가 돌아오면 틀림없이 죽게 될 것이니까."

이번에도 그는 두려워하지 않았다.

"저는 아무 데도 가지 않을 거예요, 그리고 이곳에서 밤을 지낼 겁니다."

그는 이렇게 대꾸하며 난로 뒤로 가 버렸다.

제일 연장자인 마녀가 날아왔다. 그리고는 곧 둘째와 똑같은 말을 하였다.

"으흠! 여기 어딘가에 틀림없이 사람을 숨겼지?"

야노식은 또 숨은 곳에서 나와야만 했다. 큰언니도 그를 저녁 식사에 초대했다. 그리고 다 먹고 난 후 그가 자려고 누웠을 때, 세 마녀는 그를 어떻게 처리할 것인가 의논하기 시작했다. 그러나 야노식은 단지 자는 척하며, 그녀들이 하는 말을 모두 듣고 있었다. 자매들 중에 한 명이 말하였다.

"뜨겁게 타고 있는 석탄 덩어리를 그의 몸뚱이에 올려놓읍시다. 만약에 고통을 견디고 깨어나지 않는다면, 그는 정말 강인한 사람이 될 거예요."

그들은 곧 그렇게 하였다. 그의 몸에다 벌겋게 달아오른 석탄 덩어리를 올려놓았다. 야노식은 움직이지 않았고 이를 악문 채, 불이 꺼질 때까지 고통을 참았다. 그러자 마녀들은 말하였다.

"저 녀석은 분명히 용감하고 강인한 사람이 될 거야. 도적이 될 만한 가치가 있는 놈이지. 우리는 그가 그렇게 되도록 장비를 마련해 주어야 해."

"나는 그에게 도끼 달린 지팡이를 주겠어."

한 마녀가 말했다.

"나는 윗옷을 주겠어."

또 다른 마녀가 말했다.

"그러면 나는 허리띠를 주지."

마지막 마녀가 덧붙였다.

야노식은 마녀들의 말을 계속 듣고, 그 도끼 달린 지팡이를 치켜들면 단번에 3마일을 건너뛸 수 있다는 것, 그 윗옷을 입고 허리띠를 차면 초인적인 힘을 발휘하게 된다는 것을 알았다. 그에게 윗옷을 만들어 주기로 한 첫째 마녀는 저녁에 당장 그것을 만들 삼을 베어 왔고 아침에는 이미 윗옷을 다 만들어 놓았다. 야노식이 일어나자 세 마녀는 그에게 다음과 같이 말하면서 선물을 주었다.

"너는 학자가 될 사람도 아니고 신부가 될 사람도 아니다. 오직 도적이 되어야 한다. 자, 여기 도끼 달린 지팡이가 있다. 그것을 높이 치켜들기만 하면 3마일을 건너뛰게 될 것이고, 그것이 너를 모든 위험으로부터 보호해 줄 것이다. 그리고 이 윗옷을 입고 허리띠를 하면 엄청난 힘을 발휘할 것이다. 그러나 네가 도적들 중에서 제일 가는 도적이 되기 위해서는 제일 먼저 바로 네 아버지를 약탈해야 한다."

야노식은 새 옷을 갖고 길을 떠났다. 하지만 그것을 입지는 않고 잘 싸서 숨겼으며 자신의 교복을 입은 채 아버지의 집으로 돌아왔다. 그는 슬픔에 젖은 채 하루 종일 생각에 잠겨 있었다. 저녁에 아버지가 그에게 말하기를 그가 내일 시장에 소를 사러 가는데 150즈워터를 갖고 나간다는 것이었다.

"가지 마셔요! 도적들이 돈을 빼앗아가면 어쩌시려고요."

"너는 아마 도적들에게 약탈을 당할지도 모르지만 나는 그들을 두려워하지 않는다."

야노식은 나즈막하게 중얼거렸다.

"어디 두고 보자고요."

아버지가 길을 떠난 지 몇 시간이 지난 뒤에 야노식은 마녀들에게서 받은 옷을 입었다. 도끼 지팡이에 올라탄 그는 아버지를 따라잡아 길을 가로막고 도끼 지팡이로 땅을 찍은 다음 물었다.

"어디로 가느냐?"

"소를 사러 갑니다요."

●──폴란드 민담

늙은 아버지는 겁에 질려 간신히 대꾸하였다.

"돈을 내놓아라!"

그가 소리치자, 늙은 아버지는 얼른 그에게 돈을 내밀었다.

"이것이 전부냐?"

야노식은 다그쳐 물었다.

"전부입니다. 심지어 돌아갈 여비 한 푼 안 남겼습니다요."

야노식은 돌아갈 때 쓰도록 그에게 몇 푼을 쥐어 주고 돈을 갖고 숲으로 달아났다. 그리고는 다시 도끼 지팡이를 타고 날아서는 집으로 돌아왔다. 아버지는 저녁 무렵에야 간신히 돌아왔다. 그는 도적의 옷을 입은 자신의 아들을 알아보지 못했다. 그는 집에 돌아와 교복 차림의 아들을 향해 한탄했다.

"아들아, 네가 나에게 해 준 경고를 귀담아 듣지 않았구나."

"무슨 일이라도 생겼어요, 아버지?"

"아이고, 글쎄 말이다. 웬 도적놈이 숲에서 나타나서는 나를 위협해서 돌아올 여비 몇 푼만을 두고 돈을 빼앗아 가 버렸단다."

"그것 보세요, 아버지. 제가 그럴 거라고 말씀드렸는데도 가셨으니까 그런 일이 생기잖아요. 그런데 아버지는 그 도적놈을 잘 살펴보셨나요? 그를 알아보실 수 있으세요?"

"오, 그럼! 당장이라도 알아볼 수 있지. 그는 섬뜩해 보이는 윗옷에 꺼림칙하게 생긴 허리띠를 차고 손에는 무시무시한 도끼 지팡이를 들고 있었단다."

야노식은 방에 숨어서 산적 옷으로 갈아입고는 거실로 돌아와서 아버지에게 물었다.

"혹시 그 산적이 이렇게 생기지 않았던가요?"

"오, 그래! 아주 똑같다!"

노인네는 소리쳤다. 야노식은 한바탕 웃고 나서 아버지에게 돈을 돌려드렸다.

"아버지, 저는 학자가 될 것도 아니고 신부가 될 것도 아닙니다. 학교로 돌아가지도 않을 것입니다. 도적질을 하러 가겠습니다. 건강하십시오, 아버지!"

그리고 그는 산으로 향했고 부하들과 동료들을 금방 끌어모았다. 도적 열둘을 밑에 거느렸는데 모두 제각기 한 가지씩 특출한 능력을 갖고 있어야만 했지만, 단 한 명도 야노식을 능가하는 자는 없었다. 야노식은 누군가를 자신의 부하로 삼기에 앞서 자기가 보는 앞에서 능력을 보이도록 명령했다.

예를 들어 한 명은 한 달음에 큰 전나무 꼭대기로 뛰어올라 가서는 칼로 베고 권총을 쏘아 댔다. 어떤 이는 두꺼운 나무 둥치를 팔로 꺾어 버렸고, 어떤 이는 단단한 돌멩이를 손아귀에서 가루로 만들어버렸다. 야노식도 아주 손쉽게 그리 할 수 있었다. 가끔씩은 장난삼아 가장 큰 가문비나무 꼭대기에 껑충 뛰어올라 가지를 손으로 잡아채기도 했다. 아직도 어떤 오두막집들에는 그의 그러한 믿을 수 없는 행동들을 유리에 그려놓은 것들이 남아 있다. 그는 립투프 지역에 근거지를 두고 그곳의 숲에 자기의 부하들과 함께 숨어 지내면서 근처로 도적질을 하러 다녔다.

야노식은 오직 부자들만 약탈하고, 가난한 자들에게는 절대로 해를 끼치지 않았다. 오히려 가난한 자들을 도왔고 종종 그들에게 많은 돈을 나눠 주었다. 시장으로 가는 산사람에게 돈이 부족하면 보태 주었다. 한번은 가난한 사람에게 소를 살 돈으로 400즈워티를 주었으나, 그만큼 값나가는 소가 없어서 가장 비싼 소를 사고서도 가난한 사람에게는 100즈워티가 남았다. 또 한번은 맨발의 노파를 보고는 신발을 사도록 돈을 주었다. 그러나 그녀가 너무 구두쇠라서 신발을 사지 않고 시장에서 다시 맨발로 돌아오는 것을 보고는 노발대발하였다. 그가 그녀를 어찌나 무섭게 야단을 쳤던지 노파는 겁에 질려 죽을 지경이었으며 차라리 받은 돈을 도로 내놓으려 하였다.

한번은 어느 부자에게 부하들과 함께 점심을 먹으러 갈 터이니 그들을 위해 모든 것을 준비하라고 사람을 보냈다. 부자는 점심을 준비하고 야노식과 그의 무리를 기다리겠노라고 흔쾌히 승낙하였다. 그러고는 한편으론 야노식을 쉽게 잡을 수 있는 좋은 기회라고 생각하고 온 마을, 심지어 인근 마을들에서 가장 힘센 사람들을 모두 불러모아 몽둥이를 들고 숨어서 그를 기다리도록 지시했다. 그러나 그는 야노식이 세 마녀로부터 받은 윗옷, 허리띠 그리고 도끼 지팡이가 갖고 있는 마력에 대해 알지 못했다.

야노식은 그 집에 도착하자마자 어떠한 음모가 있는지 곧 알아차렸다. 그러나 아무 문제없이 해결하였다. 그가 단지 도끼 지팡이를 앞으로 쭉 뻗기만 했는데도 그를 공격하던 사람들의 반수가 바닥에 나동그라졌다. 그 다음에 그는 마차와 수레들을 집어 저택 너머로 집어던지고서는 반대쪽으로 달려가 공중에서 그것들을 잡아채었다. 그렇게 잔뜩 겁을 준 후 부자가 갖고 있는 돈을 몽땅 빼앗아 숲으로 돌아갔다.

마침내는 그와 같은 야노식의 이야기가 비엔나에 있는 황제의 귀에까지 들어가게 되었다. 립투프의 부자들은 계속해서 그에 관한 탄원서를 올렸다. 그래서 황제는 그를 잡기 위해 연대 병력을 보냈다. 야노식은 숨지 않고, 오히려 총으로 무장한 병사들 앞에 도끼 지팡이를 들고 당당하게 섰다. 그들이 사격을 가하였지만 야노식은 공중에서 총알들을 받아서 도로 던졌다. 마법의 윗옷이 총알로부터 그의 몸을 보호해 주었기 때문이었다. 그런 다음에는 야노식이 군대를 향해 도끼 지팡이를 던지며 외쳤다.

"도끼 지팡이야, 때려라!"

도끼 지팡이가 사방으로 돌아다니며 인정사정없이 찍고 때리고 하자 병사들은 허둥지둥 달아나 버렸다.

또 한번은 비겁한 사람이 야노식이 무릎을 꿇고 기도를 읊고 있을 때, 그의 뒤로 몰래 왔다. 그리고 야노식에게 총을 쏴 봐야 아무 소용이 없다는 것을 모르는 채 등에 총을 발사하였다. 총알이 몸에 맞고 튕겨 나오자 그는 또 한 발을 발사하였다. 또 총알이 튕겨 나오자 이 비겁한 자는 깜짝 놀라 달아나기 시작했다. 야노식은 기도문를 마친 후 그를 쫓아가서 죽여 버렸다.

그러던 중 황제는 자기 밑의 왕과 갈등을 일으켜 전쟁을 선포하였다. 그리고 결국에는 서로 양쪽 편에서 기사 한 명씩을 선발하여 그들의 대결로써 전쟁의 승패를 가리기로 합의하기에 이르렀다. 황제는 야노식이 자기의 편에 서서 싸워 줄 것을 부탁하기 위해 전령을 보냈다.

립투프로 경기병 부대가 도착하였다. 전령은 야노식을 위해 아름다운 말을 가지고 와서는 온 사방을 찾아다니며 사람들에게 야노식이 어디에 사는지 물었고, 사람들은 숲을 가리켰다. 그들은 숲으로 갔고, 바로 야노식과 마주쳤지만 그를 알아보지 못하고 야노식이 살고 있는 곳을 물었다. 야노식은 나무를 잡아 뿌리째 뽑은 다음 말하기를 이것이 나의 집이라고 하였다. 그러자 그들은 자기들 앞에 서 있는 사람이 바로 야노식이라는 것을 깨닫고, 황제가 그에게 원하는 것이 무엇인지를 말하고 그에게 말을 건네 주었다.

그러나 그는 말을 타고 가지 않아도 되었기 때문에 그들에게 이렇게 말했다.

"내가 당신들보다 먼저 가 있을 게요!"

전령들이 떠난 지 사흘 후에 야노식은 도끼 지팡이를 타고 황궁에 갔다. 전령들이 도착하여 먼저 와 있는 야노식을 보고 곧바로 황제에게로 데리고 갔다. 황제는 그에게 철 갑옷과 방패, 검과 빠른 말을 주려 하였으나, 그는 그 모든 것들을 마다하였다. 그리고는 도끼 지팡이를 손에 들고 앞장서서 걸어나갔고, 그 뒤를 황제와 전 군대가 따랐다. 그렇게 하여 적이 기다리고 있는 전쟁터에 다다르자 야노식과 겨루게 될 기사가 앞으로 나왔다. 그는 온몸에 철갑을 두르고 용맹한 말을 타고 있었다. 그리고 자기한테 그냥 걸어오는 상대를 보고는 당장에 총을 쏘고 칼로 베려 하였다. 그러나 야노식이 그 기사가 탄 말의 한쪽 다리만 쥐었는데도 기사는 땅바닥에 내동댕이쳐지고 야노식의 손에는 말 다리만 남아 있었다.

황제는 야노식을 자기의 황궁으로 데려가기를 원했으나, 야노식은 가고 싶지 않았다. 그래서 이미 자기의 할 일을 마쳤으니 집으로 돌아가겠다고 말하고, 도끼 지팡이를 타고 그에게는 세상에서 가장 편한 립투프로 돌아갔다.

그러나 립투프의 사람들은 그를 잡기 위해 작당하였고, 야노식의 초인적인 힘이 어디에서 나오는지 알아내려고 애썼다. 그들은 한 여자를 매수하였다. 그녀는 야노식이 부하들과 가끔 술 잔치를 벌이는 집의 주인이었다. 야노식이 얼큰하게 술이 취하였을 때, 교활한 여자는 그에게 말을 시켜 이것저것 묻기 시작하였고, 마침내 그의 마력이 세 마녀로부터 받은 윗옷, 허리띠 그리고 도끼 지팡이에서 나온다는 것을 모두 알아냈다.

립투프 사람들에게 필요한 것이 바로 그것이었다. 그들은 여자의 집에 잠복해 있다가, 야노식이 다시 와서 술 잔치를 벌이고는 거나하게 취해 잠자리에 누웠을 때, 그의 도끼 지팡이를 훔쳐서 먼 곳에 두고 문을 열 겹으로 잠갔다. 그러고는 잠든 그에게 달려들어 윗옷과 허리띠를 벗겼다. 야노식은 곧 그의 힘을 잃게 되었다. 그들은 그를 쉽게 결박할 수 있었고, 감옥에 가둔 뒤 그들이 원하는 대로 할 수 있었다. 도끼 지팡이가 야노식을 도우려고 나와서 문을 여덟 개나 부수었지만 아홉 번째에서 그만 문에 박혀 버렸다.

재판관들은 야노식에게 사형을 선고하고 최대한 빠르게 형을 집행해 버렸다. 비엔나의 황제에게서 그를 풀어 주라는 명령이 도착했을 때는 이미 너무 늦은 때였다. 황제는 자기를 위해 싸워 큰 공을 세운 그를 교수형에 처한 립투프의 사람들을 절대로 용서할 수가 없었다. 그래서 그들에게 엄청나게 무거운 세금을 부과했다. 그들은 지금까지도 그 세금을 내고 있다.

야노식은 그렇게 여자 때문에 최후를 맞은 것이다!

●──폴란드 민담

타트리 산맥의 잠자는 기사

일생 동안 전 세계를 방랑하면서, 절대로 녹지 않는 얼음으로 뒤덮인 채 하늘을 찌를 듯이 높이 솟은 산맥도 보았고, 이쪽 강둑에서 저쪽 강둑까지 거의 한 시간을 배를 저어가야 할 만큼 넓디넓은 강도 만났고, 풍광이 너무나 수려해서 마치 천국에 온 듯한 착각에 빠지게 만드는 계곡에도 가 봤고, 거대한 폭포수에서 가루처럼 부서지는 물줄기가 만들어 내는 형언할 수 없이 아름다운 무지개도 보았다. 그렇지만 타트리 산맥에서 느껴지는 뭐라 말하기 힘든 포근한 안도감, 그것만큼 나의 향수를 불러일으키는 것이 또 있으랴.

우람하게 우뚝 선 야생의 화강암 봉우리, 오랫동안 인간의 톱이 닿은 적 없는 울창하고 검은 가문비나무 숲, 이끼로 뒤덮인 산비탈에 자라나는 야생 소나무 군락, 퇴적된 바위 틈 사이로 포효하듯 거침없이 쏟아져 내리는 계곡의 물줄기들, 들쭉날쭉 기묘한 형상을 빚어 내는 급경사 진 암석 봉우리, 비옥한 잔디, 여름이면 어김없이 초원을 노니는 짐승의 무리들, 목초지로 양떼를 몰고 왔다가 저녁이면 목장으로 돌아가는 양치기와 목동들……. 이 모든 것들은 말로 형언할 수 없는 아름다움을 지니고 있다.

이곳에서 태양은 더욱 밝게 빛나고, 태풍은 더욱 세차게 불며, 안개는 더욱 짙게 깔린다. 그리하여 때로는 주위의 산봉우리가 습도의 중압감을 견디지 못하고, 으스러지듯이 무너져 내려 산산조각이 나는 경우도 있는 것이다.

여기에는 들어도 들어도 질리지 않을 아름다우면서도 심오한 이야기들이 넘쳐난다. 비단 나뿐만 아니라 산을 타고 여행하는 방랑자들은 아마도 코시첼리스카 계곡을 가장 사랑할 것이다.

몇 년 만에 처음 이곳에 돌아왔을 때의 일이다. 시냇가의 한 다리 위에서 잿빛 바위에 새겨진 기사의 형상을 보게 되었다. 머리에는 투구를 쓰고 팔에는 날개를 달았으며 손에는 검을 든 채 몸을 숙이고 있는, 돌로 만든 영웅은 잠들어 있었다.

이 신기한 형상에 대해 곰곰이 생각해 보기도 전에 내 뒤에서 긴 백발의 산사람이 큰 소리로 고함을 질렀다.

"여보시오, 잘 좀 들여다보시오. 그 조각이 무엇을 의미하는지 당신들은 모를 게요. 떠도는 전설에 의하면 이 지역에, 교회처럼 커다란 동굴이 있었는데 거기에 어떤 군대가 잠들어 있었다고 하오. 아마도 크라쿠프 혹은 포즈난[1]이나 그니에즈노에서 온 폴란드 군대였을 게요. 굉장히 유명하고 용맹스런 왕이 그들을 지휘하고 있었는데, 까마득한 우리 선조 때부터 전해 내려온 풍문에 의하면 그의 이름은 호로브리[2]였다고 하오. 기억에 따르면 아무도 그 군대를 직접 본 사람은 없었다는군. 왜냐하면 그럴 만한 자격을 갖춘 사람이 없었으니까. 그러던 어느 날 아주 오래전에 이곳 코시첼리스카의 시골이었던가, 아니면 자코파네 산이었던가 아무튼 거기 어디쯤 어린 소년이 살았다고 하오. 그 소년은 여름이면 어김없이 양들을 몰고 풀을 먹이러 이 계곡을 찾곤 했지. 양들이 풀을 먹는 동안 순백의 멋진 개가 양들을 지키고, 영리하고 튼튼한 소년은 암벽을 타고 올라가서 에델바이스와 은방울꽃을 꺾거나 약재로 쓰이는 쓰디쓴 풀뿌리를 캐곤 했소. 이리저리 땅을 파던 소년은 어느 날 그때까지 아무도 도달한 적이 없는 동굴을 발견했소.

그곳은 끔찍하게 어두운 계곡이었다오. 소년은 낯설고 외진 곳에서 그만 길을 잃고 헤매게 되었는데, 눈에서 녹아 흘러내린 물로 질척거리는 데다가 야생 소나무 숲과 은회색 가문비나무, 거대한 바위 덩어리들이 빽빽하게 들어차 있어 말 백 마리가 와도 그를 구해낼 수 없을 것 같았지. 소년은 사방을 둘러보았지만 주위는 황폐하기만 했소. 조금 전에 걸어왔던 오솔길은 어디에도 없었소. 그는 처음에는 겁에 질렸지만 잠시 후에 다시 냉정함을 되찾았다오. 그리고는 생각했지.

'한 번 이곳에 왔다는 것은 돌아갈 수도 있다는 뜻이니 왔던 길이 아니라면 다른 길로라도 돌아가리라.'

용기를 얻기 위해, 혹은 기분 전환을 위해서 소년은 고지 위에서 계곡 전체와 물살이 빠르지 않게 흘러가는 시냇물을 둘러 보았지만 타트리 산맥이 늘 그렇듯이 계곡을 빼고는 사방이 온통 봉우리뿐이었다오. 소년은 산과 숲에다 대고 크게 고함을 질러 보았소. 한 번, 두 번……. 그러나 되돌아오는 것은 메아리뿐. 세 번째로 소리쳤을 때 소년은 그만 소스라치게 놀라 몸이 굳었소. 산꼭대기 어디선가 오르간 소리가 들려왔기 때문이었소. 멀지 않은 곳에 있는 호호우프 Chochorow나 챠르니 두나예츠 Czarny Dunajec에는 교회가 있었지만 자코파네에는 예배당이 건립되기 전이었소. 그런데 지금까지 들어본 적이 없는 힘찬 음악 소리가 자꾸만 들려오니 이게 어찌된 일이란 말이오. 그 소리는 성벽이라도 부술 듯, 열 명, 아니 백 명이 동시에 오르간을 연주하는 것처럼 웅장하였소.

바로 그 순간 무시무시한 천둥과 번개 속에 거대한 암벽이 열리면서 양치기 소년의 눈앞에는 믿지 못할 광경이 펼쳐지고야 말았소. 몸에는 무쇠 갑옷을 걸치고, 머리에는 투구를 쓰고, 어깨에는 날개를 달고, 손에는 길고 장대한 검을 쥔 기사가 나타난 것이오. 황금빛 태양 아래 빛을 발하며 우뚝 선 기사는 소리를 질렀다오. '감히 우리를 영원의 잠에서 깨운 자가 누구인가? 때가 벌써 왔는가?' 질문이 무엇을 뜻하는지 몰랐던 데다가 겁에 잔뜩 질린 소년은 아무런 대답도 하지 못했소. 소년의 공포심을 꿰뚫어 본 기사는 다시 말했소.

'두려워 마라. 너를 해치진 않을 것이니라. 나는 약탈자가 아니라 조국을 위해 피를 흘렸던 용사이기 때문이다. 나는 동료들과 함께 이 바위로 와서 영원한 잠 속으로 빠져들었다. 사람들이 모두 너처럼 착해지는 먼 훗날 다시 깨어날 것을 기약하면서 말이다. 보아하니 너는 착한 아이구나. 그렇지? 그 착한 사람들이 자신을 옭아매는 족쇄를 스스로의 힘으로 풀지 못할 때 그들을 도와줄 누군가가 나타난다는 위대한 믿음과 지혜가 널리 퍼지면 내가 깨어나기로 되어 있다. 때가 무르익으면 수천, 수만 명의 사람들 가운데 선택된 네 또래의 소년이 나타나 황금빛 문을 두드리고 큰 소리로 부르기로 되어 있지.

영원의 잠에서 깨어나시오, 기사들이여! 일어나서 착해지고 현명해진 사람들에게로 나아가시오. 악의 지배 하에서는 더 이상 살고 싶지 않다는 믿음으로 충만한 사람들에게로 나아가시오. 하늘의 천사처럼 날개를 가진 기사들이여! 드디어 때가 왔소! 어서 깨어나시오!

만약 거짓이라면 우리 귀에 들릴 것이다. 선택된 소년은 결코 거짓말하지 않으리라는 믿음이 우리에게 있다. 말에게 박차를 가하고 손에 칼을 쥔 채 강풍처럼 천둥처럼 세상으로 돌진할 것이다.

거대한 굉음이 사방으로 울려퍼지고, 가문비나무는 달리는 말발굽에 밟혀 그루터기만 남게 될 것이니라. 거대한 바윗덩이는 꼭대기에서 자갈처럼 쏟아져 내리고, 시냇물과 호수는 둑을 넘어 범람하며, 안개는 짙게 깔려 세상이 암흑에 뒤덮이리라. 천둥 때문에 천지가 흔들리고, 그 옛날 사탄에 맞서 싸우던 천상의 대리자들이 지녔던 칼날처럼 여기저기서 섬광이 번쩍이리라. 벼락이 끊임없이 떨어져 살아 있는 모든 것들은 공포에 휩싸이리라. 그러나 곧 평화가 밀려올 것이다. 청천벽력은 고요해지고, 시냇물과 호수는 푸른빛으로 잔잔해지며, 꽃과 잔디와 가문비나무의 뾰족한 잎사귀에서 은빛 이슬로 변한 안개가 반짝일 것이다. 하늘의 금빛 태양은 희미해지고, 노예에서 해방된 사람들은 기쁨의 노래를 부르며 기적적인 승리를 거둔 것에 대해 하늘에 감사하게 되리라.'

기사의 말에 열심히 귀 기울이던 양치기 소년은 무릎을 꿇고 대답했지.

'사람들에게로 가겠습니다. 세상 끝까지라도 가서 제가 들은 바를 널리 전하겠습니다. 저도 그런 믿음과 지혜를 가지고 싶습니다. 저뿐만 아니라 모든 사람들이 자신을 해방시켜 줄 위대한 믿음과 지혜를 깨닫게 되기를 간절히 원합니다.'

용사는 소년을 번쩍 들어올리고는 말했다오.

'네게 은총을 베푸노니, 네가 사람들에게로 갈 수 있도록 내 형제들을 불러모아 우리들 모두를 볼 수 있는 영광을 주겠노라. 형제들이여, 나를 믿으시오. 이 소년이 자신의 눈으로 무장한 군인들을 볼 수 있게 해 주시오.'

이 말과 함께 기사는 소년을 불빛이 가득한 동굴로 데려갔소. 동굴은 그 안을 다 돌아보려면 몇 시간 가지고는 턱도 없을 만큼 넓었다오. 스피슈의 천연 동굴보다 무려 100배는 넓을 것 같았소. 동굴 벽에는 꽃 같기도 하고 나무 같기도 하고, 성난 파도 같기도 하고 기막히게 아름다운 형상 같기도 한 기이한 홈이 파여 있었소. 천장에는 타트리 산맥에서 널리 번식하는 터키 백합이 돌처럼 매달려 있고, 다양한 고사리와 약초들도 매달려 있었다오. 바닥에는 노르스름하고 투명한 석고 바위와 가문비나무의 가지를 자른 듯한 모양의 돌로 된 그루터기가 솟아나 있었지. 기사가 양치기를 데리고 동굴을 거닐다가 실수로 그루터기를 건드리자 동굴 전체에 가장 커다란 오르간 소리가 울렸다오.

회랑을 몇 개 지나면서 그들은 예배당과 금빛 돌로 만든 제단과 화석으로 된 분수와 하늘빛 호수와 우물을 보았다오. 어떤 곳에서는 공동묘지에 널려 있는 비석처럼 생긴 돌도 보았소. 마침내 그들은 눈으로는 가늠할 수 없을 정도로 커다란 방에 도착했다오.

용기를 회복한 양치기 소년은 그 이전에도 보지 못했고, 앞으로도 보지 못할 놀라운 장관에 넋을 잃었소. 투구를 쓰고 금빛 갑옷을 차려입고 팔에는 날개를 달고, 손에는 거대한 검을 든 채 값비싼 융단과 호랑이와 사자 가죽으로 장식된 아름다운 말에 올라 탄 기사들의 끝도 없는 행렬이 있었소. 말의 머리는 하얀 깃털로 장식되고 편자는 황금이었소.

기사와 양치기가 바라보자 정렬된 줄에서 일순간에 술렁거림이 멎고, 무장한 경기병은 터키석이 박힌 말안장에 금세 고쳐앉았다오. 모두들 숨소리도 내지 않고 말고삐를 손에 쥔 채 돌진할 태세를 갖추고, 궁금해서 못 견디겠다는 시선으로 정면을 바라보았지. 기사가 '아직 때가 아니다!' 라고 짧게 말하자마자 화석으로 만들어진 병사들은 말의 목을 끌어안고 오랫동안 그랬던 것처럼 다시 영원의 잠 속에 빠져들었다오.

그런 뒤 양치기 소년이 어떻게 되었느냐고?

기사는 잠들기 전에 소년에게 왔던 길 그대로 세상으로 돌아갈 것을 명령했소.

'이곳에 다시는 오지 마라. 또 이곳을 찾지도 마라. 절대 발견하지 못할 것이니……'

양치기의 뒤에서 폭발하는 듯한 소리와 함께 황금의 문이 생겨나서 땅 위로 떨어졌소. 돌덩이는 모두 붙어 소나무와 가문비나무로 휘감겼으며 그 위에 에델바이스와 은방울꽃이 빛나고 있었소.

순백의 멋진 개가 충실하게 지키고 있던 양 떼가 풀을 뜯고 있는 곳으로 걸어가면서 양치기는 자신이 조금 전에 보고 들었던 것들에 대하여 골똘히 생각했소. 그는 제일 먼저 이 모든 소식을 아버지에게 전하였소. 그 성스러운 시간에 기사가 예언했던 모든 것이 이루어지기 위해서는 자신이 사람들에게로 가서 위대한 믿음과 지혜를 전파해야만 한다는 것을 설명하였다오. 소년의 아버지는 이렇게 말했다소.

'너는 틀림없이 신의 은총을 받았구나. 우리들이 옛날이야기로만 알고 있던 사실을 직접 네 눈으로 보고, 네 귀로 들었으니 말이다. 그렇지만 너 스스로도 분명하게 인식하지 못하면서 어떻게 사람들에게 위대한 믿음과 지혜를 가르칠 수 있겠니? 먼저 학교부터 가고, 열심히 공부해서 나중에 놀라운 진리를 널리 전파하도록 하여라.'

이야기는 이렇게 끝이 났다오. 양치기 소년은 현자가 되어 자신을 위해서는 아무것도 바라지 않고, 오로지 타인을 위해서만 평생을 바쳤다오. 그는 도시와 시골과 세계를 돌아다니면서 사람들을 계몽하였소. 그렇지만 모든 것을 이룩하기에 인생은 너무나 짧고 그의 힘은 미약하기만 하였소. 그의 뒤를 제자 천 명이 따랐고, 또 천 명이 뒤따랐지만 아직까지 아무도 잠자는 기사에 대한 예언을 실현한 사람은 없었소. 그럴 만한 자격을 갖춘 인물이 우리 중에 아무도 없었던 게지. 정확히 여기 어디쯤에 그런 기적이 숨겨져 있는 건지 아무도 모르지만 우리는 믿음과 희망을 버리지 않고 있다오. 머지않아 세상의 구원에 대한 위대한 믿음과 지혜가 널리 퍼지게 되면 그때 신께서 그 양치기 소년처럼 어린 소년에게 영감을 불어넣으시어 소년이 동굴을 발견하게 될 것이오. 그 소년은 황금빛 문을 두드리고는 잠들어 있는 기사들에게 거짓 없이 이렇게 말할 것이오. '드디어 때가 왔습니다' 라고……."

●──주

1 Poznan. 폴란드의 수도 바르샤바와 독일의 수도 베를린의 중간 지점에 있는 폴란드 서부의 중심 도시이며, 해마다 열리는 국제 박람회로 유명하다.
3 폴란드 고대 야기엘론스키 왕조의 왕이었던 볼레스와프 흐로비(Bolesɫaw Chroby)를 가리킴.

바다의 눈

헤이! 여보게들, 이곳의 바위들과 벌거벗은 암벽들을 좀 보시게나! 저것들은 옛날에는 없었던 것들이지. 과거 이곳에는 온 사방에 황금빛 곡식들이 자라고 있었지. 귀리는 사람의 허리에 닿을 정도였고, 밀도 하도 키가 커서 농부가 밀밭에 들어가면 그의 모습이 가려서 보이지 않을 지경이었지. 또한 숲들도 무성하여 뚫고 나갈 수가 없었다네! 여기, 저 바위들과 큰 암석들이 무더기로 쌓여 있는 곳에는 아주 오랜 옛날에 모르스키라는 이름을 가진 지체 높으신 양반이 살고 있었는데, 그는 이 지역의 영주이자 군사령관이었지.

그는 많은 재물과 땅 그리고 숲을 가지고 있었는데, 그 모두를 자기가 애지중지하는 무남독녀에게 물려주려고 하였지.

아버지가 딸에게 말했어.

"너를 사랑한다. 네가 내 옆에 있는 한 이 세상의 모든 보석들은 나에게 아무런 의미가 없단다. 사랑하는 딸아, 나는 너를 위해 무슨 일이든 다할 것이다. 그러나 내가 절대로 허락할 수 없는 것이 하나 있다. 너는 아무리 상대가 왕자나 왕이라 할지라도 다른 부족의 사람과는 결혼해서는 안 되고 반드시 우리 부족 사람에게 시집가야 한다."

모르스키 양반은 자신의 딸에게 그렇게 이야기했다네! 아 그런데 여보게들, 바로 국경 너머 헝가리 땅의 어떤 성에 헝가리의 왕자가 살고 있지 않았겠나. 그는 모르스키 양반의 따님을 한번 보고는 그녀에게 홀딱 반해 버리고 말았지. 그는 이제 그녀 없이는 한시도 살 수가 없으며 따라서 그녀를 반드시 자기의 아내로 맞아야만 한다고 다짐했다네. 그래서 계속해서 사신을 보냈지만, 모르스키 양반은 정말로 강직한 사람이었거든. 그는 사신이 올 때마다 대답했지.

"소용없소. 무슨 수를 쓰고 그 어떤 노력을 한다 해도 다 헛수고요. 애국자에겐 조국이 가장 소중한 법인데, 어찌 남의 나라 사람에게 딸을 내줄 수 있단 말이오?"

그런데 일은 벌어지고 말았어. 큰 전쟁이 일어난 것이지.

믿을 수가 없는 일이었네. 몽골인들과 독일인들이 침입하여 불을 지르고 약탈하였으며, 그들의 말을 듣지 않는 사람들은 나무 말뚝에 꽂아 죽이거나 잡아서 노예로 끌고 갔거든.

영주는 사람들을 불러모아 그들에게 검, 쇠사슬 갑옷 그리고 방패 등을 주어 무장시켰고 그들과 함께 적들에 맞서 싸우기 위해서 급히 서두르기 시작했지. 그는 그들이 정말로 용감하고 자신들의 땅을 굳건히 지킬 줄 아는 사람들이라고 믿었다네! 준비를 다 마친 후 그는 조국을 위해 크게 공헌할 수 있게 되었다고 생각하고는 기뻐했지. 그러나 그동안에 저 음흉한 헝가리 왕자가 자신의 딸에게 수작 부리지 못하도록 그녀를 수도원에 가두어 버렸다네. 그러고는 떠나기 전에, 만약에 아버지가 한 말을 지키지 않는다면 큰 저주를 받을 것이라고 다시 한번 딸에게 경고하였지.

그러나 그 외국 왕자는 이 아가씨의 마음을 사려고 빛나는 구슬 목걸이 등 다양한 보석들을 보내왔지. 그리고 그녀를 위해서 은으로 된 성과 금으로 된 방들을 짓겠다고 맹세를 하였으며, 교활한 마술사들을 보내 온갖 감언이설로 꼬드겨 대었네그려. 그리하여 모르스키 양반의 딸은 결국 아버지의 경고를 무시하고 수도원에서 도망치기로 결심하였네.

왕자는 자신이 직접 그녀를 데려가기 위해 수도승으로 변장을 하고 수도원으로 와서는 문을 두드리고 쉬었다 가기를 청했지.

수도원의 모든 사람들이 잠이 들었을 때, 마법사들이 요술을 부려 개들이 짖지 못하도록 하였고, 왕자는 영주의 딸을 데려다가 곧 그녀와 결혼식을 올린 후 그녀를 빛나는 유리 궁전의 금과 귀한 보석들이 잔뜩 쌓여 있는 곳에서 살게 했다네.

그들은 잘 살았지. 하루하루가 지나고 또 여러 해가 바뀌도록 행복했고, 아이들을 일곱 얻었는데 모두 천사 같았다네.

한편 전쟁터에 나간 모르스키 양반은 돌아오지 않았고, 죽었다는 소문만이 사방에 무성하였지. 그런데 그의 딸은 아버지의 저주는 까맣게 잊어버리고 자신의 행동에 대해 아무런 죄책감도 느끼지 못했다네. 그저 아이들과 노닥거리고 꽃이 만발한 들판에서 마치 사슴처럼 뛰어다니며 춤추기를 좋아했지.

저녁에는 여자 마법사들이 온갖 재미있는 이야기들로 이 행복한 왕자비가 달콤한 잠에 빠져들도록 하였네. 그 꿈들은 정말로 달콤했지만 영원히 계속될 수는 없는 것이었어! 왜냐하면 자네들도 알다시피 예수께선 당신이 무슨 일을 해야 하는지 알고 계시지 않는가. 모든 불복종과 배신은 반드시 벌을 받아야 마땅하거든, 영주는 마침내 큰 공을 세우고 모든 이들의 환호를 받으며 자기의 땅으로 돌아온 뒤 사람들에게 딸에 대해 묻기 시작하였다네.

집안의 시종들과 하인들이 그에게 공주가 살고 있는 유리 궁전을 보여 주었을 때, 그의 가슴은 고통으로 터질 것만 같았네. 그러나 그의 딸은 진주와 금으로 만든 귀걸이 등 이쪽 사람들은 한번 보지도 못한 온갖 장신구와 보석들로 치장을 하고서는 아버지에게 인사를 드리고 또한 자신이 아주 행복하게 살고 있다는 것을 보여 주기 위해 아버지 앞에 나타났던 것이야.

하지만, 들어들 보게나, 모르스키 영주는 자기가 반다 여왕 같은 딸을 키우기는커녕 오히려 이방인을 사랑하는 자식을 둔 데 너무나 화가 치민 나머지 마치 진군나팔 소리와도 같은 고함을 질러 그녀를 쫓아 버리고는 엄청난 힘과 위력으로 발을 굴러서 그 유리 궁전을 박살내 가루로 만들어 버렸다네! 그리고 높은 봉우리들의 바위들이 굉음과 함께 골짜기로 쏟아져 내려 그 이방인의 들판과 마을들 그리고 모든 재산들이 다 돌로 변해 버리게끔 지독한 저주를 퍼부었지.

딸이 그의 노여움을 달래고자 아이들을 그에게로 데려와 함께 간절히 애원하였으나 그는 그것에 전혀 개의치 않았고, 오히려 더욱 노하여 마치 숲의 나무들과 풀을 휩쓸고 지나가는 산의 강풍과 같은 목소리로 소리쳤다네.

"너는 나의 딸이 아니고, 저 아이들도 나 모르스키의 손자들이 아니다! 네 눈물이 온 사방에 흘러넘쳐서 그 속에 너의 아이들 모두 빠져 죽어 버려라!"

그와 같이 그 늙은이는 그녀를 저주했다네. 그리고 주위의 모든 것은 그 즉시 바위들로 변해 버렸지.

그렇게 해서 저기 저 산들이 생겨나게 된 게야. 자바^Zaba, 리시^3, 미엥구쇼비에츠키^Mieguszowiecki, 추브지나^Cubrzyna, 브로타^Wrota, 미에지아네^Miedziane 그리고 자네들이 지금 보고 있는 이 산들 모두가 말일세.

그리고 저기 저 큰 바위는 수도승 바위라고 불리는 것이지. 겁에 질린 헝가리 왕자가, 모르스키의 딸을 데려오기 위해 수도원으로 가 문을 두드렸을 때처럼 수도승으로 변장하여 도망을 치려 했지만 저주가 그에 앞서 그의 길을 막아 왕자가 돌로 변해 버린 것이야.

그것을 본 왕자비는 너무나 절망하여 여자 마법사들에게로 가서 도움을 청했지. 그러나 그녀들도 별 수가 없었고, 다만 아이들을 하나씩 데리고 도망치기 시작했네. 그러나 바위들이 자라나서 나갈 데가 한 군데도 없었어. 여자 마법사들은 아이들과 앉아서 그저 다가올 죽음을 기다릴 뿐이었지. 주위에서는 아무 소리도 나지 않았고, 다만 슬픔에 잠겨 죽을 사람들의 신음, 울음소리 그리고 탄식의 소리만이 들렸지. 아이들은 어머니를 불렀고, 그녀는 아이들에게로 달려와 그들과 함께 계곡 밑으로 소리내며 떨어지는 시클라비차^Siklawica 폭포처럼 울었지.

그리고 자네들도 아는 것처럼 그 눈물로 연못이 일곱 개 생겨났는데, 눈물이 점점 불어나서 결국 그녀의 아이들이 그곳에 빠져 죽게 되었지. 한 연못에 한 명씩 누워 있단 말일세. 왕자비는 그 불어나는 물을 피하기 위해 리시 봉우리의 큰 바위 위로 올라갔고, 그리고는 거기에서 눈물이 다 마를 때까지 울었어. 그리고 그녀의 눈 하나가 봉우리 꼭대기에서, 자네들도 알다시피 지금은 만년설로 덮여 있는 저 협곡을 따라 굴러떨어져 호수가 생겼는데, 모르스키^Morski 딸의 눈에서 생겨났다고 해서 그때부터 '바다의 눈^Morskie Oko'이라고 불리게 된 것이지.

말로 표현할 수 없을 정도로 슬픔에 잠긴 왕자비는 이제 아무 쓸모없게 된 자신의 모든 재물들과 보석들을 그 호수에 던져 버렸어. 사람들이 후에 그것들을 건져올렸지만, 그것들은 그들에게 불행만을 가져다 주었지. 그 후 이미 세상에 산과 물 이외에 아무것도 남지 않게 되자, 그녀는 여기 자네들이 보고 있는 연못들 중 하나에 스스로 몸을 던졌지.

　연못의 물은 검은 색인데, 그것은 공주가 검은 상복을 입고 물에 뛰어들어 죽었기 때문이라네.

　가끔씩 이곳에서는 신음과 원한의 외침이 들리지만, 그녀의 영혼을 구해 줄 방법은 없다네. 그리고 누구든지 그녀의 영혼을 위로하면 그 즉시로 '눈 구덩이'에 빠져서 영원히 죽게 된다고들 말하고 있지!

● ── 주

1　Morski. '바다'라는 뜻.
2　폴란드 전설에 의하면 그녀는 왕실의 모든 사람들이 그녀에게 독일의 왕족과 결혼할 것을 권유하였으나 끝내 이를 거절하였다.
3　Rysy. 폴란드와 슬로바키아의 국경을 이루고 있는 타트리 산맥의 최고봉이다.

발트 해의 여왕

옛날 옛적에 발트 해의 깊은 물 속에 바다의 여왕 유라타^{Jurata}의 궁전이 있었다. 그 궁전의 담과 벽은 순수한 호박이었고, 문지방들은 금으로 만들었으며, 물고기 비늘로 지붕을 만들었고 창문들은 다이아몬드로 만든 것이었다.

어느 날 여왕은 바다에서 가장 어여쁜 여신들을 초대하고, 또한 그들과 함께 의논하고자 한다는 편지를 써서 꼬치고기들에게 주어 보냈다. 약속한 날이 되어 초대받은 여신들이 도착하였다. 그러자 여왕은 궁궐의 시종들을 데리고 나타나서 손님들에게 인사하며 맞이하였다. 그리고 호박으로 만든 옥좌에 앉고서는 다음과 같이 말하였다.

"나의 사랑하는 친구 그리고 동료 여러분! 여러분도 잘 아시다시피 하늘, 땅 그리고 바다의 주인이시며 전능하신 나의 아버지인 프람지마스^{Praamjimas}께서 이 바다와 그 속에 사는 모든 것들을 나의 보호와 지배 아래 두셨습니다. 여러분 자신들이 내가 통치하는 동안 이곳이 얼마나 평온하고 행복하였는지에 대한 증인이 될 것입니다. 가장 작은 벌레 한 마리, 또는 제일 조그만 물고기 한 마리도 하소연하거나 불평할 이유가 없었고, 모두가 평화롭고 사이좋게 지냈습니다. 어느 누구도 감히 남의 생명을 빼앗으려 하지 않았습니다. 그런데 지금 카스티티스Castitis라는 고약하고 미천하기 짝이 없는 한 어부가 나의 왕국 가장자리, '성자聖者의 강'이 내게 경배를 드리고 있는 곳에서 나의 죄 없는 어린양들의 평화를 깨뜨리려 하고 있고, 그물을 던져 그들의 목숨을 앗아가고 있습니다. 하물며 나 자신도 내 식탁에 올리기 위해 한 마리 작은 물고기를 잡는 것도 주저하고, 심지어 내가 그토록 좋아하는 가자미도 한 번은 잡아먹지만 두 번째는 물로 다시 돌려보내 주고 있는데도 말입니다. 그러한 무례한 행위를 벌하지 않고 그대로 내버려 둘 수는 없는 일입니다. 자, 여기 우리를 기다리는 배들이 있습니다. 그리고 그가 보통 이맘때에 그물을 던지니까 우리 모두 지금 성자의 강 으로 갑시다. 가서 우리의 춤과 노래로 그를 바다로 유인하여 물 속에 빠뜨려 질식시키고 눈에 자갈을 잔뜩 집어넣읍시다."

그녀가 그렇게 말하자 호박으로 만든 배 100척이 잔인한 복수를 위해 출발했다. 그들은 따스한 햇살을 받으며 항해했고, 바다는 조용했다. 그리고 이미 그들의 노랫소리가 바닷가에까지 울려퍼졌다.

불쌍하다! 너, 젊은 어부여!

그녀들은 강어귀에 다다랐고, 어부가 바위에 앉아 그물을 펼치고 있는 것을 보았다. 그는 일에 열중한 나머지 처음에는 아무것도 의식하지 못했다. 그러나 아름다운 노랫소리가 들려오자 시선을 바다로 옮겼고, 거기에서 호박으로 만든 배 100척과 머리에는 왕관을 쓰고 손에는 호박으로 된 홀을 든 여왕이 인도하고 있는 아리따운 아가씨 백 명을 보았다. 노래는 더욱더 달콤하게 울려퍼졌다. 바다의 아가씨들은 그를 에워싸고 자신들의 미모로 유혹하기 시작했다.

오, 아름답고 젊은 어부여, 일은 던져 두고 배로 오세요.
여기에는 영원토록 춤과 연회가 계속되지요.
우리의 노래가 당신의 노고를 달래 줄 거예요.
우리와 함께 살면
당신은 영원히 살 수 있어요.
우리들 가운데에서 당신은 바다의 주인이 되고
우리의 연인이 될 겁니다.

그 노래를 들은 어부는 뿌리치기 힘든 유혹에 휩싸여 벌써 여신들의 품으로 달려가려고 했다. 그러나 그때 여왕은 홀을 흔들어 동료들을 조용하게 한 다음, 놀란 어부에게 이렇게 말했다.
"서라, 이 경솔한 놈아! 너의 큰 죄는 벌을 받아 마땅하지만, 한 가지 조건을 들어 너를 용서해 주겠다. 너의 용모가 나의 마음에 든다. 그러니 나를 사랑해라. 그러면 너는 행복하게 될 것이다. 하지만 만약 네가 나 유라타의 사랑을 조롱한다면, 나는 네가 꼼짝 못하도록 만드는 노래를 부를 것이고, 나의 홀이 네 몸에 닿는 순간 너는 영원히 죽고 말 것이다."
젊은이는 사랑을 고백하고 영원토록 그녀를 사랑하겠노라고 맹세하였다.
그러자 여왕은 말했다.

"이제 당신은 이미 나의 사람입니다. 당신이 우리에게 가까이 오면 죽게 되니 다가오지 마세요. 그 대신에 이제부터 이 언덕을 당신의 이름을 따서 카스티티라고 부를 것이고, 나는 매일 저녁 이곳으로 와서 당신을 만날 것입니다."

그리고 여왕은 모든 여신들과 함께 바다 속으로 사라졌다.

유라타 여왕이 매일 저녁에 바닷가의 언덕으로 와서 자기의 연인과 만난 지 1년이 지날 무렵 페루쿤^{Perkun, 슬라브 족이 예전에 섬겼던 최고 신으로 번개를 관장하며 앞에서 나온 프람지마스와 동격}은 여신인 자기 딸이 감히 하찮은 인간을 사랑하여 매일 만나고 있다는 사실을 알고는 격노하였다. 어느 날 여왕이 자기의 궁전으로 돌아왔을 때, 그는 하늘에서 번개를 내리쳤다. 번개는 바다의 파도들을 헤치고 들어가 그녀가 사는 곳을 강타하였다. 여왕은 그 자리에서 죽었고, 호박으로 된 궁전은 산산조각나고 말았다. 프람지마스는 또한 어부를 잡아다 깊은 바다 밑 바위에다 묶어놓고는 사랑하는 여인의 시신을 그의 앞에다 갖다놓아, 그로 하여금 영원토록 그것을 보면서 자신의 불행에 괴로워하도록 만들었다. 그리하여 지금도 바다의 폭풍이 파도를 일으킬 때면 멀리에서 신음 소리가 들려오는데, 그건 불행한 어부의 울음 소리이다. 그리고 파도에 밀려온 조각난 호박들이 해변에 쌓이는데, 그것은 유라타 여왕의 궁전이 부서져서 생겨난 것들이다. 그런 연유로 폴란드는 예로부터 발트 해변의 호박으로 유명했던 것이다.

●──폴란드 민담

임금이 된 농부

이름은 가베우Gawer이고, 형제들 중에서 제일 막내인 한 소년이 있었다. 형들은 모두 자기들이 그보다 똑똑하다고 생각했고, 그를 바보라고 불렀다. 그러나 그것은 그가 생각이 모자라서가 아니라 그의 마음이 매우 약했기 때문이었다. 그는 한번도 자기를 먼저 생각하는 적이 없이 다른 사람들을 동정했다. 그리고 항상 끝에 가서 그렇게 했던 자신의 행동을 후회했다.

한 그릇에다 놓고 밥을 먹을 때면 형들이 그의 것을 다 빼앗아 먹었고 그것도 모자라 숟가락으로 그의 머리를 때리곤 했는데, 그래도 그는 웃기만 하였다.

그는 가장 나쁜 옷을 입고 신발도 다 떨어진 것을 신었지만 속상해하지 않았다. 비록 가끔씩 몸이 꽁꽁 얼어붙고 배가 고플지라도 다른 사람이 배불리 먹고 즐거워하면 그것을 보고 자기도 즐거워하였다. 형들은 항상 그를 꼬드겨서 자기들이 원하는 그의 물건을 가로채고 난 다음에는 그를 바보라고 놀렸다. 아버지와 어머니는 그런 그를 보며 가슴아파했다. 가베우가 분명 불행하게 될 것이며 아무 쓸모도 없는 사람이 될 것이라고 예상했기 때문이었다. 어쩌다가 돌보는 사람도 없이 그를 혼자 오두막에 내버려두는 날마다 손해 없이 지나가는 적이 없었다. 가난한 사람이 다가와 동냥을 청하면, 가베우는 그에게 집에 있는 모든 것을 내 주었고 심지어 입고 있는 윗도리마저 벗어 주었으며 짐승들의 먹이는 주면서도 정작 자기는 아무것도 먹지 않았다. 또한 모든 사람들의 말을 그대로 믿었기 때문에 누구든 마음만 먹으면 얼마든지 그를 속일 수가 있었다.

아버지는 여러 차례 그가 자신을 먼저 생각하고 어리석은 행동들을 그만두도록 심하게 매질을 하였으나, 결코 그의 마음을 변하게 할 수는 없었다. 가베우는 여전하였다. 그는 그러한 천성을 타고난 것이었다.

어느 날 오두막에는 아무도 없고, 가베우 혼자 흙으로 된 담장 위에 앉아 있는데 문 앞에 한 거지가 나타났다. 맨발에 헐벗고 찢기고 굶주리고 울어서 눈은 붓고 쇠약해진 불쌍한 모습에 소년의 마음은 너무나 아팠다. 거지가 그에게 자신의 불행한 신세에 대하여 이야기하기 시작하자, 가베우는 이미 모든 것을 잊어버렸다. 그를 오두막으로 데리고 들어가서는 집에 있는 제일 좋은 것들, 즉 아버지 윗도리, 외투, 가죽 신발, 모자를 주어 버렸다. 그리고 벽난로 옆에 있던 점심을 데워 그에게 먹였다. 마지막에는 아버지의 보따리에서, 집에 있던 돈의 전부인 3그로쉬 동전 두 개마저 꺼내어 거지에게 주었다. 실컷 먹고 마신 후 옷을 얻어 입은 거지는 소년에게 신의 축복이 있기를 기원하였지만, 그러면서도 한편으로는 그를 비웃으며 떠나갔다.

조금 후에 어머니와 아버지가 집으로 돌아오자 가베우는 아주 신이 나서 자기가 한 일에 대해 이야기하였다. 아버지는 크게 화가 났다. 어머니도 그를 말릴 수가 없어서 가베우는 몽둥이로 흠씬 맞았다. 아버지는 만약 오두막에 나타난다면 그때는 칼로 베어 버리겠다고 위협하여 그를 내쫓았다.

"가라! 이 쓸모없는 녀석아! 가라! 네 눈길이 닿는 아무 데로나 가서 뒈져 버려라. 나는 이제 너를 모른다."

가베우가 하는 수 없이 집을 떠나가려고 할 때, 그를 불쌍히 여긴 어머니가 창문을 통해 그녀가 갖고 있던 마지막 남은 3그로쉬 동전 두 개를 그에게 던져 줬다.

슬픔에 빠진 불쌍한 소년은 생각했다.

'아버지의 화가 풀리면 돌아오자. 그때는 나를 용서해 주시겠지.'

하지만 아버지가 하는 말이 들려왔다.

"그놈은 스스로 자기를 돌보는 방법을 배워야 해. 그렇지 않으면 우리 모두를 망하게 하고 아무짝에도 쓸모없는 놈이 될 거야."

가베우는 큰길로 나와서 사방을 둘러보았다

'도대체 어디로 가야 한담?'

하늘을 향해 큰 한숨을 쉬고 난 다음, 그는 무작정 앞을 보고 가기 시작했다. 마을에서 그리 멀리 떨어지지 않은 곳에서 그는 자신의 형제들 중 한 명을 만났다.

"가베우 아냐? 어디 가는 거지?"

"그냥 세상을 향해. 아버지께서 화가 나셔서 나를 매질하시고는 내쫓으셨어. 그리고 눈앞에 다시는 나타나지 말라고 하셨어."

형은 깔깔 웃고 나서 말했다.

"거 참 잘됐구나, 미련아. 정신 좀 차리거든 그때 돌아오너라."

그리고 돌아서서 웃으면서 가 버렸다.

조금 더 가자 배나무 밑에 앉아 있던 둘째 형이 그를 보고 물었다.

"어디 가는 거냐?"

"그저 세상을 향해 가고 있어. 아버지가 나를 내쫓으셨어."

둘째 형도 역시 웃으면서 말했다.

"좋은 여행이 되기를 빈다, 미련한 가베우야! 이제 식구가 줄었으니 좀더 잘 먹을 수가 있겠구나."

그래서 가베우는 계속해서 걸었고, 풀밭으로 소를 몰던 셋째 형을 만났다.

"너 어디 가냐?"

"집에서 쫓겨났어. 형, 건강히 잘 있어. 나는 길을 계속 가야 하는데 노자는 6그로쉬뿐이야."

셋째 형은 어깨를 으쓱하면서 말했다.

"나 같으면 너에게 찌그러진 셸롱그ᐟ삼분의 일 그로쉬 한 닢도 주지 않겠다. 너 같은 바보에게 돈을 주는 것은 밑 빠진 독에 물을 붓는 거나 마찬가지지. 건강해라!"

그런 식으로 가족하고 헤어지고 난 후 가베우는 마을과 그 근처에서 더 이상 할 일이 없었다. 그래서 걸음을 재촉하여 낯선 길을 향해 걸어갔다. 그는 배가 고팠고 가족을 두고 떠나자니 매우 슬펐지만, 신이 도와주실 거라고 믿었다.

"신께서는 당신이 창조하신 모든 사람들을 잊지 않고 계시지."

그는 혼자 중얼거렸다. 사방이 완전히 텅 빈 벌판에 다다를 때까지 아무도 만나지 못한 채 그냥 오래 걸었다. 그런데 마침내 맞은편에서 웬 남자가 등에다 자루를 메고 오고 있었다. 자루 속에서는 뭔가 살아 있는 것이 꿈틀거렸다.

가베우는 소리쳤다.

"오, 신이여, 도와주세요! 무엇을 가지고 가세요, 마음씨 좋은 아저씨?"

그 사람은 멈추고는 퉁명스럽게 대꾸하였다

"왜 나를 마음씨 좋은 사람이라고 부르냐? 마음씨가 좋다는 것은 미련하다는 말인데, 나는 그렇지가 않다. 검은 고양이를 물에 빠뜨리러 가는 중이다. 이 고양이는 쥐는 잡지 않고 우유만 마시고 그저 밥그릇만 쳐다보는 쓸모없는 고양이란다. 목에 돌을 매달아 강물에 던질 거다."

이렇게 말하면서 가베우에게 고양이 머리를 보여 주었다. 그것은 윤기 나는 검은 털에 큰 눈과 장밋빛 주둥이를 가진 어리고 예쁜 고양이였다. 가베우는 고양이가 불쌍히 여겨졌다.

"이렇게 어리고 예쁜 고양이가 죽어야 하다니! 저에게 고양이를 주세요. 물에 빠뜨리실 거라면 제가 데리고 갈게요."

농부는 웃었다.

"공짜로? 오, 그렇게는 안 되지! 공짜로 주느니 차라리 물에 빠뜨리겠다. 나는 그런 놈이거든."

가베우는 대답했다.

"저에겐 3그로쉬 동전 두 닢이 전부인데, 만약 하나로 만족하신다면 드리겠어요."

농부는 생각에 잠겼다. 그리고 어깨를 으쓱하더니 동전 한 닢을 받고 고양이를 그에게 주었다.

가베우는 계속해서 길을 갔고, 신이 창조하신 생명을 자기가 구했다는 생각에 즐거워했다. 고양이 또한 새로운 주인에게 안기며 가드랑거리는 것을 보니 자기에게 베풀어진 은혜를 이해하는 듯했다. 소년은 주머니에 빵 조각을 갖고 있었는데, 혼자 먹고 싶었지만 그보다는 나누어 먹는 것이 더 소화가 잘 될 것 같았다. 그래서 그는 빵을 반으로 잘라 조각을 내어 고양이에게 먹였다. 고양이는 맛있게 먹고는 그의 팔에 안겨 잠들었다.

그가 몇 헥타르를 더 갔을 때, 또 한 사람이 오는 것을 보았다. 그도 자루를 메고 있었고 속에서 무언가가 꿈틀거렸다. 가베우는 걸음을 멈추며 말했다.

"신의 은총이 있기를! 아저씨. 무슨 물건을 가지고 가세요?"

"물건이라고? 이것은 아무런 물건도 아니고, 그렇다고 살찐 돼지나 거위는 더욱더 아닐 뿐더러, 그저 괘씸하고 흉측한 개란다. 이 개는 이미 닭을 여러 마리 잡아먹었고, 시끄럽게 짖기만 하며 밤이면 늑대처럼 울부짖는다. 나는 이놈의 목에다 돌멩이를 매달아 강물에 던질 거야."

남자는 이렇게 말하고 가베우에게 개를 보여 주었는데, 가베우에게는 그 개가 예쁘게 보였다. 개는 마치 그에게 구해 달라고 애원하는 듯한 표정을 지었다. 동정심이 가베우를 사로잡았다.

"이 개를 저에게 주세요."

"공짜로? 그래도 가죽은 쓸모가 있단다. 모피 장수가 그것을 염색해서 여우 가죽이라고 속여 팔 수가 있거든. 나에게 무엇을 주겠니?"

"저는 3그로쉬밖에 없어요."

가베우는 보자기에서 마지막 남은 동전을 꺼내면서 말했다.

"할 수 없지. 그것이라도 내놔라."

흥정은 흥정인 것이다. 가베우는 개를 위해 가진 돈을 모두 지불했고, 남자는 그에게 개를 넘겨 주고는 바보라고 비웃으며 갔다. 그러나 가베우는 화를 내지 않았다.

●──폴란드 민담

개는 그의 주위에서 껑충대며 짖고는 그의 발밑에 엎드렸다. 가베우는 개에게 먹이를 주어야 했다. 소년은 마지막 빵 조각을 꺼내 잘게 부숴 개에게 주었다. 그런 다음 팔에는 고양이를 안고 개를 끌면서 계속해서 길을 갔다. 배고픔이 그를 몹시 괴롭혔고, 지친 다리는 말을 듣지 않았다. 이윽고 그는 배나무 밑 바위 위에 앉아 앞으로 무엇을 해야 할지 생각했다. 그의 한쪽에는 개가 누웠고, 다른 한쪽에는 고양이가 누웠다. 그때 가베우는 자기가 두 생명을 구할 수 있게 해 주신 신께 감사를 드렸다.

단지 극심한 허기를 느꼈고, 뱃속에서는 꼬르륵 소리가 났다. 태양은 이미 서쪽으로 지려 했다. 주변은 모두 텅 비었고, 먹을 만한 것은 아무것도 없으며 잠을 잘 집도 없는 가운데, 밤은 다가오고 있었다. 여기서 무엇을 어찌해야 한담? 참, 딱하게도 되었군! 가베우는 자신은 물론이고 짐승들에게도 어떻게 해 줄 방도가 없었다.

"하지만 신이 계시잖아?"

가베우는 즐거워하며 말했다.

그는 자신의 길동무들을 바라보았다. 고양이는 노란 눈을 크게 감았다 떴다 하며 앉아 있었다. 개는 그를 쳐다보며 꼬리를 흔들었다.

"뭐라고? 참 안되었다고?"

그는 개에게 명랑한 목소리로 말했다.

그런데 개는 마치 그를 이해한 것처럼 벌떡 일어나서는 코를 내밀고 땅의 냄새를 맡으며 주위를 돌더니, 이윽고 땅을 파기 시작했다. 개는 소년의 발 옆을 파고 또 팠으며, 숨을 헐떡거리며 점점 더 깊게 그리고 점점 더 열심히 앞발로 흙을 파헤쳤다. 그러는 개의 눈에서는 광채가 났다. 개는 자꾸만 가베우를 쳐다보고 즐겁게 짖으며 계속해서 파고 들어갔다.

가베우는 생각했다.

'도대체 무슨 꿍꿍이속이지? 하지만 쓸데없이 장난하는 것은 아닐 테고, 무엇인가 알고 저러는 것이 분명한데.'

마침내 개는 파놓은 구덩이 속에 코를 들이대고 열심히 냄새를 맡고서는 일어서서, 소년에게 구덩이 깊은 곳을 보라고 하는 것처럼 짖어댔다. 가베우는 일어나서 몸을 기울이고 구덩이 속을 들여다보았다. 맨 밑바닥에 무언가 반짝거리는 것이 있었다. 그가 팔을 깊숙이 집어넣어 꺼내 보니, 그것은 모래와 흙에 더러워지긴 했지만 크고 아름답게 빛이 나는 반지였다. 가베우는 지금까지 그렇게 훌륭한 반지를 본 적이 없었기 때문에 한참을 넋을 잃고 바라보았다. 굵은 가닥으로 엮은 것 같은 금반지로 가운데에는 마치 사람의 눈처럼 쳐다보며 계속해서 다른 색깔로 변하는 이상하게 생긴 눈이 있었다. 가베우는 그것을 문질러 닦기 시작하면서도, 한편으로는 속으로 다음과 같이 생각했다.

"반지는 반지이고, 참 아름답기는 하다. 그러나 잘 집도 없고 저녁 먹을 것도 없는데, 이것이 무슨 소용이람······."

이런 생각이 그의 머리에서 채 가시기도 전에, 그는 앞을 보고는 깜짝 놀라 그 자리에 굳어 버렸다. 자신이 으리으리한 집의 대문에 개와 고양이와 함께 서 있는 것이었다. 고양이는 그에게 몸을 비벼대고 개는 짖어 대며 근사한 복도를 통해 아름다운 방으로 그를 안내했다. 그곳에 사는 사람은 아무도 없었으나, 흰 식탁보를 깐 식탁에는 왕자 두 명이 먹고도 남을 만큼 풍성하고 맛있는 음식이 차려져 있었다. 치즈를 넣어 만든 따뜻한 스프, 빵, 버터, 통닭, 물주전자, 맥주 그리고 꿀······.

너무 기쁜 가베우는 더 생각 않고 식탁 앞에 앉아 음식을 먹었다. 그리고 자기의 친구들에게도 먹도록 하였다. 그는 그들을 절대로 잊을 수가 없었다. 굶주린 그는 허겁지겁 맛있게 먹고 난 다음, 신비한 반지를 바라보며 신께 감사를 드렸다. 왜냐하면 그 모든 것들이 반지 때문에 일어난 것을 알아차렸기 때문이었다.

식탁에서 시중드는 사람은 없었지만, 다 먹고 난 그릇들과 접시들은 눈앞에서 즉시 사라져 버렸기 때문에 식탁을 치울 필요가 없었다.

맛있게 잘 먹고 마시고 난 가베우는 너무나 졸려서, 맨 바닥에라도 드러눕고 싶었다. 사실상 그는 맨 바닥에 익숙했다. 그런데 다음 방을 보니 그곳에는 하얗고 부드러운 이불을 깐 침대가 펼쳐져 있고, 게다가 다음날 아침에 입을 수 있도록 아름다운 새 옷까지 마련되어 있었다. 그래서 그는 신께 감사를 드린 후 침대로 들어가서는 눕자마자 잠이 들었다. 고양이와 개도 그의 곁에 누워서 잠을 잤다.

그는 너무 곤히 잠이 들어 옆으로 돌아눕지도 않았고, 자기가 얼마나 오랫동안 잤는지도 몰랐다. 눈을 뜨고 보니 이미 날은 훤히 밝아 해가 화창하게 빛나고 고양이는 세수를 하고 있었으며 개는 귀를 쫑긋 세우고 앉아서 명랑하게 짖어 주인이 일어난 것을 반겼다. 벌떡 일어난 가베우는 재빨리 씻고 옷을 입었다. 속옷과 겉옷을 입고 난 그는 자신을 알아볼 수가 없었다. 벽에 걸린 커다란 거울을 들여다 본 그는 자신의 모습이 밤 사이에 마치 왕자처럼 아름답게 변한 것을 알았다.

그렇게 옷을 차려 입고 나자 약간 현기증이 났고 무엇이든지 먹고 싶다는 생각이 났다. 때마침 첫 번째 방을 보니 이미 잘 차려진 식탁에서, 야채와 고기를 넣어 만든 수프의 맛있는 냄새가 풍겨 왔다. 그는 그것이 식기 전에 먹기 위해 냉큼 달려갔다. 가베우는 고양이와 개도 빠뜨리지 않고 아주 잘 먹였다.

그는 생각했다.

'이제 다음에는 여기서 무엇을 하지? 내 집도 아닌 이곳에 혼자 앉아 단지 먹고 마시고 잠자고……. 그건 너무 지루해.'

그는 음식을 챙겨 길을 떠나기로 결심했다.

"이제는 이곳을 떠나야 해."

그렇게 말하면서 그는 반지를 문질렀다. 그러자 눈 깜박할 사이에 그는 다시 고양이, 개와 함께 길 위에 있었다. 그러나 그 길은 어제 걸어가던 길이 아니라 다른 길이었다. 돌로 포장되고 양 옆에는 크고 오래된 나무들이 심어져 있는 대로가 쾌청하고 비옥한 땅으로 쭉 뻗어 있는데, 보기에도 참 좋았다.

들판에서는 많은 사람들이 일을 하고 있었다. 황금빛 마차들이 길을 오고 갔으며, 길의 오른편과 왼편에는 높은 저택들과 궁전들이 있어서 보기에도 신이 났다. 그래서 가베우는 계속해서 나무 그늘 밑을 따라 천천히 걸어가면서, 서두르지 않고 모든 것들을 유심히 보았다.

가베우는 주머니에 빵을 잔뜩 가지고 왔고, 낮에는 집도 필요없었기 때문에, 나무 밑에 앉아 자기도 먹고 길동무들도 먹였다. 잠잘 곳은 저녁이나 돼서야 생각했다.

마침내 아주 크고 잘 정돈된 마을이 나타났는데, 이 번화한 마을 중앙에는 시장이 있어서 도시 같았다. 마침 가베우가 그곳으로 들어갔을 때 광장에 많은 사람들이 붐볐고, 가운데에서는 말을 탄 사람들이 무언가 종이에 적힌 것을 큰 목소리로 읽고 있었다. 말 탄 사람들을 보니 관청에서 나온 사람들이 분명했다. 그들이 도시의 문양이 새겨진 옷을 입고, 머리에는 깃털을 꽂은 모자를 썼기 때문이다. 그들은 모든 사람이 잘 들을 수 있도록 다음 사람이 글을 읽기 전에 다른 사람은 나팔을 불었다.

빙 둘러 선 군중들은 모두 근심스런 얼굴을 하고 있었다. 어떤 사람들은 맥없이 팔을 늘어뜨리고 한탄하기도 했다. 말에 탄 사람은 종이에서 다음과 같은 내용을 읽었다.

"국왕 폐하 그보지직Gwoździk의 명령으로 그의 충성스런 온 백성들에게 고하노니, 지금 우리 나라는 큰 재난을 당할 위험에 처해 있다. 강대하지만 사악한 이웃인 '지독한 산 나라'의 왕 빔바스Bimbas가 헤아릴 수 없이 많은 군대를 거느리고 우리와 맞서기 위해 오고 있다. 그는 전쟁을 하여 우리를 전부 파괴시키려 하고 있다. 누구든지 그와 싸워 그보지직 왕과 그의 나라를 멸망에서 구해 낸다면, 폐하께서 그에게 외동딸이며 세상의 공주들 중에서 가장 아름다운 공주인 마르무슈카Marmuszka를 주실 것이고, 또한 승하하실 때 그에게 이 나라를 물려주실 것이다!"

가베우는 관원이 읽는 것을 들었다. 그러고는 옆에 서 있는 농부에게 어떤 길로 가야 위험에 처한 이 나라의 수도로 갈 수 있는지, 또 적들은 어디에 있는지를 물었다.

그 물음을 듣고 전령들 중 한 사람이 대답하기를, 이미 빔바스는 자기 군대와 함께 수도에서 반나절밖에 안 걸리는 곳에 와 있으며, 이곳에서 그곳으로 가는 데는 하루 정도 걸린다고 말했다.

가베우는 곧 자신의 반지를 문지르며 자기에게 그보지직 왕의 적을 처부술 10만 병력을 달라고 했다. 그는 적을 물리친 후에 마르무슈카 공주와 결혼한 다음 평화스럽게 나라를 잘 다스리겠다는 포부를 가졌다. 그가 한 번 더 반지를 문지르자 그는 말 위에 올라앉아 있었고 마을 너머에서 대군이 나타나기 시작하였으며 사령관이 세 명 달려와서 그의 명령을 기다렸다.

놀라고 기뻐서 환호성을 지르는 군중들을 지나 자신의 군대로 다가간 가베우는 군대에게 수도를 방어하고 빔바스를 무찌르기 위해 달려가라고 명령한 후 자기 자신도 개와 고양이마저 잊은 채 사령관들과 함께 전속력으로 달려갔다. 그러나 두 짐승도 뒤쳐지지 않고 말의 뒤를 따라 달렸다.

동이 트기 전에 이미 가베우의 군대, 가베우 그리고 사령관들은 그보지직 왕의 수도 성벽 밑에 도착하였다. 왕은 몇 안 되는 군사와 성 안에 숨어서 무엇을 어떻게 해야 할지 모르고 있었다.

한편 가베우가 세 사령관들과 자신의 군대를 데리고 마치 번개처럼 덮쳤을 때, 빔바스는 이 나라에 감히 자기에게 대항할 힘이 없을 것이라고 확신하여 방심한 채 다가오는 중이었다! 그곳에서 무슨 일이 일어났는지는 말로 표현하기조차 힘들다. 그냥 눈으로 보는 것만으로도 충분했다. 들판은 온통 시체들로 뒤덮였고, 빔바스는 간신히 목숨을 건져 달아났다. 가베우는 승리를 거둔 후 그보지직 왕의 수도 성벽 밑에 진지를 마련하였고, 세 사령관들을 왕에게 소개하고 또한 왕이 엄숙하게 선언한 혼인을 상기시키기 위해 궁에 사절로 보냈다.

탑 위에서 공주와 함께 가베우의 군대가 전투에서 승리를 거두는 것을 지켜본 그보지직 왕은 사위 될 사람을 만나러 곧바로 달려왔다. 왕은 노쇠하고 체격이 작은 노인이었고, 대머리인 머리에 쓴 크고 무거운 왕관은 계속해서 코 있는 곳까지 흘러내렸기 때문에, 손으로 잡고 있어야만 했다.

가베우는 그를 자신의 천막으로 맞아들였다. 둘은 서로 껴안고

●──폴란드 민담

인사를 나누었다. 그런 다음 그보지직 왕은 아무 스스럼없이 왕관을 벗어 겨드랑이에 끼고는 가베우를 딸이 있는 성으로 데리고 갔다. 그곳에서는 이미 곱게 차려입은 공주가 신랑을 기다리고 있었는데, 태양 빛이 무색할 정도로 아름다웠으나, 도도한 표정으로 위에서 구원자를 내려다 보았다.

정직하고 친절한 사람인 그보지직 왕은 왕관을 벗어 함에다 넣고 거추장스러운 의복도 벗어던지고는, 기분이 좋아서 잔칫상으로 가서 앉았다. 가베우와 마르무슈카 공주의 결혼식은 수도에 사는 모든 사람들의 큰 환호 속에서 바로 그날로 치러졌다.

수도에는 아직도 가베우의 세 사령관들과 그의 군대가 성 밑에 진을 치고 있었는데, 그들이 엄청나게 먹고 마셔 대었기 때문에 그보지직 왕은 곧 그들을 돌려보내는 것이 어떻겠냐고 하였다.

가베우는 그것에 동의하고는 구석으로 가서 반지를 문지르며 그에 알맞은 명령을 내렸다. 다음날 아침이 되자 사령관들과 군대는 사라졌고 가베우는 아내와 단 둘이 남았다.

그 후 얼마 지나지 않아서, 먹고 마시고 식탁에 앉아 있는 것을 즐기던 늙은 그보지직 왕은 저녁에 소시지를 엄청나게 먹고 큰 통에 든 맥주 한 통을 다 마신 다음, 밤에 잠자리에 누워 하늘나라로 가 버렸다. 장엄한 장례식이 끝나고 난 뒤, 가베우는 아내와 함께 왕위에 올랐고 나라를 다스리기 시작하였다.

고양이와 개는 새 왕인 가베우 곁을 잠시도 떠나지 않았다.

가베우가 어떻게 임금 노릇을 했는지는, 그의 마음을 잘 아는 사람은 쉽게 알 수 있을 것이다. 그 제일 먼저 가난한 사람들을 모든 세금과 무거운 공납으로부터 해방시켰다. 병들고 늙고 불쌍한 사람들을 위해 병원과 양로원들을 지었으며, 하루 종일 고양이 그리고 개와 함께 다니면서 거지들, 불구자들, 고아들을 찾아내어 그들을 도와주고 구해 주고 옷을 입혀 주고 먹을 것을 주었다.

왕비는 그것이 마음에 들지 않았다. 특히 궁궐의 신하들은 가베우가 그들이 하는 아첨을 듣지 않을 뿐만 아니라 자신들에게는 아무것도 주지 않으면서 모든 것을 불쌍한 사람들에게만 주니 매우 못마땅했해다.

그래서 그 신하들은 왕을 조롱하기 시작했고, 심지어 감히 왕비 앞에서도 왕은 좀 괴상한 사람이며, 천한 사람들을 그렇게 사랑하는 것을 보면 아마도 자신이 천민 출신일지도 모른다고 수군대었다.

그런데 그것이 왕비에게 효력을 미쳤다. 그녀는 비록 남편을 사랑하기는 했지만, 자신이 그보지직과 치비에첵 두 명문대가의 피를 받은 것에 대해 큰 자부심을 갖고 있었다. 그리하여 그녀는 남편의 가문과 그의 출신에 대해 이러쿵저러쿵 묻기 시작했다. 그러나 가베우가 도대체 아무 말도 하지 않았기 때문에 그녀의 호기심은 더욱더 커져만 갔다.

그래서 왕비는 그에게 더욱 애교를 떨면서 그를 한없이 사랑하는 것처럼 가장하고, 설혹 그가 비록 천한 출신이라고 하더라도 이전과 마찬가지로 변함없이 그를 사랑할 것이며 나라를 구해 준 것에 대해서도 감사할 것이라고 거짓 약속을 하였다. 천천히 그러나 점점 더 집요하게 그를 추궁하며 관찰하던 왕비 마르무슈카는 어느 날 저녁 왕과 단 둘이 종달새 울음소리를 들으며 정원에 앉아 있을 때, 자기에게 그의 어린 시절부터 시작해서 그에 관한 모든 것들을 이야기해 줄 것을 끈질기게 조르고 애원하였다. 마음이 착한 가베우는 그녀에게 자기가 가난한 농부의 자식인 것에서부터, 어떻게 해서 기적의 반지를 얻게 되었는지 등을 고백하였다. 심지어 어디에 그 보석을 간직하고 있는지와 그것을 사용하는 방법에 대해서도 숨기지 않고 말해 버렸다.

왕비 마르무슈카는 자기가 농부와 결혼했다는 사실을 알고서는 도저히 그것을 용납할 수가 없었다. 그래서 그를 내쫓고 그로부터 벗어나야겠다고 단단히 결심하였다.

어느 날 가베우가 깊이 잠이 들자, 왕비는 아무도 두려워하지 않고 방으로 들어와 그의 품에서 쉽게 반지를 꺼내어 자기의 손가락에 끼고는 반지에게 즉시 가베우를 바다 가운데에 있는 무인도의 높은 탑 안에 가두고, 더 이상 그녀와 그의 왕국을 보지 못하고 죽을 때까지 거기에 앉아 있게 하라고 명령했다.

착한 가베우가 잠에서 깨어났을 때는, 이미 모든 것이 아내가 명령한 대로 되어 버린 후였다. 탑에 갇힌 그는 반지가 없어진 것을 보고 왕비가 자신을 배신한 것을 알았다.

가베우가 최소한 자기가 어디에 갇혔는지 보기 위해 탑 꼭대기로 올라가서 사방을 둘러보니 온통 바다뿐이었고, 밑을 보니 사방이 절벽으로 된 조그만 섬에 큰 파도들이 부딪혀 산산이 흩어지며 바닷 새들은 슬피 울면서 주위를 날고 있었다.

그에게 가장 안타까운 것은 자기의 충실한 친구인 고양이와 개가 그와 함께 있지 않다는 사실이었다. 한편 그런 일이 벌어지고 난 후, 고양이와 개도 주인을 찾기 위해 온 성 안을 뛰어다니고 냄새를 맡았으나 도무지 그에게 무슨 일이 일어났는지 알 수가 없었다. 그러다가 어느 날 개는 왕비가 한시도 빼놓지 않고 손가락에 끼고 다니고 있는 반지를 보고서는 비로소 그녀가 남편을 없앴다는 것을 알아차렸다. 그래서 개는 고양이와 함께 어떠한 방법으로 복수하고 주인을 해방시킬 수 있을까 궁리하였다.

고양이는 먼저 극도로 사나워졌다. 성 안에 있는 쥐들이 반지를 되찾는 데 협조하도록 만들기 위해 그들을 마구 덮쳤다. 개는 인정사정없이 쥐들을 잡아 죽였다. 성에 있는 것이 훨씬 좋기 때문에 나가기 싫은 쥐들은 궁지에 몰리자 결국 지하실에서 모두 모여 회의를 열었다.

저녁에 시작된 회의는 의견이 분분하고, 모든 쥐들이 각기 길게 이야기했고, 또한 자기가 멋있게 말할 수 있다는 것을 뽐내려 하였기 때문에 그 다음날 아침까지 계속되었으나 아무런 결론을 내리지 못하였다. 다음날에도 다시 회의가 열렸지만, 겨우 서로 물어뜯는 것을 면할 수 있을 뿐이었다! 쥐들의 대부분은 양편으로 갈렸고, 그 가운데에서 그들을 중재하려는 몇몇 안 되는 쥐들이 세 번째 부류를 이루고 있었다. 그러나 양편의 쥐들이 중간에 선 쥐들을 물어뜯어 죽여 버렸다. 열흘째 되는 날, 고양이가 점점 더 사납게 그들을 괴롭히자, 마침내 쥐들은 고양이에게 사절을 보내기로 결정하였다.

고양이는 그들을 받아들였으나, 그들이 왕비로부터 반지를 훔쳐 자기에게 가져오기 전까지는 절대로 평화 협상이란 있을 수 없다고 엄포를 놓았다. 그리고 그는 왕비가 손이 작고 손가락은 가는 데 반해 반지는 커서, 반지가 손가락에서 빠지는 것을 막기 위해 잘 때에는 반지를 입에다 감춘다는 사실도 일러 주었다.

그러자 쥐들은 자신들의 종족을 파멸에서 구하기 위해 왕비의 침실로 들어가 숨어 있을 수밖에 없었다. 그런데 이 쥐들은 아주 꾀가 많고 영리한 것들이어서, 잠자는 마르무슈카 입에서 반지를 내놓도록 간지럼을 태우기로 작전을 짰다. 첫 번째 그리고 두 번째 시도는 성공하지 못했다. 하지만 마지막에 쥐들이 꼬리로 그녀의 입 주위를 계속해서 간질이자, 왕비는 마침내 입을 열었고 그와 동시에 반지가 바닥으로 굴러 떨어졌다. 개와 고양이는 이 순간을 기다리고 있었다. 개는 얼른 반지를 물고 문으로 달려가서 발로 문을 박박 긁고 낑낑거렸다. 그러자 그 소리에 깬 시녀가 개를 내보내 주었다.

개는 고양이와 함께 성에서 들판으로 빠져 나왔다. 그들은 본능적으로 가베우가 바다 가운데의 무인도에 있음을 알았고, 따라서 곧장 바다를 향해 갔다. 해변까지는 아주 멀었기 때문에, 그들은 달리고 또 달려 마침내 그곳에 도착하였다. 그런데 이곳에서 섬까지는 어떻게 가야 한담? 고양이는 헤엄을 칠 줄 몰랐지만, 자기를 빼놓고는 그곳에 갈 수 없다고 하면서 혼자 남으려 하지 않았다. 그래서 그들은 고양이는 입에 반지를 물고 개가 고양이를 등에 태우고 대신 섬까지 헤엄쳐 가기로 했다.

처음에는 모든 것이 생각한 대로 잘 되어갔다. 그러나 그들이 이제 거의 반을 넘어 섬이 멀리에 보이기 시작했을 때, 개가 고양이에게 물었다.

"반지 갖고 있니?"

"그럼!"

고양이는 대답했다. 그러나 이렇게 말하면서 그만 입을 열었기 때문에 반지가 입에서 떨어져 바다 깊이 가라앉고 말았다. 고양이는 개가 화를 낼 것을 두려워하여 그들이 해변에 도착할 때까지 그것을 말하지 않았다.

도착하자 개가 물었다.

"반지는 어디 있니?"

고양이는 괴로워하며 말했다.

"계속 갖고 있었어. 그런데 네가 갖고 있냐고 물었을 때, 대답하기 위해서 나도 모르게 입을 열어서 반지가 바다에 빠져 버렸어."

개는 너무너무 화가 치밀어서 소리쳤다.

"이 못난 고양이야! 이 배신자야. 네가 알아서 해라! 네 능력껏 해 봐라. 하지만 케르베로스^{그리스 신화에 나오는 개로 죽은 사람들의 나라 입구를 지키며 머리가 셋이다}에게 맹세하건대 네가 무슨 수를 써서라도 반지를 찾아오지 않으면 나는 너를 물어 죽인 다음, 나 또한 굶어 죽어 버릴 것이다."

고양이는 단순해서 다른 방도를 생각해 낼 수가 없었다. 그래서 그는 성에 있는 쥐들에게 했던 것과 똑같은 방법을 사용했다. 몰래 숨어서 물고기가 나타나면 사정없이 물어 뜯었다.

해변에는 물고기 시체가 쌓였다. 잔인한 학살이 자행되었으므로 물고기들은 두려움에 떨었다. 그래서 그들은 총회를 열었는데, 쥐들의 회의하고는 전혀 달랐다. 엄청나게 큰 연어, 강 꼬치고기 그리고 그 밖의 다른 큰 물고기들이 모여앉아 고양이에게 사절단을 보내자고 단숨에 결정해 버렸다. 작은 물고기들은 반대할 엄두도 못내고 그대로 따라야만 했다. 심지어 그들에게는 발언할 기회도 없었다.

고양이는 벌써부터 해변에서 기다리고 있었다. 늙은 철갑상어가 그에게 말하기 시작하였으나, 고양이는 아무것도 들으려고 하지 않고 으름장을 놓았다.

"만약에 내게 반지를 가져오지 않는다면 너희들 모두에게 죽음이 있을 뿐이다! 너희들 마음대로 해라. 하지만 그것이 평화를 찾는 유일한 방법이다!"

그 즉시로 큰 물고기들은 자신들이 직접 바닥의 진흙과 지저분한 침전물에서 몸을 더럽히는 것은 체통에 어울리지 않는다고 생각하여 작은 물고기 수만 마리로 하여금 반지를 찾도록 명령하였고, 바로 그날로 불쌍한 가자미가 반지를 찾아서 가지고 왔다. 늙은 철갑

상어는 그것을 받아서 고양이에게로 갔다.

반지를 되찾아 기뻤지만, 그것으로 끝난 것은 아니었다. 반지는 얻었으나, 그것을 탑 안으로 갖고 갈 방법이 없었다. 탑에는 입구도 구멍도 창문도 하나 없었고, 단지 꼭대기의 지붕만이 열려 있어 그곳으로 공기가 통했다. 그래서 고양이는 위험하긴 하지만 자기가 벽을 타고 올라가 주인에게 가겠다고 했다. 개는 탑 밑에 바위에 앉아 지키고 있었다.

고양이는 발톱으로 바위를 움켜쥐고 기어 올라가기 시작하여 탑의 중간쯤에 도달하였으나, 힘이 쭉 빠져 버렸고, 밑으로 쿵 떨어지고 말았다. 하지만 고양이는 항상 네 발로 떨어지기 때문에 큰 상처는 입지 않았다.

개는 으르렁댔다.

"반드시 위로 올라가야 해. 그렇지 않으면 너를 물어 버리겠어. 다시 한번 시도해라!"

겨우 숨을 돌린 고양이는 두 번째로 벽을 타고 올랐지만, 또 떨어졌다. 개는 고양이 목을 물고 조르기 시작했다.

고양이는 신음하며 말했다.

"다시 올라갈게. 조금만 쉬게 해줘."

세 번째에 고양이는 발톱을 강하게 움켜쥐고, 또한 좋은 바위를 골라 올라가서 마침내 꼭대기까지 이를 수 있었다.

가베우가 탑 안의 돌 의자에 앉아서 그리운 눈으로 바다를 바라보고 있는데, 충실한 고양이가 그의 무릎으로 힘없이 떨어졌고 반지도 떨어졌다. 기쁨에 찬 가베우는 반지를 집어들었고, 이제 간신히 겨우 숨을 쉬고 있는 불쌍한 고양이를 가슴에 안았다.

마른 빵에 물만 주고 탑 안에다 가두었기 때문에, 가베우 왕은 몸시 야위었다. 그는 반지를 문지르며 자기와 고양이와 개를 위한 음식을 주문했다. 그리고 쉴 곳도…….

당장 모두들 가베우가 부모님들로부터 길을 떠나올 때 먹고 쉬었던 으리으리한 방에 앉아 있었다. 그러나 단지 쉬고 먹고 마시는 게 능사가 아니었다. 가베우는 왕비를 사랑하였지만, 그를 야비하게 배신한 그녀에게 다시 돌아가고 싶은 생각은 별로 없었다. 하지만 아름다운 나라를 두고 온 것이 안타까웠고, 특히나 불쌍한 거지들, 불구자들 그리고 모든 가난한 사람들에게 더 이상 자신의 도움과 보호를 줄 수 없는 것이 마음 아팠다. 푹 자고 잘 먹고 그리고 무언가를 결정하고 난 가베우는 오랫동안 보지 못했던 풀밭과 나무들 사이로 좀 걷고 싶었다. 그래서 다시 처음 여행할 때 갔던 길을 택하였고, 그때와 똑같은 마을에 도착하였다. 이상하게도 그가 처음에 왔을 때와 마찬가지로, 광장에는 겁에 질리고 한탄하는 사람들이 많이 모여 있었다. 그가 물었다.

"여보세요, 뭔가 안 좋은 일이 생긴 것 같은데, 당신들에게 또 무슨 일이 일어난 것입니까?"

마을 이장이 그에게 대답했다.

"아이고! 정말 난리가 났어요! 이제는 그 누구도 재난에서 우리를 구할 수 없답니다. 왕비와 왕국은 멸망하게 되었어요. 총명하고도 강력했던 가베우 왕은 어떻게 되었는지 모릅니다. 이제 그가 없어졌다는 것을 안 사악한 빔바스가 다시 수도를 공격하러 오고 있어요. 그는 우리를 패배시킨 후 우리들에게 그들의 말로 이야기하게 하고 그들의 신에게 기도를 드리게 만들고, 또한 막중한 세금을 부과하여 우리의 모든 것을 갈취해 갈 것이라고 합니다. 우리 민족에게 이것보다 더 나쁜 일은 아마 없을 것입니다."

가베우는 듣고 나서 생각에 잠겼다. '왕비가 매우 괘씸한 것은 사실이지만, 그렇다고 왕비 때문에 왕국과 그 백성들이 고통을 당해야 한단 말인가?' 그래서 그는 반지를 문지르며 다시 군사 10만과 사령관 세 명을 요구했다. 눈 깜짝할 사이에 사령관들이 달려왔고, 군대가 정렬했다. 가베우는 말 위에 올라 수도를 구출하기 위해 달렸다.

그의 군대가 나타난 것을 보고, 빔바스는 싸우지도 않고 도망치기 시작했다. 그래서 가베우는 뒤쫓아가서 마치 양배추를 자르듯이 베어 버렸다. 사악한 빔바스도 결국 목숨을 잃고 말았다.

성에서 그것을 지켜보던 왕비는 두려운 나머지 기절하고 말았다. 적은 물리쳤지만, 그녀의 남편인 가베우가 그녀에게 복수할 것이 뻔했기 때문이다. 그에게 어떻게 용서를 구할 방도가 없었다. 승리한 왕은 이미 자신의 수도로 들어오고 있었다.

마르무슈카는 방 문을 잠그고 바닥에 주저앉아, 왕이 이제 그녀를 그가 갇혀 있었던 무인도의 탑으로 보내 버릴 것이라고 확신하고는, 자기에게 돌아올 비극적인 운명을 기다렸다. 그러나 가베우는 엄한 벌을 줄 사람이 아니었다.

성문이 열렸고, 궁중의 고관대작과 신하들은 그의 발밑에 엎드려 그의 귀환을 크게 기뻐하는 것처럼 가장하였다. 가베우는 당장에 아내가 있는 곳으로 안내할 것을 명했다. 그는 왕비의 방 문 앞에 서서 말했다.

"뭐하시오, 마르무슈카 왕비? 내가 또 제때에 맞추어서 나타났구려. 그렇지요? 탑에서는 정말 지루했소. 신께서 나를 도우셨고, 나의 친구들이 구해 주었소. 그러니 우리는 다시 함께 살아야 하오. 왜냐하면 한번 맺은 결혼 서약은 파기할 수 없기 때문이라오. 내가 복수할 수도 있지만, 나는 그것을 원하지 않소. 그것은 비열한 짓이오. 그러나 나의 왕비여, 당신은 적당한 벌을 면할 수 없소."

그러자 왕비는 고개를 들었다.

"나는 평범한 농부요. 농부에서 왕이 되었지만, 그것을 감추고 싶지 않소. 마르무슈카, 당신은 나에게 시집을 왔고 나의 아내요 그러니 당신은 벌을 받으러 나와 함께 가야 하오. 나의 부모님이 살고 계시는 초라한 오두막으로 가서 그들의 발밑에 엎드려 큰절을 하시오. 그러면 나는 당신을 용서하고 모든 것을 잊을 것이오."

마르무슈카 왕비는 그의 다리를 끌어안고 그 말에 따르겠다고 했다.

다음날 날이 밝자 왕은 반지를 문지르며 부모님의 오두막으로 가는 길로 데려다 줄 것을 청했다. 그와 마르무슈카는 둘 다 금관을 쓰고 흰족제비 털로 만든 외투를 입었다. 그 뒤를 시종, 마차, 말, 보석 상자 들의 행렬이 따랐는데 화려하고 위엄이 넘쳤다. 그들이 계속해서 길을 가고 있자니 가베우의 맏형이 소에게 풀을 뜯기고 있다가, 왕을 보고는 놀라서 땅에 엎드리고 머리를 조아렸다. 그는 허름한 옷을 걸치고 있었고, 몸은 여기저기 찢기고 지저분하였다. 왕은 껄껄 웃으면서 멈추어섰다.

"아니, 나를 못 알아보십니까? 당신의 동생 가베우입니다. 다만 나는 나의 미련함 때문에 왕관을 얻었는데, 형님은 자신의 영리함으로 소 떼를 몰고 계시는군요. 일어나세요. 우리와 함께 갑시다."

이제 왕비는 벌써 한 농부와 나란히 앉는 것을 감수해야만 했다. 조금 더 가서 보니, 비쩍 마른 말들을 끌며 둘째 형이 걸어오고 있었다. 왕의 행렬을 본 그는 여윈 말들을 길섶으로 몰고, 감히 가베우를 쳐다볼 엄두도 내지 못한 채 엎드려 절하였다.

가베우는 그에게 말했다.

"일어나세요! 나를 못 알아보시겠습니까? 나는 당신의 동생입니다. 저희들과 함께 갑시다."

오두막 바로 앞에서 만난 셋째 형도 그들을 보고는 마찬가지로 깜짝 놀랐다. 그들은 마침내 문 앞에 당도하였다.

아버지와 어머니는 멈춰 선 행렬을 보기 위해 밖으로 달려 나왔다. 두 사람 모두 가베우가 인사를 하며 이야기해도 그를 알아보지 못하였다.

"신의 은총이 있기를! 사랑하는 나의 부모님. 당신들이 저를 오두막에서 내쫓지 않으셨다면, 저는 왕이 되지도 못했을 것이고 또한 당신들이 늙으셔도 아무런 도움을 드리지 못했을 것입니다. 그래서 저는 당신들에게 진심으로 감사를 드립니다. 그리고 신께서 저를 옥좌에 올려놓으신 것은, 제가 저와 같은 미천한 다른 사람들을 절대로 잊지 말라는 뜻일 겁니다. 저와 함께 가세요. 그리고 제가 거만하지 않고 겸손을 배울 수 있도록 농부의 옷을 그대로 입은 채 제 옆에 앉으세요."

이렇게 말하고 가베우는 부모님을 정중히 모신 다음, 그들과 함께 수도로 돌아왔다. 수도에서는 새롭게 잔치들을 베풀었고, 가베우 왕은 그곳에서 마르무슈카와 함께 오래오래 행복하게 통치를 하였다. 그의 아들들은 지금까지도 그 왕국을 다스리고 있다.

토요일 산

오, 태고의 땅이여! 당시에는
지금의 기적들은 기적도 아니었다네.
알 수 없는 신비한 힘들이 작용하였지…….
── 세베린 고슈친스키 Seweryn Goszczyński

한 마음씨 곱고 늙은 과부에게 아들이 셋 있었는데, 그들은 모두 어머니를 무척이나 사랑했다. 세 아들은 각각 나름대로 특징이 있었다. 큰아들은 교회의 오르간 연주자이며 매우 똑똑하고 많은 교육을 받아서 모든 책을 읽을 수 있었고 심지어는 스스로 찬송가를 짓기도 하였기 때문에 온 마을 사람들뿐만 아니라 신부로부터도 존경받았다. 작은아들은 아주 훌륭한 군인이었다. 그는 여러 지방을 돌아다니면서 이 지역에서는 생판 들어 보지도 못한 많은 것들을 보고 들었다. 따라서 그도 마을 사람들로부터 영리하고 용감한 사람이라는 칭찬을 받았다. 가장 어린 막내는 두 형의 출세와 명성에는 아랑곳없이 예전에 그의 아버지가 그랬던 것처럼 근면하게 이마에 땀을 흘리며 밭을 갈고 그저 사람들이 믿는 모든 것들을 순수한 마음으로 아무 의심 없이 믿는 그런 농부였다. 그래서 그는 두 형에 비해서 사람들로부터 별로 인정을 받지 못했고, 그들보다 미련하다는 소리를 들었다. 그러나 세 아들 모두 효성이 지극하여 어머니를 진정으로 사랑하였고, 늙으신 어머니를 날마다 기쁘고 편안하게 해 드리려고 노력하였다.

그러던 어느 날 그들에게 갑작스런 불행이 닥쳐왔다. 과부가 한밤중에 몸에 참을 수 없는 고통을 느껴 신음하며 아들들을 깨우는 것이었다. 아들들은 어머니의 침대로 달려가 크게 걱정하고 근심하였다.

오르간 연주자가 동생들에게 말하였다.

"자, 나는 여기 어머니 곁에 남아서 간호하고 있을 터이니, 너희들은 빨리 숲 속 오래된 무덤 가에서 살고 있는 현명한 노파에게로 달려가 그분을 모시고 오너라."

동생들은 산을 넘고 계곡을 건너 오래된 무덤 가로 달려가서 다 쓰러져 가는 오두막에 있는 노파를 발견하고는, 그녀를 데리고 서둘러 마을로 돌아왔다. 그들이 집 가까이 와서 보니 오르간 연주자가 문 앞에 서 있었다.

"어떻게 되었어요? 어머니는 어떠세요?"

"응! 좀 나아지신 것 같다. 신음 소리를 전혀 내지 않으시고 조용히 누워 계시거든 아마도 잠이 드신 것 같다."

노파는 집으로 들어가 침대 곁에 서서 늙은 과부의 손을 만져보고는 고개를 흔들며 말했다.

"정말로 어머님이 좋아지셨구먼. 이제 아무것도 이분을 아프게 할 수가 없어. 몸이 굳은 것을 보니, 방금 전에 돌아가셨군."

그 말에 오두막에서는 말로 표현할 수 없는 비탄의 소리가 울려 퍼졌다. 세 아들이 모두 대성통곡을 하며 머리를 벽에다 부딪고 피가 나도록 몸을 쥐어뜯는지라, 차마 그 광경을 눈뜨고 볼 수가 없었다. 노파는 살아생전에 그토록 슬퍼하는 사람들을 본 적이 없어서 그들에 대한 연민의 정이 생겨났다.

"으흠! 자네들에게 어머니의 죽음이 그토록 견디기 어려운 것이라면, 내가 그녀를 살려낼 수 있는 방법을 한 가지 알려 주겠네. 그러나 자신의 목숨을 바칠 각오를 해야 한다네. 여기서부터 강 세 줄기를 건너고 숲 세 곳을 지나 토요일 산의 꼭대기에 가면, 마술에 걸린 매가 지키고 있는 말하는 나무 밑에 생명수가 있다네. 그 물을 한 방울만 마셔도 어머니는 다시 살아나실 수 있네. 거기로 갔다가 여기로 다시 돌아오는 데는 이레가 걸리지. 그러나 많은 사람들이 갔지만, 지금껏 그곳에서 돌아온 사람은 단 한 명도 없었다네. 그리고 꼭대기로 올라가려면 아무리 앞에 장애물이 나타나고, 뒤에서 무슨 소리가 들릴지라도 반드시 앞만 보고 똑바로 올라가야만 한다네. 만약에 길에서 왼쪽이나 오른쪽으로 한 발자국이라도 벗어나거나 뒤를 돌아보면 즉시 그 자리에서 돌기둥이 되고 말지. 게다가 그 산에는 유혹하는 것이 많고 유령들이 들끓어서, 그 산이 솟은 이후로 그 꼭대기까지 올라가는 데 성공한 사람이 아무도 없었네. 자네들 중에 누군가 행운을 시험해 보고 싶지 않은가? 그렇다면 가서 그곳에서 물을 가져오게. 그러면 어머니는 다시 살아나실 것이네. 그 산으로 가는 길은 태양을 따라 남쪽으로 가면 되네."

노파가 문을 나서자마자 형제들은 서로 의논하기 시작했다. 모두가 한결같이 죽은 어머니를 되살릴 수만 있다면 어떠한 괴물도 두려워하지 않고 그 길을 가겠다고 했다. 그러나 작은아들이 말했다.

"사랑하는 나의 형제들이여, 그곳으로 가려면 큰 용기가 필요하다고 하는 말을 들었잖아. 그러니 이 일에는 내가 적격이야. 나는 이미 여러 번 죽을 고비를 넘겼기 때문에 비록 마귀가 발 앞에 나타난다 하더라도 두려워하지 않을 거야. 그러니 내가 가도록 허락하고, 이레 후 내가 생명수를 갖고 어머니에게 돌아오는 걸 기다려."

그리고 그는 형제들과 작별한 다음, 큰 칼을 옆에 차고 태양이 있는 남쪽을 따라 길을 떠났다.

하루, 이틀 그리고 사흘이 지났고 마침내 한 주가 끝나 가고 있었다. 집에 남은 형제들은 애를 태우며 밖을 보았으나 군인의 모습은 아무 데도 보이지 않았을 뿐더러 그에 관한 소식도 없었다. 결국 일주일이 지나자, 그들은 무엇 때문에 그들의 형제가 이렇게 오래도록 돌아오지 않고 있는 것인지 노파에게 물어보러 달려갔다. 현명한 노파가 그들에게 대답했다.

"그를 기다려 봐야 소용없어. 그는 이제 돌아오지 않아. 그는 지금 토요일 산에 돌기둥이 되어 서 있다네."

두 형제는 크게 낙심하였다. 집으로 돌아온 형제는, 이번에는 누가 어머니를 구할 생명수를 가지러 길을 떠날 것인지 상의하기 시작했다. 그런데 오르간 연주자가 빈정대면서 말했다.

"뭐라고? 네가? 이 미련한 놈아! 네가 지금, 네 형도 오르지 못한 곳을 오를 수 있다고 생각한단 말이냐? 그곳에 오르다 사탄의 힘에 홀리지 않으려면, 더 현명한 머리가 필요해. 나는 마귀들의 유혹을 물리치는 좋은 방법을 알고 있어. 나는 그곳에 성수를 갖고 갈 것이며, 요괴가 나타나면 라틴 어로 주문을 외울 거야. 너는 내가 성공하는 것을 꼭 보게 될 거야!"

그는 교회에서 가져온 성수반과 성수채를 손에 들고, 겨드랑이에는 찬송가를 낀 채, 태양을 따라 남쪽으로 갔다.

또다시 하루, 이틀, 사흘이 가고 한 주가 지났다. 동생은 큰형을 기다리며 밖을 내다보았지만 그는 보이지 않았고 소식도 없었다! 어찌된 일인지 알아보려고 노파에게 가서 물으니 이렇게 말하는 것이었다.

"그를 기다리는 헛수고는 하지 말게나. 그는 돌아오지 않아. 지금 토요일 산에서 돌기둥이 된 채 서 있다네."

과부의 아들은 형을 또 잃은 것을 매우 슬퍼하였다. 그러나 그는 오래 생각하지 않았고, 곧장 집으로 가서는 보자기에 빵을 싸서 큰 낫자루 끝에 끼고, 그것을 어깨에 메고는 태양을 따라 남쪽으로 갔다.

그는 사흘 동안 계속 걸어가서 강 세 줄기를 건넜고, 소나무 숲 세 곳을 지났다. 그리고 사흘 째 날 해질 무렵에 토요일 산 밑에 도달했다. 그가 서서 바라보니 그야말로 엄청나게 높아서 봉우리는 구름에 가려 보이지도 않는 산이 가파른 경사를 이루며 하늘을 향해 우뚝 솟아 있었다. 그리고 그 주위를 검은 숲이 온통 뒤덮고 있었다. 어마어마하게 큰 참나무, 소나무, 전나무, 너도밤나무들이 누군가 모종이라도 한 듯 솟아 있었다. 그 사이로 땅에는 여러 종류의 가시 풀과 독초들의 덤불이 무성했고 축축한 이끼로 뒤덮여 온통 초록색인 큰 바위 더미들이 있었으며, 그것들 속에서는 온갖 뱀과 파충류들이 혀를 날름거리며 득실대고 있었다. 그것들은 보기에도 무시무시했다. 이제부터 이것들을 어떻게 뚫고 지나간단 말인가! 게다가 길은커녕 작은 오솔길조차 보이지 않았다.

과부의 아들은 잠시 생각에 잠겼다. 그는 숨을 거둔 어머니를 생각했다. 그리고 신께서 도와주실 것이라고 굳게 믿고서는 위로 올라가기 시작했다. 그는 그의 발에 상처를 가하는 날카로운 바위들과 다리를 칭칭 감고 독 이빨로 아프게 물어 대는 독사들 그리고 가시로 온몸을 찌르고 잡아채며 진물이 질질 흐르는 맹독성 열매를 그의 입에까지 흩뿌리는 독풀들에 아랑곳없이 계속해서 올라갔다. 그러나 아직은 꼭대기까지 까마득했다. 그런데 누군가 뒤에서 부르는 소리가 들렸다.

"헤이! 헤이! 이봐요! 도대체 어느 쪽으로 가는 거요?! 당신은 길을 잘못 들었어요. 그쪽으로 가는 것이 아니야."

그 말에 막내가 막 돌아보려는 참에 그는 다행스럽게도 현명한 노파가 그러한 부름에 신경 쓰지 말라고 한 말을 기억해 냈다. 그는 계속해서 앞을 향해 갔다. 잠시 후 왼편에서 독일식 반바지를 입은 여행자가 나타나 그의 옆에 섰다. 반바지를 입은 사람은 정중하게 삼각모자를 벗으며 말했다.

"안녕하세요? 어디로 가십니까, 친구 양반?"

과부의 아들은 대답했다.

"아무 데도 안 가요. 그냥 위로 올라갑니다."

"왜 거기에 가십니까?"

"생명수를 뜨러 갑니다."

"아하, 그렇다면! 우리는 같은 길을 가게 되었군요. 저도 그 물을 뜨러 가는 중입니다. 우리 함께 갑시다. 그러면 훨씬 즐거울 테니까요."

"좋을 대로 하십시오."

"하지만 그 길로 가는 것이 아닙니다! 이쪽 왼쪽을 한번 보세요. 이 길로 가면 편안히 갈 수 있는데, 뭐 하러 쓸데없이 피를 흘리며 힘들게 가십니까?"

과부의 아들이 왼쪽을 보니, 정말로 완만한 경사를 이루며 위로 뻗어 있는 편안하고 평탄한 길이 있었다. 독일 사람은 재촉하였다.

"자, 어서 갑시다!"

"가고 싶으면 혼자 가세요. 나는 처음에 시작한 대로 계속해서 이렇게 갈 겁니다."

"아, 빨리 가자니까요!"

"안 간다고 말했잖아요."

"그럼, 가라, 이 바보야! 가다가 목이나 부러져라!"

화가 난 독일 사람은 이를 갈며 이렇게 말하고는, 절벽으로 뛰어내려 사라졌다.

과부의 아들은 처음에 시작한 대로 그렇게 앞만 보고 올라가고 있었다. 그런데 갑자기 뒤에서 마치 수천 마리나 되는 듯한 개와 늑대들의 요란한 발자국 소리, 짖는 소리, 울부짖는 소리가 마귀의 목소리와 함께 들렸다.

"저 놈을 물어라! 가서 물어! 물어뜯어!"

개와 늑대들은 점점 더 가까이 그를 따라와서는 그에게 달려들었다. 그는 뒤를 돌아다보아서는 절대로 안 된다는 현명한 노파의 이야기를 상기하고는, 가지고 있는 길고 큰 낫을 뒤로 돌려 그들을 물리치면서 앞으로 잽싸게 걸음을 옮겼다. 그러자 발자국 소리, 시시덕거리는 웃음소리, 아우성, 짖는 소리가 잦아들고 단지 긴 웃음소리만이 바람 소리와 함께 숲에 울려퍼졌다.

그가 겨우 놀란 가슴을 진정시키고 나니, 이번에는 새로운 공포가 닥쳐왔다. 땅거미가 지고 밤이 되어 어두운 가운데, 마치 태양이 다시 중천에 솟아오른 것처럼 엄청난 양의 빛이 산꼭대기에서 쏟아졌다. 깜짝 놀라 고개를 들어보니, 그가 가려는 길 앞에 있는 숲이 온통 불바다였고 하늘은 불길로 인해 석양에 물든 듯 벌겋게 타고 있었다. 가까이 다가갈수록 불길은 더욱 커지고 거세졌다. 멀리서도 뜨거웠고, 이제는 그의 몸이 불에 그슬리기 시작했다. 그의 눈앞에서는 마치 벌겋게 달아오른 거대한 아궁이같이 되어 버린 원시림의 큰 나무들이 불꽃을 튀기며 하나둘씩 쓰러지면서 그의 길을 가로막았다.

그런 지독한 광경을 바라보니 그는 무서운 생각이 들었다. 하지만 어머니를 생각하며 모든 두려움을 잊고서 불타는 숲으로 달려 들어갔다. 다리가 무릎까지 불똥 속에 빠지고 뜨겁고 검은 연기 때문에 숨이 막히고 눈을 뜰 수가 없었지만, 그는 무작정 앞으로 나아갔다. 불에 데고 숨이 막혀 헐떡대면서도 쉬지 않고 계속 갔고, 마침내는 그 불의 지옥을 건널 수가 있었다.

그곳을 지나온 그는 앞을 보았다. 아니, 이게 웬일인가! 이제 봉우리가 가까이에 있지 않은가! 그러나 이제 목표 지점이 얼마 남지 않았다는 기쁨도 잠시 다시 위를 쳐다 본 그는 절망했다. 마치 담벼락 같은 거대한 바위가 길을 가로막고 서 있었기 때문이었다. 하지만 세 번째로 유심히 살펴보니 바위 밑에는 시커멓게 입을 벌린 큰 동굴이 있었다. 그런데 그 입구에는 머리가 일곱 개나 달린 무시무시한 용이 코를 골며 자고 있었다. 과부의 아들은 그 괴물이 잠든 사이에 죽여 버리기 위해 조용히 살금살금 다가가기 시작했다. 그러나 사람의 발자국 소리를 들은 용은 자다가 벌떡 일어나서 일곱 입을 벌리고는 크게 울부짖었다. 그 소리에 산 전체가 진동하였다. 용은 커다란 이빨을 드러내고 황산 불꽃을 내뿜으면서 과부의 막내 아들에게로 다가왔다. 그도 또한 기다리지 않고 괴물에게 달려들었다. 그는 낫을 일곱 번 휘둘렀다. 그가 휘두를 때마다 용의 머리가 하나씩 떨어져 피를 뿜으며 밑으로 굴러 떨어졌다. 마지막 머리가 떨어졌을 때, 과부의 아들은 용의 굴로 들어갔다.

용의 굴은 으스스하고 칠흑처럼 어두웠으며 황산 연기로 가득 차 있었는데, 길게 뻗어 있어서 끝이 없는 것 같았다. 갈증과 매운 연기 때문에 불쌍한 나그네의 혀는 짝짝 달라붙고, 입천장도 말라붙었다. 거의 반죽음이 된 그가 간신히 걸어가고 있을 때였다. 벽의 틈 사이로 환한 빛과 함께 향기로운 냄새가 새어 나왔다. 그가 호기심에 들여다보니 큰 교회 내부 같은 거대한 동굴이 틈 너머에 있는데, 거기에는 봄꽃들이 만발하고 장미와 백합의 향기가 가득 찬 아름다운 정원이 있었다. 풀밭에는 붉은 과일들이 주렁주렁 달린 여러 나무들이 은빛 시냇물을 향해 기울어져 있었다. 굶주리고 목마른 그의 입에 군침이 돌기 시작했다. 하지만 그는 얼른 눈길을 거두고 힘닿는 데까지 쉬지 않고 걸어갔다.

계속 걸어가는데 또다시 벽에서 새어나오는 밝은 빛이 그의 눈을 부시게 하였고, 좁은 틈새로는 넓은 동굴이 보였다. 그 동굴의 천장에는 금줄로 연결된 황금 램프가 빛나고, 벽을 둘러 가면서는 금은보화가 가득 담긴 여러 형태의 상자와 항아리들이 놓여 있었다. 그러나 과부의 아들은 탐욕스러운 사람이 아니었다. 그는 보석들에 전혀 현혹되지 않았고 그것들을 지나쳐 계속 걸어갔다.

그곳을 벗어나자마자 이번에는 마치 종달새 수백 마리가 부르는 것 같은 아름다운 노랫소리와 음악이 들려왔다. 옆에 방이 있었다. 활짝 열어 젖혀진 문 안을 들여다보니 방이 황금빛으로 빛나고 한가운데에서는 부드러운 양탄자 위에서 아리따운 소녀 열 명이 안개같이 투명한 옷을 걸치고 노래를 부르며 춤을 추고 있었다. 젊은이를 보자 소녀들이 춤을 멈추더니 그중에서도 가장 아름다운 소녀가 문으로 달려와서는 애교를 떨며 사랑스런 손짓과 목소리로 그를 유혹하기 시작하였다. 그것은 성당의 신부도 넘어가지 않고서는 배기지 못할 유혹이었지만 젊은이는 흰 백합같이 아름다우며 진정 사모하는 아가씨를 고향 마을에 두고 왔기 때문에 그녀를 생각하고서는 한 손으로 눈을 가리고, 다른 한 손으로는 벽을 더듬거리면서 동굴을 막은 커다란 철문이 있는 곳까지 계속해서 걸어갔다. 그가 손을 대자마자 문은 육중한 소리를 내며 열렸고, 그는 막 동이 트는 때에 '토요일 산'의 제일 높은 꼭대기로 나왔다.

그는 산의 정상에 서서 호기심에 찬 눈으로 주위를 둘러보았다. 모든 것이 그가 들은 그대로였다. 손바닥처럼 매끈한 암반 위에서 은색 잎을 가진 큰 나무 한 그루만 자라고 그 나뭇잎들은 바람에 흔들리며 마치 수금이 백 개를 동시에 연주하는 듯한 소리를 내고 있었다. 나무의 구부러진 뿌리들 밑에서는 맑은 물이 샘솟고 있었으며, 제일 높은 가지에는 황금 매가 앉아 몸을 흔들거리고 있었다.

황금 매는 젊은이를 보자 기쁘게 소리 내며 날갯짓을 하고는, 곧 날개를 펴고 위로 날아올라가 구름 사이로 사라져 버렸다.

과부의 아들은 기진맥진하여 바닥에 쓰러졌다. 그는 있는 힘을 다하여 나무 있는 데까지 기어가서는 암반 위에 엎드려 샘물을 벌컥벌컥 마셨다. 그런데 그의 입이 샘물에 닿는 순간 그는 마치 세상에 새로 태어난 것처럼 온몸에 기운이 되살아나는 것을 느꼈고 오는 길에 생긴 상처들도 모두 흔적도 남기지 않고 깨끗이 아물었다. 기쁨에 찬 그는 벌떡 일어나 정상에 있는 그 나무 밑에 서서 이제 막 떠오르는 태양의 아침 햇살을 받고 있는, 신이 창조한 세계를 내려다보았다. 산 주위에는 들판과 숲, 호수와 작은 마을, 성과 큰 부락들이 셀 수 없을 정도로 많이 있었는데, 마치 하나의 그림과 같고 굉장히 아름다워서 백년을 바라본다 해도 싫증 날 것 같지 않았다.

그가 경치에 취해 사방을 둘러보고 있을 때에, 위에서 날갯짓 소리가 났다. 황금 매가 부리에 황금 물병을 물고 그의 어깨로 내려앉았다. 나무는 은빛 나뭇잎들을 흔들어 크게 소리를 내었는데, 그 노래 속에서 그는 다음과 같은 말을 들을 수 있었다.

"젊은이여! 그 물병을 받아서 샘에서 생명수를 떠라. 나의 가지를 하나 꺾어가지고 집으로 잘 돌아가거라. 그리고 여기서 내려갈 때에는 나뭇잎들에 생명수를 적셔서 네가 발을 내딛을 때마다 길 주위에다 뿌려라."

원래 순종을 잘하는 과부의 아들은 그 말에 따라 물병을 받아 거기에 맑은 물을 채웠고, 노래하는 나무의 은색 나뭇잎들이 달린 가지를 꺾어 가지고 산 밑으로 내려가기 시작했다. 그는 또한 그가 들은 대로 한 발짝 한 발짝 발을 옮길 때마다 가지에 생명수를 적셔서 주위에다 뿌렸다.

그러자 그 앞에서 정말 놀라운 일이 일어났다! 물방울이 떨어지는 곳마다 바위에서 사람이 깨어나서는 기뻐하며 그에게 감사하고 그의 뒤를 따랐다. 물을 뿌리며 밑으로 내려가면 갈수록 돌로 변해 있던 많은 사람들이 일어나 무리를 이루어 그를 따랐다! 그가 산 밑에 이르러 뒤를 돌아다보니 마치 큰 부대처럼 수많은 사람들이 걸어오는 것이 보였다.

그 사람들은 모두 각기 다른 시기에 '토요일 산'에 오르려다 성공하지 못하고 돌이 되어 버렸던 사람들이었다. 남자, 여자, 노인, 아이, 부자, 거지 등 다양한 사람들이 섞여 있었으며 이 운 좋은 젊은이의 두 형들도 있었다. 기사는 큰 칼을 허리에 차고 있었고, 오르간 연주자는 성수반과 성수채를 들고 있었다. 모든 사람들은 마지막 심판의 날까지 마법에 걸린 채 돌이 되어 있었을 자기들을 구해 준 구원자에게 감사드리기 시작했고 이제부터는 그가 어디를 가든지 그의 곁을 절대로 떠나지 않고 죽는 날까지 그에게 헌신하겠다고 맹세를 하였다.

그들은 큰 무리를 지어 그들을 이끄는 젊은이의 뒤를 따라갔고, 사흘째 되는 날 젊은이가 사는 곳에 도착하였다. 과부의 막내아들은 집에 당도하자마자 문을 열고 들어가 어머니의 침대로 가서는, 말하는 나무의 가지에 생명수를 적셔서 숨을 거둔 어머니의 시신에 뿌렸다. 그러자 죽었던 과부가 곧바로 눈을 뜨고 마치 전혀 병을 앓지 않은 것처럼 힘차고 건강한 모습으로 일어났다. 행복에 찬 아들의 기쁨을 모든 이들이 함께하였고, 모여 있는 많은 사람들의 기쁨과 흥분은 이루 말할 수가 없었다.

그러나 거기에 그 모든 사람들의 기쁨을 함께 나누지 못하는 두 영혼이 있었다. 그들은 과부의 큰아들과 작은아들이었다. 그들은 미련한 막내가 더 영리한 자기들이 하지 못한 일을 해냈다는 사실을 받아들일 수가 없었다. 그들은 매우 씁쓸해하였다. 그리고 동생의 행복한 모습과 모든 사람들이 그를 숭배하고 따르는 것을 볼 수가 없어서, 소리 없이 그들의 마을을 떠나 어딘가 외딴 곳으로 가서 다른 사람을 섬기기로 하였다.

외딴 곳에서 오르간 연주자는 자기보다 더 영리한 사람들을 당해낼 수가 없었다. 결국 그에게는 밭에 거름을 나르는 일이 주어졌다. 그리고 기사는 자기와는 무관한 일로 싸우다가 죽었다.

한편 그 보잘것없던 마을이 있던 자리에는 곧 많은 사람들이 사는 훌륭한 도시가 생겨났다. 그 한가운데에 있는 멋진 성에서는 과부의 아들이 사랑하는 아가씨를 아내로 삼고, 그에게 감사하는 많은 백성들을 다스리면서 오래도록 행복하게 살았다.

●——주

1　Sobotnia 또는 Sobotka. 폴란드 남서부 실롱스크 지역에 있으며 신성한 산으로 여겨진다.

황금 오리

바르샤바에 한 구두 수선공이 있었다. 그의 이름은 루텍Lutek이었다. 그는 착하고 명랑하고 열심히 일하는 소년이었으나, 마치 교회에 사는 쥐처럼 가난하기 그지 없었다. 그는 구시가의 어떤 구둣방에서 도제로 일하였다. 그런데 어떠한가? 구둣방 주인은 주인답게 단 한 푼도 쓰지 않고 돈만 긁어모았고 소년은 가난에 찌들었다.

주인은 그래도 그에게 먹을 것을 주었는데, 맙소사, 죽 한 그릇과 감자가 전부였다! 그에게 옷도 주었으나 전하는 바에 따르면 그것은 주인이 입다 버린 낡디낡은 옷들이었다. 그런 환경에서는 개도 참기 어려울 지경일 텐데 사람인 그는 오죽했을까! 때때로 사람들이 그에게 말했다.

"참고 견뎌라. 나아지겠지 그러니 조금만 기다려라!"

뭐가 좋아진단 말인가! 언제?

한 해 두 해 지나고 세월이 흘렀어도 그는 계속 가난하고 비참했다. 그는 이제 지겨워졌고 도망가고 싶었다.

그는 종종 이렇게 말하곤 했다.

"군대에 가겠어. 군인이 되어서 어디에선가 새 나폴레옹이 나타나면 나는 반드시 높은 장군이 되고 사령관이 되고 왕이 되겠어."

그러나 그뿐이었다! 그는 계속해서 고통을 참으며 기다렸다.

어느 날 저녁에 그는 한 친구에게 갔다. 그는 얼마 전에 따로 독립하여 가게를 차린 사람이었는데, 이미 근위병들과 장교들을 위해 신발을 만드는 등 그럭저럭 잘 꾸려 나가고 있었다. 이야기는 정말 즐거웠다! 사람들은 먹고 마시고 이야기하였다. 이런저런 동화로 시작해서 바르샤바에 관한 신화와 전설들도 이야기하였다. 그런데 다리를 저는 한 늙은 구두장이가 말했다.

"호! 호! 우리 바르샤바에서는 돈과 명예를 얻기란 쉬운 일이지. 다만 용기와 잘 판단할 줄 아는 지혜만 있다면 말이야!"

귀가 솔깃해진 루텍이 물었다.

"뭐라고 하셨습니까?"

절름발이는 말했다.

"아, 그러니까, 오르디나츠키¹에 가면, 오래된 성이 있는데, 그 지하에는 마법에 걸려 황금 오리가 된 공주가 있다네. 누구든지 그녀에게로 가서 그녀를 잡으면 이긴 것이지! 그러면 그녀는 그에게 어떻게 해서 많은 보물을 얻을 수 있고 큰 부자가 되는지, 또 대귀족이 될 수 있는지 그 방법을 이야기해 준다네!"

"어디라고 하셨죠?"

"오르디나츠키의 오래된 성 지하라니까."

"언제요?"

"성 요한의 날 밤에."

루텍은 그것을 잘 기억하였다. 성 요한의 밤까지는 사흘만 기다리면 되었다.

　북적대는 바르샤바에 밤이 찾아왔다. 별이 총총하고 따뜻한 유월의 밤이었다. 거리에는 많은 사람들이 들끓었다. 아름다운 아가씨들이 거닐고 있었고 그들 곁에는 기병대들과 젊은 남자들이 있었는데, 대부분이 군인들이었다.

　여기에는 청백색 유니폼을 입은 제2연대 소속의 경기병, 그리고 저기에는 초록색과 노란색 군복을 입은 호위대의 소총수, 또 저기에는 보병, 그 다음에는 포병. 헤이! 구두 굽에 달린 박차들이 부딪혀 나는 소리, 허리춤에 찬 칼들의 철거덕 소리, 모자에 꽂은 깃털들의 나부낌, 이 얼마나 보기에 좋은가! 구두장이 루텍은 크라쿠프 지역으로 가서는 그 모든 것들을 뒤로하고 오르디나츠키 구역으로 들어섰다. 이제 가까이 왔다.

　그는 오르디나츠키 성의 지하로 들어가는 입구가 있는 탐카Tamka 거리로 달려갔다. 그러고는 걷기 시작했고, 나중에는 뭔가 내키지 않는 듯 아주 천천히 걸어갔다.

　그가 두려워서 그런 것은 아니었다. 하늘에 맹세코! 그는 아무것도 두려워하지 않았다. 다만 그는 왠지 사악한 마귀와 관계를 맺게 되는 것이 아닌가 하는 생각이 들어 꺼림칙했다.

　하지만 이제 어렵게 되었다! 한번 결정을 내렸으니 들어가는 수밖에 없었다. 탐카 거리 쪽으로 난 성의 창문은 그다지 높지 않았고 유리는 없었지만 그 대신 창살이 있었다. 하지만 비쩍 마른 그는 뱀처럼 창살 사이로 비집고 들어갔다.

　그는 밖으로 튀어나온 붉은 벽돌들을 밟으며 창문으로 기어 올라갔다. 성부와 성자와 성신의 이름으로, 아멘! 그는 안으로 들어갔다. 깜깜했다. 그는 횃불을 켜서 들고 걸어갔다. 길고 좁고 꾸불꾸

불한 복도는 점점 더 밑으로 향해 있었다. 그렇게 한 15분 정도를 내려간 구두장이는 둥그런 천장이 있는 넓은 지하실에 도착하였는데, 그 가운데에는 작은 호수가 하나 있었다.

손에 든 횃불의 희미한 불빛 속에서 루텍은 호수를 바라다보았다. 그리고 수면에……. 오, 이런! 절름발이 구두장이의 말은 사실이었다! 번쩍이는 깃털을 가진 오리가 헤엄치고 있었다.

"꽥 꽥! 귀여운 오리야!"

그러자 갑자기 오리는 매우 아름다운 소녀의 모습을 한 공주로 변했다. 그녀의 긴 금발 머리는 발에까지 닿았고 눈은 별처럼 반짝였으며, 산딸기같이 붉은 입술은 정신을 차릴 수 없을 정도로 예뻤다. 만백성들이여, 무릎을 꿇을지어다!

"내게서 무엇을 원하느냐, 소년아?"

루텍은 말했다.

"황공하옵니다, 저는 당신께 아무것도 원하지 않습니다. 그저 공주님께서 제게 분부하시는 것을 그대로 따르겠사옵니다."

공주는 대답하였다.

"좋다. 그렇다면 네게 말하겠다! 네가 만약 내가 말하는 것을 하나도 어기지 않고 그대로 해 낸다면, 너는 지금까지 그 누구도 얻지 못했고 앞으로도 아무도 얻을 수 없는 엄청난 보물을 얻을 것이고 큰 부자가 되고 대귀족이 될 것이다."

"어서 말씀하시지요."

"여기 금화 100냥이 든 주머니를 네게 주겠다. 너는 내일 하루 동안 이것을 오로지 네가 필요한 것에, 단지 너만을 위해 다 써 버려야 한다. 단 한 푼이라도 다른 사람에게 주어서는 안 된다! 명심해라."

"하! 하! 하!"

루텍은 크게 웃었다.

"그게 뭐 어렵습니까? 먹고 마시고 흥청대고 놀면 되지요! 제가 다 써 버리겠습니다. 그런데 그 다음은요?"

"그 다음에는 헤아릴 수 없는 보석들, 진정한 금광, 엄청난 재물들이 네 앞에 나타나게 될 것이다. 그러나 기억해라. 아무에게도 한 푼도 주면 안 된다!"

"좋습니다, 공주님! 저에게 금화를 주십시오!"

공주는 금화가 든 주머니를 루텍에게 주었고, 기묘하게 웃음을 짓고는 사라져 버렸다. 두려움이 구두장이를 덮쳐왔다. 그는 간신히 창문까지 올라와서는, 탐카 거리로 나왔고 잽싸게 구시가를 향해 달음질쳤다.

다음날 아침이 되자마자 루텍은 시내로 달려갔다. 그는 혼자 생각했다.

'여기에서 제일 먼저 무엇을 한담. 그렇지! 부잣집 도련님처럼 옷을 입는 거야. 그래, 좋아! 맞았어!'

그는 성 요한의 거리로 가서 옷 가게로 들어갔고 모자, 옷, 망토를 샀다. 근사하군! 정말 백작 같아! 그는 휘파람을 불고, 지팡이를 흔들면서 걸어갔다. 그런데 지팡이까지 사고 나니 그 다음에는 무엇을 해야 할지 몰랐다.

'금화 100냥을 쓰는 것은 그렇게 쉬운 일이 아니군! 금화 100냥! 오로지 자신만을 위해서! 흠! 생각을 좀 해 보아야겠군!'

때는 벌써 아침 열 시가 되었고, 그는 매우 배가 고팠다. 젊고, 건강한 그가 배가 고픈 것은 하나도 이상한 일이 아니었다.

그는 주막집으로 들어가서 소시지, 순대, 맥주, 빵을 주문했다. 그는 허겁지겁 마구 먹었고, 사흘 동안 먹어도 충분한 양의 음식을 다 먹어 버렸다.

"얼마인가요?"

"금화 두 닢입니다."

"금화 두 닢? 그게 전부예요?"

"금화 두 닢이면, 도련님, 10그로쉬의 팁도 함께 지불하시는 것입니다."

금화 백 냥을 쓰려면, 머리를 잘 써야겠군! 그런데 어려운걸! 하지만 어떻게든 그것을 다 써 버려야 한다. 좀더 궁리를 해야겠다.

루텍은 야외로 소풍가는 것에 돈을 듬뿍 쓰기로 했다. 그는 말을 타고 빌라누프[2]로 가기 위해 말 네 마리가 끄는 우편 마차를 빌렸고, 마부는 힘차게 나팔을 불었다. 정말 신이 났다.

빌라누프에 도착한 그는 문지기에게도 금화 한 닢을 주었다. 공원에서 여기저기 둘러보는 가운데 벌써 오후가 지났다. 돌아가야 할 시각이었다! 그는 다시 바르샤바로 왔다.

'무엇을 하지? 어디에다 남은 것을 써 버리지?'

주위를 둘러보았다. 모퉁이에 광고가 있었다. '국립극장. 별 수 없으니, 여기라도 가는 수밖에!' 극장에서 그는 정말 재미있게 놀았다. 이전에는 한번도 온 적이 없었다. 자리 값으로 금화 두 개를 지불했다. 입장료가 그토록 비싼데 어떻게 왔겠는가? 그는 기분 좋게 웃으며 밖으로 나왔다. 이미 늦은 시각이었다. 남은 돈을 다 쓰기에는 시간이 턱없이 부족했다. 루텍은 그 돈을 가지고 어찌해야 좋을지 몰랐다. 그는 생각에 잠겨 걷고 있었다. 그렇게 걷고 있는데, 후미진 곳의 모퉁이에 허리가 굽은 한 노인이 서 있었다.

그가 말했다.

"나리, 물 한 모금 못 마신 지 이틀이 지났습니다. 저는 늙은 군인입니다, 도련님. 저는 소모시에라Somosierra, 스몰렌스크Smoleńsk, 유제프Józef 대공과 함께 한 립스크Lipsk3, 그리고 모스크바Moskwa 등 수많은 전쟁터를 다녔습니다. 저를 좀 도와주세요!"

루텍은 늙은이를 바라보았다. 팔이 하나 없는 불구자였고, 가슴에는 영예 훈장과 무공 훈장들이 번쩍거리고 있었다. 그는 주머니에 손을 집어넣어 금화를 한 움큼 꺼내서 늙은이에게 주었다.

"신께서 당신에게 보답하실 것입니다, 도련님! 신께서 보답하실 거예요! 당신은 행복하고 부자가 될 것입니다!"

그때 빛이 번쩍하면서 천둥 소리가 났다!

루텍의 눈앞에 마법에 걸린 공주의 모습이 아른거렸다.

"너는 약속을 지키지 않았다. 네 자신을 위한 것이 아닌 데에 돈을 썼다!"

공주는 그렇게 말하고 사라져 버렸다.

구두장이는 주위를 둘러보았다. 노인네는 이전처럼 서 있었다. 그리고 말했다.

"금화가 아니라, 젊은이, 오로지 일과 건강이 행복을 가져다 준다네. 돈이란 노력해서 얻은 만큼의 가치가 있는 것이고, 공짜로 얻은 돈은 나쁘게 쓰이게 마련이지."

루텍은 즐겁고 기쁜 마음으로 집으로 돌아왔다. 아침에 일어나니 주머니에는 땡전 한 푼 없었다. 자신을 위해서는 금화 열 냥을 썼고, 그 나머지는 모두 노인네에게 주어 버린 것이다. 그러나 그때부터는 이전과 달리 그의 모든 일들이 잘 풀려 나갔다. 그는 도제의 신세에서 벗어나, 곧 구둣방을 차려 독립했고, 착하고 예쁜 아가씨와 결혼하였으며 아빠가 되었다. 그리고 오래오래 건강하고 부유하고 행복하게 살았다.

그러나 황금 오리에 관한 소식은 어느 곳에서도 들을 수가 없었다. 다 신의 은총이다! 왜냐하면 그녀는 '다른 사람이 아닌, 자기 자신!'이란 것을 조건으로 내세우는 사악한 여신인 게 분명하기 때문이다.

그래서는 안 된다! 그렇게 생각하면 안 되고, 폴란드 식으로 느껴야 한다! 우리는 다르게 행동한다. 제일 먼저 불쌍한 사람, 그 다음에 자기 자신! 그러면 모든 일을 신께서 도와주신다.

● —— 주

1   Ordynacki. 바르샤바의 한 구역 이름.
2   Wilanow. 바르샤바 남쪽에 위치한. 아름다운 정원을 가진 바로크 양식의 궁전. 17세기에 얀 소비에스키 3세(Jan Sobieski III)가 지었다.
3   옛날 폴란드와 리투아니아 영토의 도시 이름들.

바질리쉑

프워츠크[1]의 성주를 위한 갑옷의 마무리 작업이 한창이었다. 갑옷 제작의 명인인 오스트로가는 타오르는 불꽃 속에서 벌겋게 달아오른 두껍고 긴 쇳덩이를 집게로 직접 집어들었다.

대장간의 구석에는 두 아이가 놀고 있었다. 오스트로가의 아이들로 오빠와 누이동생이었다. 소년은 기사 놀이를 하고 있었다. 오빠를 보고 있던 소녀는 싫증을 내며 졸랐다.

"마첵Macek 오빠! 우리 이제 그만 시장이 있는 광장으로 가자."

"좀 기다려, 할리나Halina. 나는 대장간에 있는 것이 더 좋아. 하지만 네가 정말 꼭 가고 싶다면 옆으로 후려치기 몇 번만 더하고 가자."

그가 한두 번 더 칼을 휘두르고 나서는 그것을 바닥에다 던지고 누이동생과 함께 대문으로 향하는데 아버지 오스트로가가 그들을 불러 세웠다.

"어디로 가려고 하니, 애들아?"

"광장에요, 아빠."

"거기는 무엇을 하러들 가느냐?"

"구경하고 뛰어다니고, 신께서 만들어 놓으신 세상을 두루 돌아보려고요."

"좋다. 하지만 조심해라. 점심·식사에 맞추어 돌아오너라. 그리고 '일그러진 원'Krzywe Koło 구역에 있는 허물어진 집 근처에는 절대로 가지 마라. 나쁜 일이 일어난단다. 부디 성모 마리아께서 사악한 것들로부터 너희들을 보호해 주시기를!"

"저는 아무것도 두렵지 않아요, 아빠!"

마첵이 뽐내며 말했다.

"저는 모든 것이 무서워요, 아빠!"

할리나가 조그만 목소리로 말했다.

"우리는 거기에는 가지 않을 거예요!"

"그래, 애들아, 잘 갔다 오너라!"

시장에 온 마첵과 할리나는 얼굴이 검은 집시가 훈련시킨 곰을 부려 재주를 선보이는 것을 구경하느라 정신이 없었다. 그때 갑자기 누군가 그들의 눈을 손으로 가렸다.

장난꾸러기 발덱Waldek이었다. 발덱은 도저히 감당할 수 없을 정도로 천방지축이었다. 세 아이들은 집시와 곰의 묘기를 보면서 사람들을 따라갔다. 곰은 재주를 부리면 집시가 모자에 많은 동전들을 모았다. 그들은 계속해서 다른 곳으로 옮겨갔다. 그런데 점점 '일그러진 원' 구역 쪽으로 가고 있었다. 갑옷 제작자 오스트로가가 말한 흉가 근처를 지날 때 발덱이 마첵과 할리나에게 말했다.

"잠깐만. 너희들에게 보여 줄 게 있어."

"뭔데? 뭔데?"

—폴란드 민담

"응, 저기 계단이 보이지? 그것을 타고 저 낡은 집의 지하로 내려가자."

그러자 할리나가 소리쳤다.

"지금 무슨 말을 하는 거니, 발덱? 그런 말하면 안 돼. 거기에는 무서운 괴물이 있어! 아빠가 말씀하셨어."

"뭐? 괴물이라고? 그런 건 동화에나 나오는 거야! 사실 저기엔 마법에 걸린 보물들이 있어. 내가 어제 오후에 저기 지하실로 몰래 내려가 봤는데 눈부실 정도로 반짝이는 게 있었어. 틀림없이 황금이야!"

그러자 마첵이 골똘히 생각하고는 말했다.

"보물을 가져다 아버지 어머니께 갖다드리면 매우 기뻐하실 거야. 어떻게 생각하니, 할리나?"

"나는 안 내려가. 그 무엇을 준다 해도 절대로 안 내려가!"

할리나가 단호하게 말하자 발덱이 웃으며 놀렸다.

"에이, 겁쟁이 꼬마! 싫으면 넌 오지 마! 우리 둘이 내려갈 거니까. 그렇지, 마첵?"

두 소년은 계단을 향해 걸어갔다. 할리나는 울음이 섞인 목소리로 말했다.

"기다려. 그럼 나도 갈래. 오빠를 그냥 둘 수 없어! 신이시여, 저희들을 지켜 주세요!"

"실망하지 않을 거야, 할리나. 네 앞치마에다 금화를 잔뜩 담아 줄 테니까. 이제 지하로 내려가자!"

지하로 내려가는 길은 꽤 힘들었다. 칠흑 같은 어둠이 발덱, 마첵 그리고 할리나를 감쌌다. 발덱은 오누이보다 몇 걸음 떨어져 앞장서서 가고 있었다. 그들은 조심스럽게 조금씩 내려가서는 마침내

지하 밑바닥에 다다랐고, 붉은 벽돌로 된 아치형의 천장을 가진 넓은 창고를 발견했다. 오른편에는 쇠로 만든 쪽문이 약간 열린 게 보였는데 다른 지하 창고로 연결된 문임에 틀림없었다. 발덱이 말했다.

"마첵, 할리나! 여기까지 내려왔으니 계속해서 지하 창고 전체를 뒤져 보자, 그러면 반드시 보물을 발견하게 될 거야."

"발덱, 제발 부탁이야. 우리 그만 위로 올라가자!"

할리나는 애타게 말했다.

"우리하고 보물이 무슨 상관이니! 돌아가자. 무섭단 말이야."

"나도 이제 돌아가는 것이 좋을 것 같아. 길도 잘 모르고 저 문 뒤에서 무슨 일이 일어날지 모르잖아. 부모님들께서 걱정하실 거야."

마첵도 말했지만 발덱은 고집을 부렸다.

"나는 가겠어. 그리고 너희들도 나와 함께 가야 돼! 동화 속에서나 등장하는 괴물 같은 것들에는 하나도 신경 안 써! 하나, 둘, 셋! 좋아, 그럼 이제 나는 간다!"

그렇게 말하고 그는 문 쪽으로 달려갔다. 그리고 문을 잡아당겨서 열더니 갑자기 벼락이라도 맞은 듯 바닥에 쓰러져 쭉 뻗어 버렸다. 도대체 무슨 일이 일어난 거지?

열린 문을 통해 옆 창고에서 나는 고약한 냄새가 확 풍겨왔다. 마첵과 할리나는 푸르스름한 불빛 속에서 무시무시한 괴물을 보았다. 그것은 마치 수탉 같기도 했고 뱀 같기도 했다. 머리는 수탉의 형상인데 왕관같이 생긴 엄청나게 커다란 진홍색 볏이 달렸고, 길고 가는 목은 뱀 같았다. 뚱뚱한 몸통은 곤두선 까만 깃털로 덮였고, 털이 텁수룩한 긴 다리 끝에 날카롭고 커다란 발톱들이 있었다. 가장 무섭게 보이는 것은 괴물의 두 눈이었다. 툭 불거져 나오고 올빼미 눈처럼 동그란 눈이 주황색으로 타는 듯 빛났다. 다행스럽게도 그 눈은 아직 마첵과 할리나를 보지 못했다. 이미 숨이 끊어져 바닥에 누워 있는 불쌍한 발덱만 노려보고 있었다.

"바질리쉑이다!"

마첵이 떨리는 목소리로 속삭였다.

"바질리쉑이야, 할리나. 숨자, 얼른 숨자!"

아이들은 손을 잡은 채 발꿈치를 들고 오래된 벽에 기대어 세워진 큰 문짝 뒤로 숨었다. 마첵은 여동생의 귀에다 대고 작은 목소리로 말했다.

"바질리쉑이야! 저것이 누군가를 쏘아보면 그 사람은 죽고 말아!"

"내가 오지 말자고 했잖아. 집에 가고 싶어!"

"진정해, 할리나. 만약 신께서 도와주신다면 집으로 돌아가게 될 거야. 지금 제일 중요한 건 바질리쉑이 우리를 보지 못하도록 하는 거야."

그때 거리에서 남매를 부르는 소리가 들렸다.

"마첵! 할리나! 어디에 있니? 점심 준비되었다! 점심 먹어라!"

아이들의 집에서 일하는 여인인 아가타였다. 그러나 아이들은 대답할 엄두를 내지 못하였다. 바질리쉑은 볏이 달린 머리를 돌려 뒤를 돌아다보았고 더욱 사납게 깃털을 곤두세웠다. 그러고는 번쩍이는 눈으로 계단 쪽을 쏘아보았다. 계단에는 늙은 아가타가 서 있었고, 그녀의 뒤에 많은 사람들이 모여 있었다.

"여기로 내려갔어요, 틀림없이 여기예요."

"아가타 아주머니, 내려가지 마세요. 어떤 괴물이 나타날지 몰라요!"

그러나 마음씨 고운 아가타는 아이들을 걱정하며 벌써 계단을 내려가 버렸고 그녀가 막 지하실에 발을 내려놓는 순간 바질리쉑의 불꽃처럼 타오르는 시선에 죽고 말았다. 바질리쉑은 자기가 저지른 파괴적인 행동에 기분이 좋아져서 어슬렁거리며 지하 창고를 계속해서 돌아다니기 시작했다. 계단 위에 모인 사람들은 광장과 큰길들로 흩어져 허둥지둥 달아나면서 도시에 끔찍한 소식을 알렸다.

"오스트로가 아주머니! 오스트로가 아주머니! 큰일 났어요. 아이들이……!"

"성모 마리아여! 우리 아이들이요? 어떻게? 어서 말을 해 봐요!"

"글쎄, 아이들이 '일그러진 원' 구역에 있는 지하 창고로 내려갔는데 거기에 괴물이 나타났어요!"

"기적을 행하시는 주님! 우리 아이들을 구원해 주소서! 도와주소서!"

집 마당에서는 사람들이 모여 수군거리고 있었다. 그때 대장간에서 마첵과 할리나의 아버지가 돌아왔다.

"여보, 어떡해요!"

오스트로가 부인은 울부짖었다

"우리의 어린 자식들을 구해 냅시다! 주님, 당신께 맹세합니다, 우리들의 모든 것을 당신께 바칠 터이니, 다만 저희들이 이 비탄에서 벗어나도록 도와주소서!"

사람들 가운데서 나이 많은 시의원이 앞으로 나왔다. 에제히엘 스트루비츠Ezechiel Strubicz 란 이름의 그는 현명하고 침착하였으며 선량함과 자애로움으로 유명한 사람이었다.

"내가 자네들에게 어떻게 해야 하는지 충고해 주겠네. 주저하지 말고 당장 피브나piwna, '맥주'라는 뜻 거리에 살고 있는 마법사에게로 달려가게. 그 사람보다 더 효과적으로 자네들의 고통을 치료할 방법을 생각해 낼 사람이 어디에 있겠는가? 그는 이 세상에 관한 것뿐만 아니라 우주 밖의 것들에 대해서도 잘 알고 있다네. 그는 박사이고 연금술사이며 또한 점성술사로 오래된 책 더미에 파묻혀 지내지. 그뿐인 줄 아나! 날개를 고안해서는 밤이면 그것을 달고 공중을 날아다닌다네. 나도 자네들과 함께 가겠네. 곧 마첵과 할리나를 되찾을 수 있을 것이야."

비탄에 빠진 아버지는 이에 동의하였다.

피브나 거리 모퉁이에 있는 높은 건물의 맨 꼭대기에 박식하기로 유명한 헤르메네길두스 파불라 Hermenegildus Fabula 박사가 살았다. 그의 이름은 궁궐에까지 알려져 있었다. 그는 마법사가 아니라 뛰어난 의사이며 모든 학문에 정통한 사람이었다. 사람들과 스트루비츠 노인이 그를 마법사라고 부르는 것은, 불가사의한 것들을 좋아하고 과학적인 현상을 기적으로 여기며 인간의 지혜를 하찮게 생각하고 무시해 버리는 사람들이 부르는 대로 그저 따라한 것뿐이었다.

작고 홀쭉하고 여윈 그는 누런 안색에 구운 사과처럼 얼굴에 주름이 많이 잡혔지만 크고 검은 두 눈동자는 타오르는 횃불처럼 강한 빛을 발했고 위엄이 가득했다. 갑옷 제작의 명인인 오스트로가 아내와 시의원을 데리고 파불라 박사의 방으로 들어가자 그가 물었다.

"저에게 무슨 용무가 있어서 이렇게들 오셨습니까?"

오스트로가 부인이 슬픔과 비탄에 빠져 통곡하며 모든 사정을 박사에게 털어놓고 도움과 구원을 간절히 청했다.

헤르메네길두스 파불라가 말했다.

"그것은 분명히 이 세상에서 가장 위험하고 가장 해로운 짐승인 바질리쉑의 짓임에 틀림없습니다."

"바질리쉑! 그렇다면 이제 우리가 아무리 노력한다 해도 아무런 소용이 없게 되지 않았습니까!"

"그렇게 놀라시는 것을 보니 당신들도 그 짐승에 대해서 알고 계시는군요. 눈으로 쏘아보는 것만으로도 생명을 앗아간답니다. 하지만 신은 위대하시니 그를 믿는 자들은 마지막 순간까지 희망을 저버리면 안 됩니다. 만약에 당신들의 아이들이 이미 죽었더라도 최소한 기독교식으로 장례를 치르기 위해서 그들을 지하 창고에서 찾아내야 합니다. 그리고 바질리쉑은 반드시 없애야 합니다. 그렇지 못한다면 앞으로도 그 눈빛에 죽는 희생자들이 계속해서 생길 것입니다! 그 저주받은 짐승이 살아 있는 한 바르샤바에는 평화가 없을 것입니다!"

"어떻게 해야 합니까, 박사님?"

"방법이 하나 있긴 한데 너무도 어렵고 위험한 것이라서 그것을 기꺼이 할 사람을 찾을 수 있을지 모르겠습니다. 누군가 온몸에 거울을 달고 그 지하 창고로 내려가면 바질리쉑은 그를 보려다가 거울에 비친 자기의 모습을 볼 테고 그러면 죽게 될 겁니다. 우리의 바르샤바뿐만 아니라 폴란드 전체를 구하게 되겠지요."

"방법은 더할 나위 없이 좋습니다!"

스트루비츠 시의원이 말했다.

"하지만 그런 용감한 사람을 어디에서 찾는단 말입니까?"

그런데 갑자기 파불라 박사의 방 안으로 교회의 침울한 종소리가 들려왔고, 곧 수천 명이 왁자지껄하게 떠드는 소리가 뒤따랐다. 스트루비츠 시의원은 창문으로 몸을 내밀었다.

사형수였다. 시장에서 피에키에우코^(Piekierko, '지옥'이란 뜻) 거리 쪽으로

색색의 옷을 입은 사람들이 음울한 표정을 한 채 지나고 있었다. 창을 든 병사들이 앞장을 섰다. 그 뒤를 길고 검은 스타킹을 신고 얼굴은 눈만 내놓고 천으로 가린 '참회자'들이 따랐다. 그리고 계속해서 법관들을 거느리고 두루마리 종이를 손에 쥔 도시 집정관이 위엄 있게 걸음을 옮겼다. 나이 들고 수염이 텁수룩한 사형수는 다 떨어진 누더기 옷을 걸쳤고 두 손은 뒤로 묶인 채였다. 그리고 엄청난 키에 육중한 몸집을 가진 사형 집행인은 붉은 옷을 입고 번쩍이는 큰 칼을 들었다. 행렬의 양옆과 앞뒤로는 이 흥미롭고도 끔찍한 광경을 보기 위하여 바르샤바의 일반 시민들, 거지들, 장난꾸러기 꼬마들 등 온갖 수많은 사람들이 붐벼 들었다.

행렬은 벌써 피에키에우코 광장에 도착했다. 광장 중앙에는 사형 집행을 위해 검은 천을 씌운 나무 등걸이 있었다. 집정관은 판결문을 읽기 시작했다.

"떠돌이 재단사인 얀 실롱작에게 같이 여행하던 동료를 살해한 혐의로 사형을 선고하며, 이 자리에서 칼로 그의 목을 치도록 명하노라."

죄인은 이미 나무 등걸 앞에 무릎을 꿇고 앉아 그 위에 목을 올려놓았고, 사형 집행인은 무시무시한 칼을 하늘 높이 번쩍 쳐들었다. 바로 그 순간 스트루비츠 시의원이 크게 외쳤다.

"멈춰요! 멈춰요!"

사형 집행인은 쳐들었던 칼을 내려놓았고 사형수는 헐떡거렸다. 도시 집정관은 방금 벗었던 안경을 도로 코 위에 올려놓고 못마땅한 표정으로 해명을 기다리며 시의원을 쳐다보았다.

스트루비츠 씨는 이유를 설명하기 시작했다.

"첫째, 존엄하신 바르샤바 시장님의 이름으로 사형 집행을 중지할 것을 명합니다! 둘째, 당장 죄인을 풀어 주시오! 셋째, 얀 실롱작 씨, 가까이 오시오!"

사형수가 가까이 오자 스트루비츠 씨는 물었다.

"얀 실롱작 씨, 당신에게 묻겠소. 당신은 사형 선고를 받았고 지금 당신을 구원할 방법은 아무것도 없습니다. 그러니 바질리쉑이 있는 지하 창고로 내려가 그 해로운 짐승을 죽이는 일을 맡으시겠습니까? 만약에 당신이 그 일을 해 낸다면, 자유의 몸이 될 것이오! 내가 지금 하는 말은 고귀하신 시장님과 전체 시 의원이 명예를 걸고 지킬 것을 약속하고 맹세하는 바이오."

도시 집정관은 그 말에 깜짝 놀랐고, 모여 있는 군중들도 놀랐다. 사형수는 감사의 눈길로 하늘을 바라보며 대답하였다.

"동의합니다, 존경하는 어르신. 동의하고말고요. 왜냐하면 저는 저에게 씌워진 그 죄를 저지르지 않았거든요. 신께서 증인이 되실 겁니다. 그렇기 때문에 주님의 은총이 저와 함께할 것이라고 생각합니다."

사람들은 사형수의 몸 전체에 거울들을 매단 후 일그러진 구역으로 데리고 가 지하 창고로 내려 보냈다.

시간이 좀 지나자 지하창고에서 비명이 울려 퍼졌다. 수탉의 쉰 울음소리 같기도 하고 뱀의 혀 놀림 소리와도 같으며 요괴의 웃음소리와 흡사한 끔찍한 소리였다. 듣는 사람들의 등에는 소름이 쫙 끼쳤고 머리카락이 곤두섰다.

"죽었다! 죽었다!"

얀 실롱작의 목소리가 크게 울렸다. 군중들은 환호성을 질렀다.

"바질리쉑이 죽었다!"

그 기쁜 소식은 광장과 모든 거리들을 통해 바르샤바 전체로 순식간에 퍼져 나갔다. 그리고 지하실 계단에서 온몸에 거울을 매달고 뾰족하고 긴 작대기에 끔찍하게 생긴 괴물을 꿰어 어깨에 멘 사람의 모습이 나타났다.

사형 집행인은 용감한 실롱작에게서 괴물을 잡아채어 피에키에 우코 광장 한가운데 쌓인 장작 더미에 올려놓고 수많은 사람들이 환호하는 가운데 재가 되도록 태워 버렸다. 오스트로가와 그의 부인 그리고 스트루비츠 의원은 지하 창고로 내려갔다.

"마첵! 할리나!"

어머니는 아이들을 불렀다.

"마첵! 할리나!"

아버지가 불렀다.

"너희들 살아 있니? 대답해라! 어디 있니? 너희들 어디에 있는 거니?"

"엄마, 우리 여기 있어요! 우리 여기 있어요, 아빠!"

오래된 담벼락에 기대어 있는 큰 문짝 뒤에 숨어 있던 아이들이 아직도 겁에 질려 창백한 얼굴이었으나 건강한 모습으로 나와 부모님의 품에 안겼다. 오, 이 얼마나 기쁜 일인가! 오, 이 얼마나 다행스런 일인가!

바질리쉑과의 모험은 그렇게 하여 끝이 났다. 다만 말썽쟁이 발덱과 늙고 마음씨 착한 아가타만 희생당하였다. 사람들은 그들의 시체를 지하 창고에서 끌어내어 엄숙하게 장례를 치러 주었고, 오스트로가의 가족들은 절대로 그들을 잊지 않았다.

용감한 얀 실롱작은, 그가 말한 대로 동료를 살해하지 않았음이 밝혀졌다. 그의 동료가 곧 바르샤바에 나타나서 말하기를, 숲에서 길을 잃고 한 달 동안 헤매고 다녔는데 결국 숲에서 숯을 굽는 사람들이 우연히 그를 발견하여 바르샤바로 안전하게 가는 길까지 안내해 주었다고 했다.

바질리쉑은 도시에서 더 이상 그 모습을 나타내지 않았다.

● 주

1 Płock. 폴란드 중부 지방인 마조프셰(Mazowsze)의 도시 이름.

인어

"여보게, 시몬. 혹시 그 여자들을 봤는가? 왜 그 인어처럼 생긴 여자들 말이야."

"본 듯하면서도 못 봤네, 마테우쉬. 나무들이 연못을 가리고 있는 데다가 어디선가 노랫소리가 들려와 왠지 무서웠기 때문이지."

"그럼, 그 인어들이 노래를 부른단 말인가?"

"아니, 마테우쉬. 자네 지금 무슨 소리하는가? 당연히 노래하지! 어떻게 그 사실을 아직까지 모르고 있었단 말인가? 부크 강과 비스와 강, 그리고 그 너머까지 넘실대는, 은종이 울리는 듯한 그 청아한 목소리를 아직까지 듣지 못했나? 밤낮으로 들린다네."

"그래서 어떻게 됐는데? 응?"

"어떻게 되길 뭘 어떻게 돼? 듣고 또 들었지. 그러자니 뼛속까지 온통 기쁨으로 충만해졌다네. 그러다가 결국 노랫소리가 서서히 멈추고 말았지. 왜냐하면 어느새 해가 기울어 인어가 연못 속으로 들어가 잠을 청할 시간이 되었거든. 터덜터덜 오두막으로 돌아왔지만 그 인어를 생각하느라 밤새 한숨도 잘 수가 없었지."

"재밌군 그래! 그녀를 직접 보고 확인하지 그랬나?"

"아니, 어떻게 그럴 수 있겠나? 만일 그 인어가 우리를 보기라도 한다면 당장에 물 속으로 숨어 버리고야 말 텐데……. 게다가 세례도 받지 않은 그런 창조물을 함부로 쳐다보고, 사람을 현혹시키는 노래에 귀 기울였다는 건 분명 죄가 될 터인데 말이야."

"죄가 되고 안 되고는 자네가 대답할 문제가 아닐세. 우리의 은자이신 바르나바 사제님께 여쭤보는 것이 제일 좋지 않겠는가? 그분은 지혜롭고 또 신앙심도 깊으시니 말일세. 그분이라면 우리가 어떻게 하는 것이 좋을지 일깨워 주실 걸세."

"마테우쉬, 그거 명답일세그려. 어서 바르나바 사제님께 가 보세!"

"그래, 어서어서 가세나. 설마 그동안 물고기들이 비스와 강에서 도망가지는 않을 테니까. 그리고 우리는 고매한 영혼을 가진 그분에게서 행동 지침을 배워옴세."

옛날 옛적, 지금의 바르샤바가 있던 자리, 그러니까 포비실레 지방이 위치하는 비스와 강 유역에 살고 있던 어부 두 명이 이렇게 이야기를 나누었다. 당시 비스와 강 유역에는 그리 크지 않은 어촌 마을이 있었다. 그리고 그 마을은 순록과 야생 들소와 늑대와 곰 등 거대한 동물들이 득실거리는 빽빽한 숲이 사방을 둘러싸여 있었다.

"자, 그럼 이야기해 보게나. 그녀가 노래를 했는가?"

"아, 그러믄입쇼. 제가 이야기하지 않았습니까요, 노래를 했다고요."

●──폴란드 민담

"흠, 그 인어가 자주 노래를 부르는가?"

"날마다 부르지요. 태양이 떠올라 비스와 강을 온통 붉은빛과 황금빛으로 수놓기 시작하면 노래를 부르기 시작한답니다. 그러면 그 가락이 부크 강 너머까지 멀리멀리 실려가지요."

"오랫동안 흥얼대는가?"

"해 질 무렵까지 계속되지요. 그러다가 어둑어둑해지면 그제야 노래를 멈춘답니다."

"그럼 한밤중엔 연못에서 나오는 적이 없단 말인가?"

"나오는지, 안 나오는지 그건 잘 모르겠는뎁쇼. 한 가지 잊고 말씀 안 드린 것이 있습니다요. 그 인어는 보름달이 뜨면 밤에도 노래를 부른답니다. 한 번은 오두막에 스며드는 달빛이 너무 밝아서 잠에서 깨난 적이 있었는뎁쇼, 마치 무슨 부름이라도 받은 듯 일어나 앉았겠지요. 그랬더니만 저 멀리 어디선가 무슨 메아리 같은 소리가 들려오지 않겠습니까요? 종달새 지저귀는 소리 같기도 하고, 종소리 같기도 하고, 보리수나무로 만든 바이올린 소리 같기도 한 그런 소리요. 바로 그녀였죠."

"그래, 바로 그거야. 그렇게 하면 되겠구먼."

사제 바르나바는 키가 크고 마르고 흰 수염을 가진 대머리 노인이었다. 그는 항상 올이 굵은 모직 홈스펀으로 된 긴 외투를 입고 다녔다. 주름이 가득한 그의 얼굴에는 품위와 인자함이 넘쳐 흘렀다. 세 남자는 은자의 은신처 바로 앞에 있는 벤치 위에 앉아 이야기를 나누었다. 이 벤치는 나무 밑동 두 그루에 굵은 홈이 팬 널빤지를 얹어서 만든 것이었다.

바르나바 사제는 생각하고 또 생각했다. 그러고는 외쳤다.

"좋아, 이렇게 하기로 하지! 먼저 보름달이 뜨는 밤에 우리 셋이

서 연못으로 가는걸세. 옷 위에다가 금방 꺾은 나뭇가지, 흠, 보리수가 제일 좋겠지? 아무튼 꽃이 피어 있는 나뭇가지들을 이리저리 꽂아서 인어가 우리를 못 알아보도록 변장을 하세나. 혹시라도 우리가 사람인 줄 알면 그녀가 모습을 드러내려 하지 않을 테니 말일세. 아무튼 연못 근처에 납작 엎드려서 기다리는걸세. 그녀가 못에서 나와 노래를 부르기 시작하면 그때 축성된 성수를 어떤 마법도 감히 범접하지 못할 만큼 듬뿍 그녀에게 뿌리면서 실버들 가지를 꼬아 만든 줄을 던지는걸세. 그런 뒤에 그녀를 잘 묶어서 존엄하신 체르스크Czersk의 왕자님께 선물로 바치세나. 그러면 왕자님이 그녀를 성에 가두고, 자신을 위해 노래를 부르게 할 것이 아닌가. 그렇지만 그 전에 먼저 우리 귀를 밀랍으로 막아야 할걸세. 그녀의 탄식과 한숨을 듣는다면 마음이 너무나 아파서 그녀를 강제로 가두지 못할 테니. 요상한 노래를 불렀으니 엄격한 벌을 받아야지 별 수 있겠나?"

"알아모시겠습니다. 바르나바 사제님. 제가 노랫소리를 들어 봐서 잘 아는뎁쇼. 그 어떤 달콤한 꿀도 인어의 목소리만큼 사람을 취하게 만들지는 못하거든요. 자아, 그러면 보름에 뵙겠습니다."

"그래, 보름 밤에 봄세."

그리고 그들은 각자의 집으로 흩어졌다. 비스와 강의 어부들은 그물을 던지러 갔고, 바르나바 사제는 기도를 드리러 갔다.

비스와 강의 오른편, 그러니까 오늘날 구 시가지의 저택들이 즐비하게 늘어서 있는 부가이 거리, 아래쪽에는 아주 까마득한 옛날부터 펼쳐진 초록색 숲이 있어, 그곳에서는 언제나 나무 사이로 윙윙거리는 바람소리가 들려오곤 했다.

비스와 강변에 우뚝 솟은 언덕 위에 자리 잡은 이 숲에는 연못이 하나 있었는데 이 연못에서는 물살이 빠르고 깊은 개울이 흐르고 있었다. 개울가에는 은백색 자작나무와 연못에 닿을 정도로 길게 휜 버드나무가 자라고 있었고, 야생 장미와 물망초가 피어서 융단처럼 깔린 초록빛 잔디를 온통 푸른 꽃송이로 수놓고 있었다.

바로 이 개울 속에 인어가 살고 있었다.

평화롭고 아름다운 어느 보름 밤이었다. 은빛 광채를 띤 보름달이 하늘색 별들이 총총 박힌 밤하늘을 자유로이 항해하며 곤히 잠들어 있는 숲과 연못을 내려다보고 있었다. 그러나 숲 속에 있는 모든 것들이 다 잠든 것은 아니었다.

깊은 잠에 빠진 개울가에 자작나무와 버드나무로 뒤덮인 덩어리 셋이 보였다. 그 덩어리들은 빽빽한 나무 덤불 사이에 잔뜩 웅크리고는 호기심 어린 눈으로 보름달의 광채를 받아 은빛으로 물들어 있는 개울물을 바라보고 있었다. 이들은 바로 어부 시몬, 마테우쉬와 은자 바르나바 사제였다.

어느 순간 갑자기 물 속에서 무언가가 불쑥 솟아올랐다. 그것은 바로 속세의 미를 초월한 천상의 아름다움을 지닌 소녀의 형상이었다. 꿈결 같은 그녀의 자태는 달빛 속에서 더욱 눈부시게 빛났다. 윤이 나는 검고 긴 머리카락은 적당히 아름다운 물결을 이루고 있었고, 이마는 깎아놓은 대리석처럼 반듯했다. 사파이어처럼 청록색으로 빛나는 그녀의 눈은 슬픈 듯 걱정스러운 듯 주위를 둘러보고 있었으며, 연분홍빛 홍조를 살짝 띤 그녀의 얼굴은 신비스런 매력을 가득 풍기고 있어 바라보는 어부들의 마음을 감동으로 두근거리게 만들었다.

잠시 침묵을 지키던 인어는 하늘과 별을 바라보고는 드디어 수정처럼 맑고 고운 목소리로 고요한 밤의 적막을 깨트리며 노래 부르기 시작했다. 보름달과 수백만 별들과 땅과 하늘이 넋을 잃고 그 소리에 귀 기울이고 있었다.

그 순간 덤불 속에서 부스럭거리는 소리 하나 없이 조용하고 은밀하게 세 사내가 일어났다. 그들이 인어를 덮친 것은 하도 순식간이어서 탐욕스런 살쾡이가 암사슴을 공격하는 것보다 더 잽싸게 이루어졌다. 그들은 실버들 가지로 만든 줄로 그녀를 묶고는 물 속에서 잔디 위로 끌어내었다. 그녀는 자신의 불행에 맞서 격렬하게 저항했으나 아무 소용없었고, 아름다운 인간의 목소리로 애원하였으나 헛된 일이었다. 인어의 외침은 그들에게 아무런 감흥도 불러일으키지 못했다. 모두 바르나바 사제의 충고에 따라 밀납으로 귀를 틀어막았기 때문이었다.

"자, 이제 어쩌면 좋습니까요? 어떻게 하면 되죠?"

어부들은 숨죽인 채 잔뜩 격앙된 목소리로 물었다.

"어떡하긴 뭘 어떡해? 기다리게나 곧 말해 줄 터이니. 한밤중엔 인어를 옮기기가 곤란하니, 존엄하신 체르스크의 왕자님께 데려가기 전에 먼저 그녀를 헛간에다 가두세나. 그리고 소 떼를 돌보는 목동인 스타쉑에게 그녀를 지키게 하세. 내일 아침 해가 뜨자마자 그녀를 형틀이 달린 수레에 싣고는 체르스크로 떠나는걸세! 알아들었나?"

"알아들었고말굽쇼, 바르나바 사제님! 현명하신 판단이십니다요."

어부들이 인어를 꽁꽁 묶었던 그 숲속 공터를 보름달이 훤하게 비추고 있어서 그녀의 아름다운 자태가 환히 드러났다. 이미 이야기했듯이 허리 위쪽으로는 황홀하리만치 아름다운 처녀의 모습이었고, 허리 아래쪽으로는 반짝이는 은빛 비늘로 덮인 물고기였다.

그녀는 지친 눈빛으로 손을 힘없이 늘어뜨린 채 미동도 하지 않고 바닥에 엎어져 있었다. 단지 길고 탄력 있는 꼬리만이 때때로 땅바닥을 철썩철썩 치며 움직이고 있었는데, 마치 물에서 막 건져올린 잉어나 농어와 같았다.

"자, 출발할 시간이네. 그녀를 들게나!"

은자가 말했다. 시몬과 마테우쉬는 인어를 짊어지고는 마을이 있는 곳으로 향했다.

"문 열어, 스타쉑!"

"빨리 문을 열어! 뭐하는 거야? 강도가 자네를 덮치려 하는데도 안 일어날 텐가?"

"이 멍청이야, 누워 있지만 말고, 눈 좀 떠 봐! 빨리 빨리!"

시몬과 마테우쉬는 바르나바 사제와 함께 난폭하게 헛간 문을 쾅쾅 두드렸다. 나무로 만든 커다란 헛간 한쪽 벽에는 구멍이 뚫려 있었는데 그 안으로 소들의 뿔 달린 머리 수십 개와 사나운 입이 들여다보였다.

"아, 도대체 누구야, 누구? 간다고……. 가고 있단 말이야! 누가 한밤중에 문을 두드리는 거야? 불이라도 난 거야, 아니면 그만큼 급한 일이라도 생긴 거야, 뭐야?"

어둠 사이로 누군가가 맨발을 질질 끌며 다가와 하품을 크게 하면서 더듬더듬 빗장을 찾아서는 삐걱 문을 여는 모습이 보였다. 마침내 희뿌연 안개 속에 유연하고 젊은 목동인 스타쉑이 나타났다.

"신의 은총이 가득하기를! 바르나바 사제여, 시몬이여, 마테우쉬여. 무엇을 원하시는가?"

"쉿, 조용! 인어라고! 보이나? 인어란 말이야. 우리가 그녀를 붙잡았다네. 아침까지만 그녀를 맡아 주게. 먼동이 트면 우리가 체르스크의 왕자에게로 그녀를 데려갈 테니."

"인어라고? 맙소사! 정말인가? 아이구, 이 얼마나 아름다운가?"

"물론 그녀가 아름답다는 건 틀림없는 사실이네만, 알다시피 그녀는 마녀라고! 그리스도교 신자들을 꼬드기기 위해서 저렇게 아름다운 모습으로 위장한 거라네."

"아니, 지금 그 말이 정말이란 말인가? 그녀가 그리스도교 신자들을 꼬드긴다고? 그럼 나보고 그녀를 어떻게 하란 말인가?"

"새벽까지만 그녀를 맡아 주면 되네. 그 대신 쉬지 않고 그녀를 감시해야 하네. 무슨 일이 있어도 졸면 안 되네! 그리고 명심하게나! 줄이 풀리면 절대 안 되네! 그러면 그녀가 달아나 버릴걸세."

"뭐, 자네들이 감시하라고 명령하니 그대로 하겠네! 그녀를 데리러 언제들 오겠는가?"

"말했지 않은가? 먼동이 틀 무렵에 오겠다고. 지금은 그녀를 헛간에 두었으니 그대로 내버려 두게. 명심하게! 절대로 그녀에게서 눈을 떼면 안 되네. 보고 또 보게나! 자네를 믿고 그녀를 맡기겠네."

"알았네. 알았으니 걱정들 말고 어서 가 보게. 잔뜩 독이 오른 얼룩덜룩한 야생 들소 새끼도 내가 얼마나 잘 처리했는데, 그깟 인어 하나쯤 못 다루겠는가?"

"자, 그럼 무사하길 빌겠네! 우리가 돌아올 때까지 잘 감시하게나!"

자, 이제 스타쉑은 인어와 단 둘이 남게 되었다. 인어는 헛간의 담벼락에 기대어 정면에 위치한 창문 가운데 하나를 뚫어지게 바라보고 있었고, 스타쉑은 동료들이 명령한 대로 한눈팔지 않고 주의 깊게 그녀를 감시하고 있었다.

보름달의 빛이 창문으로 들어와 인어의 고운 얼굴을 물들였다.

슬픔으로 가득 찬 두 눈에서는 끊임없이 눈물이 흘러내려 두 뺨을 적시고, 푸르른 별처럼 그녀의 얼굴을 빛나게 했다.

스타쉑은 한시도 그녀에게서 눈을 뗄 수가 없었는데, 왜냐하면 평생 동안 이처럼 아름다운 얼굴과 이처럼 깊고 심오한 눈동자와 세속을 초월한 신비스런 매력을 가진 생물체는 본 적이 없었기 때문이었다. 그러다 갑자기 인어가 그 신비스런 눈으로 스타쉑을 바라보고는 물결치듯 구불거리는 검은 머리카락으로 둘러싸인 아름다운 얼굴을 들더니 산호 같은 입술을 열어 노래를 부르기 시작했다. 가사도 없는 그 노래는 너무나 황홀해서 헛간 뒤에 있는 나무들은 부스럭거림을 멈추었고, 소 떼들은 모이를 먹다 말고 여물통에서 그 무거운 머리를 번쩍 들어올려서 인어가 있는 쪽을 바라보았다. 그러고는 넋을 잃게 만드는 그녀의 노랫소리에 귀를 기울였다.

스타쉑은 정신이 반쯤 나간 상태였다. 살아오면서 이처럼 근사한 음성은 들어본 적이 없었으니까. 인어의 노래는 스타쉑의 심금을 울렸다. 그건 마치 새 봄이 사람들의 마음을 들뜨게 만드는 것과 비슷한 것이었다. 마치 자신이 훨씬 더 멋있어지고 더 현명해진 것 같은 묘한 착각에 빠지면서 그의 눈앞에는 지금까지 생각조차 하지 못했던 천사와 기적으로 가득 찬 아름다운 세상이 펼쳐지는 것이었다. 인어는 스타쉑의 눈을 똑바로 쳐다보며 말했다.

"나를 풀어 주세요!"

그러자 스타쉑은 단 1초도 주저하지 않고, 인어가 있는 쪽으로 뚜벅뚜벅 걸어가서는 그녀를 묶고 있는 줄을 주머니칼로 단숨에 잘랐다. 깜짝 놀란 인어는 예쁜 손으로 그의 목을 꼭 끌어안고는 속삭였다.

"문을 여세요, 그리고 저와 함께 가요!"

그녀의 말을 듣자마자 스타쉑은 활짝 문을 열고는 다음 지시를 기다렸다. 그렇지만 오래 기다릴 필요도 없었다. 인어는 누워 있던 짚더미에서 벌떡 일어나 자신의 꼬리로 콩콩 뛰어서 문으로 가서는 곧장 비스와 강 쪽으로 향하였다. 콩콩 뛰어가며 그녀는 노래를 불렀다. 그러자 뒤에 남은 소 떼들이 아쉬움을 못 이겨 울부짖었다. 인어의 노래를 그리워하는 나무들은 너무나 슬프게 부스럭거렸고 구름으로 뒤덮여 잔뜩 찌푸린 하늘은 눈물을 줄줄 흘렸다.

마법에 빠진 듯 넋 나간 스타쉑은 아무 생각도 없이, 목적도 없이 그녀의 뒤를 따라 걷고 또 걸었다. 어느새 비가 멈추고 날이 밝아 태양이 빛나기 시작했다. 오두막에서 하나 둘씩 사람들이 나와 놀라움을 감추지 못하고 이 기막힌 광경을 바라보았다. 인어는 가면서 계속 노래를 불렀다.

마침내 인어는 비스와 강변에 도착하였다. 그제야 마을 쪽을 돌아본 그녀는 크게 말했다.

"너를 사랑했다네, 비스와 강변이여. 당신들을 사랑했다네, 순박하고 마음씨 고운 마을 사람들이여. 나는 당신들을 위해 노래를 불렀고, 당신들의 인생에 신비로운 활기를 가져다 주었다네. 그런데 당신들은 왜 나를 가두었는가? 왜 내가 감옥에 갇혀 족쇄를 차고, 왕자의 명령에 따라서만 노래를 부르기를 원하였는가? 이제 나는 비스와 강의 파도 속으로 영원히 자취를 감추기를 원하네. 당신들의 눈앞에서 사라지기를 원하네. 앞으로는 강에서 철썩거리는 파도 소리만이 당신들에게 말을 걸리라. 먼 훗날, 힘들고 어려운 때가 찾아오리라. 그때는 당신들도 당신들의 아이들도, 그 아이들의 손자들도 더 이상 아무런 꿈도 꾸지 않게 되리니, 그때 그 고난과 역경의 시대에 비스와 강의 파도가 당신들의 후손에게 희망과 의지와 승리에 대한 노래를 불러 주게 되리라."

한편 마을에서는 어부 두 명과 늙은 은둔자가 강변을 향해 뛰어 오면서 외쳤다.

"잡아라! 붙잡아! 그녀를 놓치면 안 돼! 안 된다고! 놓치지 마!"

그러나 인어는 이미 물로 풍덩 뛰어들어 버렸다. 그녀의 뒤를 따라 스타쉑도 곧바로 강물로 뛰어들더니 강변에서 멀어지는 동안 잠시 주위를 돌아다보고는 외쳤다.

"신의 가호가 당신들과 함께 하기를!"

그러고는 그도 사라졌다.

세월이 흘러흘러 수백 년이 지났다. 마을이 있던 자리에는 도시가 생기고 사람들이 모여들어 번성하고 발전하였다. 이 도시는 나중에 수도가 되었는데 사람들은 인어에 얽힌 신비한 모험담을 오래오래 기억하고자 도시의 상징물로 인어를 결정했다. 오늘날까지도 바르샤바의 시청에는 이 인어의 상징물이 높이높이 매달려 있다.

예수와 강도들

하루는 예수께서 베드로 성인과 함께 숲을 거닐다가 강도들을 만났다. 이것은 립투프 혹은 근처 어디 다른 지방의 산 속에서 일어난 일이었다.

"신의 은총이 가득하기를."

예수께서 말씀하시며 모자를 벗고 정중하게 인사를 하였다.

"은총이 영원히 지속되기를, 아멘."

강도 중에 우두머리가 응답하고 물었다.

"어디로 가는 길인가?"

예수께서 뭔가 말씀하려 하셨으나 베드로 성인은 기회도 주지 않고 재빠르게 대답했다.

"구걸하러 가는 길이오."

사실은 군중 집회에 설교하러 가는 길이었다.

비록 성인이긴 했지만 본래 욕심이 좀 많은 데다가 마침 배고프고 어려운 처지에 놓여 있었던 베드로는 잘 됐다 싶어 우두머리가 둘러멘 가방을 쳐다보며 대답했던 것이었다.

그들을 바라보던 우두머리는 명령하였다.

"우리와 함께 가자! 나이 많은 사람은 가방을 들고 땔감을 자르는 일을 하면 될 것이고, 젊은 사람은 불을 피우고 음식을 만들면 되겠구나. 함께 갈 텐가?"

베드로 성인은 귀를 긁적이며 망설였다. 왜냐하면 장총과 구식 소총과 도끼 모양의 지팡이가 있는 것을 보고, 그들이 강도라는 사실을 이미 알았기 때문이다. 명색이 성인인데 강도들과 어울려 다닐 수는 없는 노릇이었다. 예수께서는 더욱 그러셨을 것이다. 그렇지만 베드로도 무섭다고 너무 오랫동안 귀만 긁적일 수는 없었다. 베드로는 어떻게 하면 좋겠냐는 듯 예수를 쳐다보았다.

예수께서 고개를 끄덕이시고는 말씀하셨다.

"좋다."

베드로 성인에게는 너무나 의아한 일이었지만 감히 반대할 수가 없었다. 첫째로 강도들이 무서웠고, 둘째로 예수의 말씀에는 무조건 복종해야 하니까.

강도들은 베드로 성인에게 가방을 지우고, 예수께는 단지 빵 몇 조각만이 들어 있는 자루를 건넸다. 강도들은 먹을 것이 부족했는데, 그들이 아주 먼 곳에서 왔기 때문이었다.

그들은 걷고 또 걸었다.

지옥처럼 뜨거운 불볕 더위 속을 걷다 지친 강도들은 마침내 그늘 아래 누워 잠이 들었다.

베드로 성인이 예수께 말했다.

"저들과 함께 있다가는 말썽에 휩싸이기 십상이니 빨리 도망가십시다요."

그렇지만 예수께선 말없이 고개를 저으셨다. 강도들이 깨어나고 그들은 다시 걸었다. 강도들은 모두 세 명이었다. 저녁이 가까워지면서 식량이 부족하게 되었다. 결국 예수는 아주 조금밖에 드시지 못했고, 베드로 성인은 아끼고 말고 할 것도 없었다. 모두들 굶어 죽지 않을까 싶을 정도로 음식이 그리운 상황이었다. 그러던 찰나에 그들은 나무 밑에 누워 있는 노인 한 명을 발견했다.

"무슨 일이냐?"

우두머리가 물었다.

"배고파 죽겠습니다"

노인이 대답했다. 그러자 우두머리는 그에게 숨겨놓았던 마지막 남은 빵 한 조각을 건네주었다.

그리고 그들은 평야를 가로질러 또다시 걷기 시작했다. 그 순간 하늘에서 갑자기 얼음 덩어리와 우박이 쏟아지면서 무서울 정도의 추위가 몰려왔다. 그러던 찰나에 그들은 평야에서 울고 있는 어린아이를 발견했다.

"무엇 때문에 우느냐?"

우두머리가 물었다.

"너무 추워요."

그러자 두 번째 강도가 자신의 모피를 벗어 어린아이에게 입혀주었다. 그리고 셔츠 한 장만 걸친 채 덜덜 떨었다.

그리고 그들은 다시 걸었다. 그러다가 그들은 불에 타고 있는 집을 발견했다. 애들이 밖에서 울면서 "엄마, 엄마!" 하고 애타게 부르고 있었다. 그러자 세 번째 강도가 연기 속으로 뛰어 들어가 불속에서 아이들의 어머니를 구출했다. 그 와중에 머리카락이 다 타버렸다. 그리고 그들은 계속해서 걸었다.

마침내 하룻밤 묵고 갈 여인숙에 도착했다. 여인숙의 주인 여자는 그들을 알아보고는 마을의 이장에게 전갈을 보냈다. 배심원들과 마을 사람들과 함께 도착한 이장은 강도들을 포승줄로 묶었다. 물론 베드로 성인과 예수도 그들과 함께 묶이는 신세가 되었다. 사람들은 여인숙에서 그들을 끌고 나와 곡식 창고로 데려가서는 거기에 모두를 가두었다.

베드로 성인은 울음을 터뜨리며 예수께 낮은 목소리로 말했다.

"예수님, 제가 말했죠? 이놈들과 함께 있으면 틀림없이 말썽에 휩싸일 거라고요. 그대로 돼 버렸으니 이 일을 어쩌면 좋습니까요?"

예수는 아무 말씀도 없이 땅 위에 손가락으로 뭔가를 쓰고만 계셨다.

다음날 아침 이장과 경관들 그리고 강도들, 예수, 베드로 성인은 모두 마차를 타고 도시의 법원으로 향했다. 법정에서는 무장한 헝가리 경기병들이 죄수들을 에워싸고 있었고, 책상 뒤에는 판사들이 앉아 있었다. 판사는 공교롭게도 강도들처럼 세 명이었다.

"너희들은 도둑질을 했느냐?"

가장 나이 많은 판사가 물었다.

"그렇습니다."

"너희들은 방화를 저질렀느냐?"

"그렇습니다."

"너희들은 살인을 했느냐?"

"그렇습니다."

예수와 베드로 성인에게는 아무것도 묻지 않았는데, 그 이유는 강도들이 여행 도중에 둘을 우연히 만나게 된 경위며, 그들이 원했건 그렇지 않았건 자기들과 함께 갈 수밖에 없었던 상황을 비교적 자세하게 설명했기 때문이었다.

"이들에게 어떤 판결을 내리겠는가?"

가장 나이 많은 판사가 오른쪽에 앉은 판사에게 물었다.

"사형입니다."

"이들에게 어떤 판결을 내리겠는가?"

가장 나이 많은 판사가 왼쪽에 앉은 판사에게 물었다.

"사형입니다."

"피고인 세 명은 교수형에 처해질 것이니라. 그리고 너희 둘은 집으로 돌아가거라."

가장 나이 많은 판사가 강도들에게 선고하고는 예수와 베드로 성인을 돌아보며 말했다.

베드로 성인이 얼른 의자에서 일어나 갈 채비를 차리고 있는데, 예수께서는 몸을 기울이고 손가락으로 마룻바닥에 뭔가를 쓰고 계셨다.

"무엇을 적고 있느냐?"

주임 판사가 물었다. 판사들도, 배심원들도, 그곳에 모인 누구도 이분이 바로 예수라는 사실을 전혀 몰랐다.

"당신들의 판결을 적고 있소."

"우리의 판결을 한낱 마룻바닥의 먼지 위에 적었단 말이냐?"

예수님은 고개를 끄덕이고는 질문하셨다.

"당신은 어제 무엇을 했소?"

판사는 얼굴이 새하얗게 질렸고, 예수께서 말씀하셨다.

"막대기를 들고 배고픈 자를 내치지 않았소?"

다른 판사 두 명과 배심원들과 법정의 모든 사람들이 일제히 그를 쳐다보았다. 예수님은 오른쪽에 앉은 판사를 부르셨다.

● ──폴란드 민담

"당신은 어제 무엇을 했소?"

판사는 얼굴이 새하얗게 질렸고, 예수께서 말씀하셨다.

"어린아이를 피가 날 정도로 때리지 않았소?"

나머지 판사와 법정의 모든 사람들이 일제히 그를 쳐다보았다. 예수께서 왼쪽에 앉은 판사에게 몸을 돌려 물으셨다.

"당신은 어제 무엇을 했소?"

판사는 얼굴이 새하얗게 질렸고, 예수께서 말씀하셨다.

"당신의 어머니를 집에서 쫓아내지 않았소?"

법정의 모든 사람들이 그를 쳐다보았다.

갑자기 법정 안은 파리의 날갯짓 소리가 들릴 정도로 조용해졌다. 그제야 예수께서 자리에서 일어나서 베드로 성인을 쳐다보며 말씀하셨다.

"자, 그만 여기서 일어서자꾸나."

예수의 머리 위로 후광이 빛났고, 강도들은 마침내 이분이 예수라는 사실을 깨닫게 되었다. 그들은 무릎을 꿇고 엎드려 절하였다.

"예수님, 세상의 주님이시며 은총이 가득하신 예수님!"

예수께서 그들의 머리에 성호를 그으시자 그들은 사과나무 세 그루로 변하였다. 그리고 예수는 베드로 성인과 함께 사라지셨다.

사람들은 그제야 신께서 다녀가셨음을 깨달았다. 그러고는 예수 다음으로 더 이상 그 누구도 그 법정에서 판결을 내리지 못하게 하기 위하여 법원 건물을 허물고, 사과나무 앞에는 십자가를 세웠는데 그것이 오늘날까지 남아 있다.

판사 셋은 도시에서 쫓겨나 멀리멀리 유배되었다.

예전에는 이런 일들이 가끔 일어났다. 하지만 지금은 더 이상 강도들도 없고, 예수께서도 세상을 돌아다니지 않으신다.

유고 민담

●── 여섯 공화국의 연방 국가였던 유고슬라비아는 현재 두 공화국의 연방 국가로서 '신유고 연방'으로 불린다. 이슬람과 기독교의 접경인 유고에는 상이한 문화가 혼재한다. 현재는 대부분의 사람들이 정교를 믿고 있지만 5세기 동안 이 지역을 지배했던 이슬람 세력인 터키(튀르크)의 문화적 영향이 아직도 남아 있다.

금빛 털을 가진 숫양

  어느 사냥꾼이 있었다. 어느 날 그는 사냥을 하기 위해 산에 갔다가 그곳에서 금빛 털을 가진 숫양을 발견했다. 조심스레 겨냥을 한 사냥꾼은 이내 방아쇠를 당겨 숫양을 죽이려 했지만 숫양이 달려들어 뿔로 사냥꾼을 들이받아 버렸다. 사냥꾼은 바로 그 자리에서 죽었고 그의 친구들이 시신을 찾아내 집으로 옮겼다. 그러고는 그의 집 근처에 그를 묻어 주었다. 사냥꾼의 아내는 남편의 총을 높게 박은 못에 걸어놓았다.

  어느덧 아들이 장성해서 못에 걸린 총을 보며 그 총을 가지고 산으로 사냥을 떠나도록 허락해 달라고 엄마에게 졸랐지만 그녀는 완강히 반대하면서 말했다.

  "절대로 안 된다, 애야! 너의 아버지도 이 총 때문에 목숨을 잃고 말았는데 너도 그러고 싶은 게냐?"

  하지만 아들은 어느 날 그 총을 몰래 집어들고는 사냥을 나섰고 황금 털을 가진 숫양이 그의 앞에 나타나 말했다.

●──유고 민담

"지난번에는 네 아버지를 죽였는데 이번엔 네 차례구나."

그러자 청년은 겁에 질려 말했다.

"신이여, 도와주소서!"

그러고는 방아쇠를 당겼다.

황금빛 털을 가진 숫양이 총에 맞아 쓰러진 것을 보자 그는 좋아서 어쩔 줄을 몰랐고 그 가죽을 벗겨 집으로 가지고 왔다. 그 소문이 점점 더 퍼져 황제의 귀에까지 들어갔다. 황제는 청년에게 그 가죽을 가지고 자신의 궁전으로 오도록 명령했다. 청년이 가죽을 가지고 황제에게 오자 황제가 말했다.

"그 가죽을 주는 대가로 너는 무엇을 받고 싶으냐?"

"전 그 어떤 것을 받고도 팔고 싶지 않습니다."

황제 곁의 참모는 그 청년의 외숙부였는데 조카에게는 악마 같은 존재였다. 그가 황제에게 말했다.

"저놈이 가죽을 드리지 않는다면 죽일 수밖에 없습니다. 그러니 목숨을 담보로 그가 도저히 할 수 없는 일을 시키시지요."

그 말을 들은 황제는 청년을 불러 이레 만에 포도밭을 만들어 새로 만든 포도주를 그에게 가지고 오도록 명령했다. 청년은 그 말을 듣고 울먹이며 자신은 도저히 그런 일을 할 수도 없으며 그런 일은 일어날 수도 없는 일이라고 사정했다. 그러자 황제가 말했다.

"만약 이레 만에 그 일을 하지 못하면 네 목숨은 없는 것이다."

청년은 울면서 집으로 돌아와 이 일들을 어머니에게 낱낱이 말했다. 이 일을 들은 어머니가 말했다.

"내가 그러지 않았느냐, 저놈의 총이 네 아버지를 데려갔듯이 너도 데려가고 말 거라고!"

청년이 이제 어디로 사라지면 될지 생각하면서 마을을 벗어나 어느 장소에 다다랐는데 그의 앞에 갑자기 작은 소녀가 나타나서는 물었다.

"형제여, 왜 우는 건가요?"

그러자 그는 걱정에 가득 차서 대답했다.

"넌 날 도와줄 수가 없으니 어서 가렴!"

그러고는 계속 길을 걸었다. 소녀는 그의 뒤를 쫓으며 그녀에게 말해 달라고 졸랐다.

"어쩌면 내가 당신을 도와줄 수도 있을 거예요."

청년은 멈춰서 그녀에게 말했다.

"말해 줄게. 그러나 신만이 나를 도와줄 수 있어. 그 외에는 어느 누구도 내게 도움이 되지 않는다고."

그러고는 그녀에게 이제껏 있던 일들을 모두 이야기해 주고 황제가 내린 명령도 말해 주었다. 한참 동안 듣고 있던 소녀가 말했다.

"형제여, 겁내지 마세요. 황제에게 가서 포도밭을 만들고자 하는 곳에 땅을 파기만 해 달라고 부탁하세요. 그리고 당신은 가방 안에 박하를 담아가지고 그곳으로 가서 누워 잠을 청하면 돼요. 그렇게 이레가 지나면 잘 익은 포도를 얻을 수 있을 거예요."

그는 집으로 돌아와서는 어머니께 소녀가 일러준 얘기들을 모두 말했다. 그것을 들은 어머니는 그에게 말했다.

"그래, 가렴. 어쨌거나 네겐 다른 방법이 없잖니?"

그는 황제에게 달려가 포도밭을 만들고자 하는 곳에 땅을 파 줄 것을 청했다. 황제는 그가 청한 대로 땅을 일구라고 일꾼들에게 명했다. 이제 청년은 박하가 가득 담긴 가방만 들고 그 땅에 누워 잠을 청했다. 이튿날 아침에 일어나 보니 포도가 심어져 싹이 나 있는 게 아닌가. 둘째 날에는 쑥쑥 자라 잎사귀가 돋았고 그렇게 날이 지나니 포도가 싱싱하게 영글었다. 때는 어디에서고 포도를 구할 수 없는 시기였다. 그는 포도를 따서 포도주를 만든 다음 싱싱한 포도도 마저 따 보자기에 싸서 황제에게 가져갔다. 그것을 본 황제는 너무나도 놀랐고, 왕궁의 모든 사람들이 놀라워했다. 그러자 청년의 외숙부가 또 황제에게 말했다.

"이번에는 그가 결코 할 수 없는 아주 어려운 일을 시키십시오."

그는 청년에게 무엇을 시켜야 하는지 황제에게 귀띔해 주었다.

"코끼리 상아로 왕궁을 지으라고 하시지요."

청년은 황제의 얘기를 듣자 울면서 집으로 달려와 어머니에게 말했다.

"어머니 그 일은 있을 수도 없을 뿐 아니라 전 도저히 할 수 없어요."

그랬더니 어머니가 말했다.

"아들아, 어서 마을 밖으로 나가서 지난번 그 소녀를 찾아보려무나."

그는 마을 밖으로 나가서 지난번에 소녀를 만난 장소에서 기다렸더니 역시 소녀가 그의 앞에 나타나 그에게 말했다.

"형제여, 또 울적해하며 울고 있군요."

그러자 그는 황제가 그에게 말한 모든 것을 그대로 알려 주었고 잘 듣고 있던 소녀가 그에게 말했다.

"그건 쉬운 일이에요. 어서 황제에게 가서 포도주 300드럼과 라키야_{과실로 만든 유고슬라비아의 전통 술} 300드럼, 대장장이 스무 명을 구해 달라고 하세요. 그리고 왕궁을 짓고자 하는 땅을 두 산이 맞닿은 곳으로 찾아서는 그곳에 포도주와 라키야를 모두 쏟아 부으세요. 그러면 목마른 코끼리들이 달려올 거예요. 코끼리들이 저마다 그 술을 마시려고 골짜기 안으로 빠져 들어가서 취하게 되면 대장장이들을 시켜 코끼리 상아를 모두 뽑으세요. 황제가 왕궁을 짓고자 하는 곳에 그 상아들을 가지고 가도록 해요. 당신이 그곳에 가서 누워 잠을 청하고 있으면 일주일 만에 완성된 왕궁을 볼 수 있을 거예요."

그가 집으로 돌아와 소녀와 나눈 이야기를 어머니께 모두 말했더니 그의 어머니가 일렀다.

"가거라, 아들아. 신께서 너를 또 도와주시려는 것 같구나."

그는 황제에게 찾아가 모든 것을 요청한 연후에 소녀가 그에게 일러준 대로 했다. 코끼리들이 그곳으로 찾아와 술을 마시고 취한 틈을 타 대장장이들이 코끼리 상아를 뽑고 청년은 그것들을 왕궁을 짓고자 하는 곳으로 옮겼다. 저녁이 되자 그는 박하가 담긴 가방을 메고 그 장소로 가서 잤다. 그랬더니 일주일 만에 왕궁이 완성되어 있는 것이 아닌가. 황제는 왕궁을 보고 놀라워했다. 청년의 외숙부인 신하에게 황제가 말했다.

"자, 이제 어쩌지? 이 녀석은 사람이 아니야."

"한 가지만 더 시켜 보시지요. 만약 이번에도 일을 해 낸다면 저 녀석은 사람이 아닌 게 분명합니다."

그리고 다시 황제에게 그가 시킬 일을 귀뜸해 주었다. 황제는 청년에게 명했다.

"아무아무 나라 황제의 딸을 나에게 데려오도록 해라. 만약 그 공주를 데려오지 못하면 네 목숨은 없는 것이다."

그 말을 들은 청년은 황제가 자신에게 명령한 것을 어머니에게 모두 말했다. 그랬더니 그의 어머니가 일러주었다.

"아들아, 가서 그 소녀를 찾으렴. 신께서 너를 다시 도와주시려고 소녀를 보내실 거야."

그는 마을을 벗어나 소녀를 찾아갔다. 그리고 소녀에게 모두 털어놓았다. 그의 말을 잘 듣고 있던 소녀가 말했다.

"황제에게 가서 배를 한 척 달라고 하세요. 그 안에 상점 스무 개를 만들고 각각의 상점 안에는 진열대를 만드는데, 점점 더 좋은 것으로 만들어야 해요. 그리고 아주 용모가 수려한 청년들을 골라 옷을 잘 입히고 여행을 떠나는 사람처럼 준비를 시킨 다음 각각의 상점마다 한 사람씩 넣으세요. 그리고 당신도 그 배를 타고 떠나세요. 그러다 보면 어떤 남자를 만나게 될 텐데 그 남자는 살아 있는 독수리를 가지고 있을 거예요. 그에게 얼마를 주면 팔겠느냐고 물어보세요. 그가 얼마를 원하든 또는 무엇을 원하든지 간에 들어줘서 그 독수리를 손에 넣도록 하세요. 그 다음에는 작은 배에 잉어를 잡아둔 사람을 만날 거예요. 그 잉어는 황금 비늘을 가지고 있죠. 무엇을 달라고 하든지 간에 그 잉어도 손에 넣으세요. 그러면 또 세 번째로, 살아 있는 비둘기를 가지고 있는 사람을 만나게 될 거예요. 그것도 손에 넣으세요. 독수리의 꼬리에서 털을 하나 뽑고, 잉어로부터 비늘을 하나 뽑고, 비둘기에게서 깃털을 하나 뽑은 다음 모두 풀어 주세요. 당신이 찾는 나라에 이르면 배에 있는 상점의 문을 모두 활짝 열고 상점마다 청년들이 나와 진열대 앞에 서 있도록 하세요. 그러면 사람들이 몰려와 그 안의 광경을 보고 감탄을 금치 못할 거예요. 사람들은 '세상에 이런 것이 어떻게 있을 수가 있담. 굉장한걸.' 하면서 떠들어 댈 거예요. 소문이 흘러 그 나라 황제의 딸에게까지 가게 될 테지요. 그러면 황제의 딸도 궁금증을 못 이겨 그것을 직접 보기 위하여 달려오겠지요. 어찌 되었든 황제인 아버지의 허락을 받아 소녀가 오게 되면 당신은 그녀를 직접 데리고 다니면서 배 안의 상점들을 구경시켜 주세요. 호화로운 물건들과 빼어난 용모의 청년들에 빠져 황녀가 넋을 잃고 상점들을 구경하고 있노라면 어느덧 어둠이 내릴 겁니다. 그러면 당신은 배를 출발시키도록 하세요. 배가 출발하면 안개가 끼기 시작해서 앞도 보이지 않을 테니까 아무 걱정도 하지 않아도 돼요. 그러면 황제의 딸은 지금 무슨 일이 일어나고 있는지를 자기 궁에 알리기 위해 늘 그녀의 어깨 위에 데리고 다니는 새를 보낼 거예요. 그러면 그때 당신은 독수리의 털에 불을 붙이세요. 그러면 독수리가 얼른 날아올 테고 당신이 그 새를 잡아오라고 명령하면 독수리는 당신 말을 들어 그 새를 잡아올 거예요. 그러면 황제의 딸은 작은 돌을 물에 던질 텐데 그러면 배가 돌에 걸려 멈출 겁니다. 그때 당신은 잉어의 비늘을 꺼내서 불을 붙이세요. 그러면 잉어가 얼른 나타나 배가 걸린 그 작은 돌을 삼켜 버릴 거예요. 그리고 한동안은 꽤 편안하게 여행할 수 있을 겁니다. 그렇게 한참을 항해하면 산 두 개 사이에 도착할 거예요. 그때 갑자기 배가 멈춰 버릴 테고 모두들 겁에 질려 긴장할 거예요. 소녀는 생명수를 구해 달라고 할 거고요. 그러면 비둘기의 깃에 불을 당겨 보세요. 금세 비둘기가 날아올 겁니다. 그 비둘기에게 작은 유리컵을 주면 비둘기가 당신에게 생명수를 담아다 줄 겁니다. 그러면 배도 다시 출발할 테고 황제의 딸과 무사히 집으로 돌아올 수가 있겠지요."

　소녀의 말을 경청한 청년은 집으로 달려와 어머니에게 모든 것을 말하고 황제를 찾아가서는 그에게 필요한 것들을 달라고 청했다. 황제는 그 청을 거절할 수가 없어서 그가 말한 것을 모두 만들어 주도록 하였다. 청년은 소녀가 그에게 말한 대로 여행하고 다른 나라에 도착해서는 일러준 대로 모두 행했다. 그리고 어느덧 그 나라 황제의 딸과도 무사히 집으로 돌아올 수가 있었다. 창 밖으로 이 모습을 지켜 본 청년의 외숙부는 황제에게 달려가 고했다.

"그 녀석이 배에서 내리려고 합니다. 지금 목을 베지 않으면 때를 놓치게 됩니다."

배가 선착장에 다다르자 모든 사람들이 차례대로 내리기 시작했다. 먼저 다른 나라 황제의 딸이 자신의 친구들과 함께 내리고 그 다음에는 미남들이 그리고 마지막으로 청년이 내렸다. 황제는 자신의 병사들에게 그 청년이 배에서 내리자마자 목을 베도록 명했다. 황제의 병사들은 황제의 명령대로 청년의 목을 베어 버렸다. 황제는 다른 나라의 황녀를 자신이 차지할 생각으로 그녀에게 달려가 부드럽게 인사했다. 그러자 그녀는 그를 외면하며 말했다.

"나를 위해 이제껏 노력을 했던 사람은 어디에 있나요?"

그리고 그 청년이 참수당한 걸 보고는 생명수를 집어 그의 머리에 부었다. 그랬더니 청년은 예전의 모습 그대로 살아났다. 이것을 목격한 황제와 그의 참모는 눈이 휘둥그레졌다. 참모가 황제에게 말했다.

"세상에! 죽었다 다시 살아났으니 이제는 더욱 어마어마한 능력을 지녔을 겁니다."

황제는 죽었다가 다시 살아나면 정말로 더욱 큰 능력을 가지게 되는지가 알고 싶어져서 자신의 목을 당장 베고 그 소녀로 하여금 생명수를 붓도록 하였다. 그러나 황제의 머리가 잘리자 다른 나라 황녀는 신경도 안 쓰고 곧장 자신의 아버지에게, 자신은 지금 이 청년과 함께 돌아갈 것이며 그가 황제의 뒤를 이어야 한다는 내용의 편지를 썼다. 그러자 그녀의 아버지가 답장하기를, 그를 황제로 받아들일 것이며 만약 백성들이 원치 않는다면 나라를 세워서라도 황제로 세워 주겠노라고 하였다. 백성들은 곧 청년을 황제로 받아들였다. 그렇게 청년은 황녀와 결혼하여 황제가 되고 배를 탔던 미남들도 황녀의 친구들과 결혼하여 힘이 있는 제후로 모든 행운을 누렸다.

호수 속의 크라사

꽤 높은 산 속 황량한 땅에, 살아 있는 것은 들어가기만 하면 어김없이 모두 이내 얼어죽고 마는 얼음물로 된 호수가 있었다. 그 물 속에는 물고기 한 마리 없었고 그 물 위로 새들이 날아들 수도 없었다. 어찌나 물이 차갑던지 산짐승들이 찾아와 물을 마시는 일도 없었다. 그런데 그 호수 안에 한 소녀가 살고 있었다. 대단히 아름다운 그 소녀를 사람들은 크라사^{세르비아 어에는 '아름다운'이라는 뜻을 가진 단어로 '크라산'이 있다}라고 불렀다.

호수 안에 사는 크라사를 돌보는 것은 거인들이었다. 그들은 1년에 단 한 번 자정에 크라사를 호수 밖으로 내보내 전나무 아래에서 머리를 빗고 다시 호수 안으로 돌아오도록 허락했다. 어떤 이들은 이 사실을 알고 있었지만 호수 안에 거인들이 살았기 때문에 그 근처로 간다는 것은 감히 엄두도 내지 못했다.

그러던 어느 날 그 소문을 들은 용기 있는 한 청년이 호수 근처에서 무슨 일들이 벌어지는지 보기 위하여 자정 즈음 호수에 가기로 결심했다. 구름 뒤로 달이 숨어 버리고 세상이 온통 고요해지자 물속에서 크라사가 나와 전나무 아래로 내려앉더니 자신의 긴 머리를 빗기 시작했다. 청년은 아름다운 크라사를 보자마자 그녀에게 다가가 말했다.

"신의 가호가 있기를, 크라사."

"신께서 당신을 도와주셨군요, 영웅이여"[1]

"나에게 시집을 오겠소?"

"그러고 싶지만 나를 돌봐주는 거인들 때문에 그렇게 할 수 없답니다."

그때 청년은 그가 거인들에게 결투를 신청해서 이길 수가 있을지, 또는 어떤 물건으로 대가를 치를 수가 있는지 물었다. 크라사는 청년에게 포도주를 커다란 드럼통으로 일흔일곱 통을 호수에 부어서 거인들이 실컷 마시게 하라고 말했다. 거인들이 술을 마실 동안에 산 아홉 개를 무사히 넘을 수가 있으며 그렇게 되면 거인들이 쫓아올 수 없을 거라고 말하고는 황급히 호수 안으로 사라져 버렸다. 크라사가 호수 안으로 들어가자 달이 다시 모습을 드러냈다.

청년은 자신이 보고 들은 것에 대해 생각하면서 길을 걷다가 어느 나무 아래 잠시 앉았는데 깜빡 잠이 들고 말았다. 그가 잠이 들자 꿈속에서 온통 하얀 옷을 입은 노인이 나타났다. 그러고는 그에게 말했다.

"애야, 호수 안의 크라사는 잊으렴. 많은 사람들이 그녀 때문에 이 세상에서 저 세상으로 갔단다."

청년이 잠에서 깨어나 다른 나무로 옮겨갔는데 그 순간 또 잠이 들고 말았다. 그가 잠이 들자마자 바로 그의 눈앞에 온통 하얀 옷을 입은 여자가 나타나서 말했다.

"애야, 나는 거인들이 배불리 술 마시게 할 수 있는 풀을 알고 있단다. 아무아무 기둥으로 가면 칼처럼 생긴 풀이 한 줌 있을 텐데 그것을 뽑아들고 가서 호수 안으로 던져 보렴. 그 풀은 모든 것을 가능하게 하지만 그 효과를 볼 수 있는 건 한 번뿐이란다."

그러고는 이내 사라져 버렸다.

청년이 꿈 속의 여자가 일러 준 그 기둥을 찾아나섰더니 정말 칼 모양을 한 풀 한 포기가 있었다. 그는 그것을 뽑아들고 호수로 와서 물 속으로 던졌다. 하지만 한 줄기는 가슴에 남겨 두었다.

밤이 되자 달이 구름 속으로 몸을 가리고 모든 것들이 고요해졌다. 그러자 호수 안에서 크라사가 백마 두 필을 몰고 나왔다. 그들은 각자 말에 올라타고 달리기 시작했다. 산 하나를 넘고 또 하나를 넘고 세 번째 산을 넘고 그렇게 아홉 번째 산을 넘으려고 할 때 그들은 잠시 쉬었다 가기로 하였다. 청년은 크라사의 무릎을 베고 누웠다. 그때 크라사가 말했다.

"당신에게서 뭐든지 가능하게 하는 풀 향기가 나네요. 그 향기 때문에 아마 거인들이 우리를 알아차릴 거예요."

그녀가 말을 마치자마자 거인들이 나타났다. 거인들은 둘을 잡아채서는 거꾸로 들고, 다시 그들이 있던 곳으로 가 버렸다. 그리고 그 후로는 아무도 그들에 대해 아는 사람이 없다.

● —— 주

1 세르비아 정교인들의 인사말로서, "신의 가호가 있기를."이라고 하면 그 대답으로 "신께서 당신을 도와주셨다."라고 한다.

바쉬 첼리크

옛날 옛적에 한 황제가 살았는데 나이를 많이 먹어 죽을 날만 기다렸다. 그에게는 아들 셋과 딸 셋이 있었다. 임종 시에 그는 자신의 아들들과 딸들을 부르고, 아들들에게 이르기를 그들의 누이에게 가장 먼저 와서 청혼하는 사람들이 그들을 위해서 좋으니 누이들을 그들에게 보내라 하였다.

"시집을 보내라. 그리하면 화를 면할 것이다."

그렇게 말하고 황제는 숨을 거두었다.

시간이 흐르고 흘러 어느 날 밤, 한 남자가 문 앞에 서서 문을 쿵쿵 두드렸다. 그 소리가 어찌나 크던지 온 성이 통째로 흔들렸고 어찌나 고함을 쳐 대던지 마치 비명을 지르는 듯도 하고 노래를 불러 대는 것 같기도 했다. 또한 찢어지게 소리치는 함성 뒤로는 타오르는 불꽃만이 성 주위를 에워쌌다. 성은 공포에 휩싸였고 두려움으로 가득 찼다. 이때 갑자기 누군가가 말했다.

"문을 여시오, 어린 왕자들이여!"

이에 황제의 맏아들이 답했다.

"열지 마라!"

둘째가 말했다.

"결코 열어서는 안 된다."

그러나 가장 나이 어린 왕자가 말했다.

"내가 문을 열 것이다."

그러고는 성큼 뛰어내려 문을 열었다. 그러자 성 안으로 뭔가가 들어오기는 들어왔는데 마치 쏟아지는 듯한 불꽃을 제외하고는 아무것도 보이질 않았다. 하지만 이내 말소리가 들렸다.

"나는 당신들의 큰누이동생에게 청혼하러 왔소이다. 난 기다릴 수도 없고 두 번 청혼할 생각도 없으니 이 순간에 결정지어야겠소. 그러니 당장 나에게 그 답을 주시오. 그녀를 나에게 줄 건지 아닌지 당장 알아야겠소."

맏형이 말했다.

"나는 줄 수 없소. 당신이 누군지 어디에서 왔는지조차 모르는데……. 게다가 이 밤에 찾아와 나의 누이동생을 내놓으라니……. 그 애를 어디로 데려갈지도 모르는 마당에. 난 못 주겠소."

둘째 왕자도 말했다.

"나도 이 밤에 나의 누이를 시집보낼 수는 없소."

그러나 가장 어린 왕자가 말했다.

"나는 누이를 줄 것이오. 형들은 아버지의 유언을 기억 못한단 말씀이오?"

그는 누이의 손을 잡고 건네면서 말했다

"늘 행운이 가득하기를. 그리고 축하해!"

큰공주가 성 밖으로 나가려 하자 성 안의 모든 이들이 공포에 떨었다. 번개가 치고 천둥이 치고 쿵 소리가 울리고, 성 전체가 뿌리째 흔들리는 한바탕 소동이 지난 뒤 날이 밝아왔다. 날이 밝자, 모두 공주가 사라진 곳들의 흔적을 찾았으나 하늘로 올라갔는지 땅속으로 꺼졌는지 도무지 자취도 없어서 찾지 못했다.

둘째 날 밤에도 같은 시간에 엄청난 요동과 소란, 포효가 일더니 누군가가 문을 두드리며 말을 하는 것이었다.

"어린 왕자들이여, 문을 여시오! 누이를 주시오. 둘째 공주에게 청혼하러 왔소."

맏왕자가 말했다.

"나는 누이를 줄 수 없소."

둘째가 말했다.

"나 역시 우리의 누이를 줄 수 없소."

그러나 막내 왕자가 말했다.

"나는 주겠소. 형들은 아버지가 남기신 유언을 그새 잊었단 말이오?"

그러고는 누이의 손을 잡고 건네면서 축복했다.

"늘 행운이 가득하기를. 그리고 축하해!"

그리고 그 엄청난 무리들은 둘째 공주를 데리고 사라져 버렸다. 다음날 날이 밝자 사람들은 그들이 어디로 갔는지 찾기 위해 사방을 샅샅이 뒤져 보았지만 자취조차 없었다.

셋째 날 밤 같은 시간이 되자 엄청난 힘과 고함 소리에 성이 또 바닥부터 요란하게 흔들렸다. 그러고는 어떤 목소리가 들렸다.

"문을 열어라!"

황제의 아들들이 훌쩍 뛰어내려 문을 열자 힘이 세 보이는 사람이 들어와 소리쳤다.

"당신들의 막내 누이에게 청혼하러 왔소."

큰 왕자와 둘째 왕자가 목청을 높였다.

"이 누이만큼은 이런 식으로 줄 수 없소. 적어도 우리 누이가 어디로 가는지, 후에 누이가 보고프면 어디로 가야 볼 수 있는지 그것만이라도 알아야겠소."

이때 막내가 말을 받았다.

"만일 형들이 주지 않겠다고 해도 나는 주겠소, 형들은 아버지의 유언을 진정 잊었단 말이오? 그리 오래된 일도 아닌 것을."

그러고는 동생의 손을 잡고 시집을 보내며 낯선 이에게 말했다

"데려가시오. 그리고 늘 기쁘고 행복하게 사시구려!"

그러자 우렁찬 고함 소리와 함께 장사는 곧장 떠나 버렸다. 날이 밝았을 때, 형제는 누이동생들 걱정에 한숨을 쉬었다.

시간이 꽤 지난 후에 형제들은 서로 이야기를 나누기 위해 한자리에 모였다.

"자애로운 신이시여, 커다란 기적을 행하시는 신이시여! 어디로 시집을 갔는지 누구에게 시집을 갔는지 소식도 흔적도 없는 우리 누이들을 위해 무엇을 할 수 있나이까!"

그러던 끝에 한 왕자가 다른 한 왕자에게 이야기를 건넸다.

"우리의 누이들을 찾기 위해 함께 떠나는 것이 어떨까?"

그리고 이내 세 형제는 모두 여장을 꾸리고 여비를 집어들고, 어딘가에 있을 누이들을 찾기 위해 길을 나섰다. 그렇게 산 넘고 물 넘어 걸어다녔다. 어둠이 내리자 그들은 밤을 지내기 위해 물이 필요하다고 생각했고 또 끼니를 때우기 위해서도 물을 찾아야 한다고 의견을 모았다. 그러던 끝에 호수 하나를 발견하자 자리를 마련하여 저녁을 지어 먹었다. 잠자리에 들 시간이 되자 가장 맏형이 말했다.

"너희들은 자라, 내가 보초를 설 테니."

어린 두 형제는 잠이 들었고, 맏이는 보초를 서며 밤을 지새우고 있었다. 밤이 한창 깊은 시간이 되었을 무렵, 그는 갑자기 호수가 흔들리고 호수의 중앙에서부터 그를 향하여 무언가가 다가오는 것을 느끼고 잔뜩 겁을 집어먹었다. 그것은 귀가 두 개 달리고 끔찍하게 생긴 용이었다. 그 용이 그를 향해 달려들자 그는 칼을 뽑아 이리저리 휘둘러 댔다. 마침내 그는 용의 두 귀를 잘라 자신의 호주머니에 집어넣고 용의 목을 베었다. 그러고는 용의 머리를 호수 안으로 던져 버렸다. 이런 어마어마한 일들이 벌어지고 있는 동안 그의 동생들은 곤히 잠을 자고 있었으며 맏형에게 벌어진 일들을 전혀 몰랐다. 맏형은 그들을 깨웠지만 아무 이야기도 하지 않았다.

형제들은 일어서서 여행을 계속했다. 어둠이 다시 드리워지기 시작할 무렵, 그들은 오늘도 물 가까이에서 밤을 보내야 한다고 이야기했다. 그들은 겁에 질려 있었다. 이미 산 속에서 여러 난관을 겪었기 때문이었다. 그들은 마침내 호수 하나를 찾아내 그곳에서 밤을 보내게 되었다. 불을 지피고 저녁 요기를 한 그들이 누워 잠을 청하려 할 때 둘째가 말했다.

"형과 너는 자. 오늘 밤에는 내가 보초를 설게."

둘은 잠이 들었고, 둘째는 보초를 서고 있었다. 그때 갑자기 호수에서 튕기듯이 바람이 불어왔고, 그는 어마어마한 장면을 목격하게 되었다! 머리 둘 달린 용 한 마리가 그들 세 명 모두를 먹으려고 달려드는 것이 아닌가. 그러나 그는 뛰어올라 칼을 빼어들고 용을 공격했고, 용의 머리를 싹둑 잘라 버렸다. 그러고는 용의 귀 네 개를 잘라 그의 호주머니에 넣고 나머지는 호수로 던져 버렸다.

밤새 이런 끔찍한 일이 있었던 것을 다른 형제들은 까맣게 모르고 새벽 동이 틀 무렵까지 잠에 푹 빠져 있었다. 날이 밝을 무렵 둘째가 소리쳤다.

"이봐 둘 다 일어나! 날이 밝았다고!"

그들은 벌떡 일어나서 서둘러 나설 채비를 했다. 그러나 그들은 지금 자기들이 어느 땅에 있는지조차 알지 못했다. 그리고 그들은 이미 사막 한가운데서 배고픔에 지치고 잔뜩 겁에 질린 상태였다. 그리고 벌써 사흘째 개미 새끼 한 마리 구경도 못한 터라, 그들은 사막이 끝나기를 그래서 마을이라도 나와 사람을 만날 수 있기를 신에게 기도드렸다. 결국 그들은 어느 큰 호수에 이르렀고 그날은 더 이상 여행을 하지 않고 그곳에서 밤을 지새우기로 마음을 먹었다. 만약 길을 더 나섰다가는 호수는 고사하고 물 구경도 못해서 밤을 새울 만한 곳을 찾지 못할 것 같았기 때문이다. 그들은 큰 불을 지폈고 요기를 한 뒤에 잠자리에 들 준비를 했다. 그때 막내가 말했다.

"형들은 자. 오늘 밤에는 내가 보초를 설게."

그렇게 두 형들은 잠이 들었고, 막내는 주위를 살피면서 두 눈을 치켜뜨고 보초를 섰다.

어느 정도 시간이 흐르자 갑자기 호수 전체가 흔들리더니 호수로부터 물이 쏟아지면서 불이 반쯤 꺼졌다. 이때 막내는 정신을 가다듬고 칼을 빼내서는 그들 삼 형제를 향해 달려드는 머리 셋 달린 용을 향해 칼을 내리쳤다. 그는 다른 형들을 깨우지 않고 혼자서 용감하게 머리 셋 달린 용을 세 번 칼을 휘두르면서 물리치고 용의 머리를 모두 잘랐다. 그리고 곧 용의 귀를 잘라 자신의 주머니에 넣고, 몸통과 머리는 호수에 던져 버렸다.

그가 이 모든 것을 해치우고 있는 동안 호수의 물이 튀는 바람에

불은 완전히 사그라들었다. 그러나 그는 불을 다시 지필 만한 도구는 아무것도 가지고 있지 않았고 주위를 아무리 둘러봐도 도움이 될 만한 걸 발견할 수 없었다. 그렇다고 형들을 깨우기도 뭣했다.

결국 그는 꽤 높은 나무 꼭대기에 올라 사방을 둘러보았다. 한참 동안 살펴보니 어딘가에서 불빛이 반짝였다. 그에게는 상당히 가까운 곳으로 여겨졌다. 그는 얼른 나무에서 내려, 불씨를 가져다 형들이 자고 있는 곳에 다시 불을 지피기 위해 발걸음을 옮겼다. 아주 가까이에 있는 것처럼 느껴졌는데 꽤 오랫동안 걸어갔고, 갑자기 어느 동굴이 나타났다. 동굴 안에 큰 불이 활활 타오르고 그 안에 거인 아홉 명이 사람 둘을 불에 굽고 있는 광경이 보였다. 사람을 조각내어 굽고 있는 장면이 어찌나 처참하고 끔찍하던지 당장에라도 도망을 치고 싶었지만, 몸을 숨기거나 도망칠 만한 곳은 어디에도 없었다. 그는 도망치는 것을 포기하고 소리쳤다.

"안녕, 나의 동지들, 나는 너희들을 찾아 오랫동안 헤맸어."

거인들은 그를 기꺼이 맞아 주며 대답했다.

"우리가 네 동지들이라니 신이 도운 게로군!"

"난 너희들을 위해 영원히 남을 거야. 나의 삶을 기꺼이 너희들에게 바칠 셈이야."

"오! 그래, 네가 우리들의 친구라고 생각한다면 이 사람 고기를 먹고 우리와 함께 가겠느냐?"

"그럼. 너희가 하는 거라면 나도 기꺼이 하지."

"그렇다면 잘됐네. 고마운 일이군. 앉게나!"

그러고는 모두들 불 주위에 앉아 껍질을 벗기고 고기를 골라 먹기 시작했다. 왕자는 먹는 시늉만 했다.

고기를 모두 먹은 거인들이 이야기했다.

"자, 내일 먹을거리를 찾으러 사냥이나 하러 나가자."

말이 끝나자마자 아홉 모두, 그러니까 왕자까지 열 명이 길을 나섰다. 거인들은 왕자에게 말했다.

"자, 여기 마을이 하나 있는데 그곳은 왕이 다스리지. 우리가 그곳에서 식량을 구해 온 지는 꽤 되네."

그들은 마을 가까이에 이르자, 가지가 달린 전나무 두 그루를 뽑아 들었다. 그러고는 마을에 거의 도착하자 성벽에 나무 하나를 기대어 비스듬히 세우고 왕자에게 소리쳤다.

"자, 저기 성벽 위로 올라가게. 우리가 다른 전나무를 던져 줄 테니. 전나무를 받아서 마을로 내리는 거야. 끝을 잘 잡고 있어. 그렇게 해서 우리 모두 마을로 내려가는 거야."

성벽에 올라간 왕자는 전나무를 받고는 그들에게 말했다.

"난 이제 어떻게 해야 할지 모르겠어. 이런 일 해 본 적이 한번도 없어서. 전나무를 어떻게 마을 쪽으로 내려뜨려야 하는 줄도 모르겠고. 그러니 어서 와서 어떻게 해야 할지 알려줘."

거인들 중에 한 명이 성벽에 올라서자 왕자는 전나무 가지 끝을 잡고 거인을 마을 안에 내려주는 척하면서 칼을 빼서 거인의 목을 치고 마을 안으로 던져 버렸다. 그런 다음 남은 거인들에게 말했다.

"자, 어서. 내가 너희들을 하나씩 차례대로 마을에 내려 줄 테니 이리 올라와."

위에서 어떤 일이 일어났는지 까맣게 모르는 다른 거인들이 차례차례 올라오자 왕자는 한 놈씩 목을 베어 죽였다. 그리고 천천히 마을로 내려갔다. 그런데 아무리 마을을 다녀보아도 살아 있는 것이라고는 찾아볼 수 없었고 모든 것이 삭막했다.

'정말 그 거인들이 이곳의 모든 것들을 뿌리째 없애 버린 게로

군.'

 그렇게 오랫동안 마을을 헤매다가 촛불 빛이 흘러 나오고 꽤 높아 보이는 탑을 하나 발견했다. 그가 그 탑 안으로 들어가 방 문을 열자 믿을 수 없는 광경이 펼쳐졌다. 방은 온통 금과 비단, 벨벳으로 장식되었고, 한 소녀 이외에 아무도 없었다. 그리고 소녀는 침대에 누워 잠을 자고 있었다. 왕자는 방으로 들어가 소녀를 보자마자 그녀의 아름다움에 눈이 부셨다. 그 순간 커다란 뱀 한 마리가 기둥을 타고 내려와 소녀를 향해 긴 혀를 날름거렸다. 그러자 왕자는 황급히 몸을 날려 자신이 차고 있던 작은 칼을 빼서는 기둥을 타고 내려오는 뱀의 이마를 찌르면서 말했다.
 "나 이외에는 그 어느 누구도 이 칼을 뽑을 수가 없나니 어서 받아라!"
 그런 다음 그는 다시 성벽을 타고 전나무 가지에 올라 그가 처음에 거인들을 발견한 동굴로 돌아와 불 장작을 들고 뛰기 시작했다. 그가 형들이 있는 곳에 도착했을 때 형들은 아직 자고 있었으며 그가 불을 지피고 날이 밝은 후에야 잠에서 깨어났다. 그리고 모두 다시 길을 떠나기 시작했다.
 막내 왕자는 새벽에 거인들과 함께 마을로 갔던 길에 들어섰다. 그곳에는 거인들이 백성들을 모두 잡아 먹어 슬픈 얼굴을 하고 매일 아침마다 마을을 돌아다니는 왕이 살고 있었다. 게다가 그 왕은 언젠가는 거인들이 그뿐 아니라 그의 딸까지도 잡아먹을지도 모른다는 두려움에 떨고 있었다. 그래서 오늘 아침에도 먼동이 트자마자 그의 백성들이 얼마나 남았는지 그의 나라가 어떤 모습인지를 보기 위해 길을 걷고 있었다. 이리저리 길을 다니던 그는 두 눈을 비비며 어느 곳 가까이로 다가갔다.

믿을 수 없는 기적이 벌어진 것이 아닌가?
그의 백성들을 잡아먹던 끔찍한 거인들이 머리가 잘린 채로 있는 것이었다. 왕은 이를 보자 어찌나 기뻤던지 백성들을 불러모아 이렇게 해 준 사람을 위해 신에게 함께 기도를 올렸다. 그리고 마침 그의 하인들이 황급히 달려와 그의 딸을 위협하던 뱀이 칼에 찔려 죽어 있다는 보고를 해 왔다. 왕이 그 소리를 듣자마자 서둘러 공주가 있는 곳으로 달려가 뱀을 찌른 그 칼을 빼려고 했으나 도저히 빠지지가 않았다.
왕은 그의 나라 전체에, 그의 백성들을 구하고 거인들을 무찌르고 공주를 구하기 위해 뱀을 찔러 죽인 사람에게 큰 상을 내릴 것이며 그를 딸과 결혼시키겠다고 선포했다. 그리고 전국의 선술집들마다 혹시나 여행객 중에 뱀을 찔러 죽인 이가 있을지 모르니 일일이 물어 확인하도록 시켰으며 그런 사람을 보거든 즉시 연락하도록 하였다. 그리하여 그의 나라 전체가 그 사람을 찾기 위하여 술렁대기 시작했다. 그리고 어디를 가든지 서로서로들 물어 댔다.
어느 정도 시간이 흘러 누이를 찾아 헤매는 세 왕자들도 선술집에서 하룻밤을 묵게 되었다. 그 선술집에서 저녁을 먹고 있자니 한 사람이 그들과 이야기를 나누기 위하여 다가와 물었다.
"그런데 당신들은 여태껏 무엇을 하며 지냈나요?"
그러자 큰형이 말하기 시작했다.
"내가 동생들과 이번 여행을 나선 첫날에 있었던 일이지요. 우리는 어느 사막의 호수에 이르러 하룻밤을 지냈어요. 동생들이 자고 있는 동안에 내가 보초를 서기로 했지요. 그런데 한밤중에 그 호수 안에서 보기에도 끔찍하게 생긴 용 한 마리가 나와서 나와 동생들을 물어가려는 것이 아니겠소. 그래서 난 칼을 빼어 들고 그 용을 물리쳐 목을 베어 버리고 말았다오. 만약 못 믿겠다면 여기 그 용의 머리에서 떼어낸 귀가 있소이다!"

그는 용의 귀를 주머니에서 꺼내 상에 던져 보였다.

이를 듣고 있던 둘째가 말을 이었다.

"내가 보초를 서던 둘째 날에는 어땠고요. 나도 머리가 둘 달린 용의 머리를 베어 버렸다오. 만약 못 믿으시겠다면 여기 머리 둘 달린 용의 귀가 있소!"

이렇게 말하고는 그 또한 귀를 꺼내 그들에게 보여 주었다. 막내는 침묵만 지키고 있었다. 선술집 주인이 그에게 물었다.

"젊은이, 당신의 두 형들은 참으로 용감한 일들을 했는데, 어디 당신도 그런 용감한 일을 했는지 들어나 봅시다."

그러자 막내가 말을 하기 시작했다.

"저 또한 모험을 좀 했지요. 우리가 세 번째로 사막의 호숫가에서 밤을 보냈던 날, 형들도 알다시피 형들은 자고 내가 보초를 서기로 했지요. 형들이 잠들고 얼마 있지 않아 갑자기 호수가 요동을 치더니 머리 셋 달린 용이 나타나 우리를 향해 달려들었지요. 그래서 나는 칼을 빼어 들고는 용의 머리를 모두 베어 버렸답니다. 만약 못 믿으시겠다면 여기 그 용의 귀가 있소."

그 말에 형들은 짐짓 놀랐고, 막내 왕자는 계속해서 말했다.

"그때 마침 불이 꺼져 버렸어요. 난 불을 지필 만한 불씨를 찾기 위해 발걸음을 옮겼지요. 어느 산에 이르자 동굴을 하나 발견했는데 그곳에는 거인들이 아홉이나 있었어요."

그러고는 그들 모두에게 그가 행했던 것들을 차례대로 말하자 모두들 놀랐다. 이를 모두 들은 선술집 주인은 황급히 왕에게 달려가 이 사실을 알리고 후한 상을 받았다. 왕은 이 세 영웅들을 당장 그에게 불러오도록 신하를 보냈으며 이윽고 황제의 세 아들들은 왕이 있는 곳에 도착했다. 왕은 막내 왕자에게 물었다.

"자네가 이 마을에서 거인들을 죽이고 나의 공주를 죽음에서 구한 기적을 행한 사람인가?"

"네, 그렇습니다, 폐하"

막내 왕자가 대답했다. 그러자 왕은 막내에게 자신의 딸을 아내로 맞이하도록 허락해 주었으며 그가 후계자임을 선포하였다. 그리고 그의 두 형들에게 말했다.

"당신들이 원한다면 결혼을 시켜 주고, 당신들만의 궁을 지어 줄 것이오"

그러나 두 형들은 그들이 이미 결혼했고 누이동생들을 찾으러 길을 나섰다고 이야기하였다. 왕이 이를 듣자 이제 그의 사위가 된 막내만을 그 나라에 붙잡고, 그의 형들에게는 돈을 가득 넣은 자루 두 개를 주어 갈 길을 가도록 하였다.

혼자 남은 막내는 누이들을 생각하며 길을 나서야 한다고 생각했지만 왕이 그를 놔 주질 않았고 또한 아내를 두고 떠나자니 마음이 아팠다.

어느 날 왕은 사냥을 나서면서 그에게 말했다.

"자네는 여기 성에 머물게나. 여기 열쇠 아홉 개가 있네. 잘 간직하고 있게나. 문을 서너 개 열면 금은보화가 가득한 것을 보게 될 것이네. 하긴 그 외에도 귀한 보물들이 많기는 하지. 물론 문 여덟 개는 열어도 상관없지. 하지만 아홉 번째 문은 결코 열어서는 안 돼. 만약 그 문을 열면, 저주를 면할 수 없을걸세."

왕이 길을 떠나자 막내 왕자는 왕궁에 공주와 남았다. 그는 방문들을 하나하나 열어 보기 시작했다. 한 개 한 개 열다 보니 어느덧 여덟 문을 열게 되었다. 각 방들은 모두 진귀한 보물들로 가득 차 있었다. 그는 아홉 번째의 방에 이르러서 혼잣말로 중얼거렸다.

'내가 얼마나 많은 기적들을 보여 줬던가. 그런데 이제 와서 이 문을 열어 보지 않는다는 건 말이 안 되지!'

그러면서 그는 문을 열었다. 안으로 들어가자 어마어마한 광경이 있었다! 방 안에는 한 사람이 있었는데, 그 사람은 발에서 무릎까지 못이 단단히 박혀 있었고, 손에서 양 팔꿈치까지도 못이 단단하게 박혀 있었다. 사방에 각각 버팀목이 네 개씩 있었고. 모든 버팀목에는 쇠사슬이 하나씩 걸쳐져 있었다. 그는 미동도 할 수 없을 만큼 단단히 묶여 있었다. 그 앞에는 금으로 된 관* 위로 분수가 하나 솟고, 그 금관을 통해서 물이 나오는데 묶인 사람은 물을 마시고 싶었으나 마실 수가 없었다. 왕자는 그것을 보고 무척 놀랐다. 왕자가 겁을 먹고 약간 물러서자 묶인 이가 말했다.

"여기 안으로 들어와 보십시오. 신의 가호가 있을 것입니다."

왕자는 그에게 가까이 갔다.

"제발 호의를 베풀어 주십시오. 내가 물 한 모금 마실 수 있도록 도와주십시오. 그러면 생명을 하나 더 가질 수 있도록 해 드리겠습니다."

왕자는 생각했다

'생명을 두 개 가진다는 것은 그리 나쁘지 않지?'

왕자는 그가 물을 마실 수 있도록 도와주었다. 그가 물을 마시고 있는 동안 왕자는 그에게 물었다.

"이름이 무엇인지나 들어 봅시다."

"바쉬 첼리크입니다."

왕자가 문 쪽을 향하자 그는 또 부탁했다.

●──유고 민담

"물 한 모금만 더 주신다면 생명 하나를 더 드리지요."

왕자는 생각했다.

'생명이 둘 있지만 하나 더 있다고 나쁠 건 없지 그건 큰 기적이고말고!'

왕자는 그가 물을 한 모금 더 마실 수 있도록 해 주었다. 왕자가 이제 문을 닫으려고 발걸음을 옮겨가는 순간 바쉬 첼리크가 말했다.

"오, 영웅이여! 이리로 돌아와라. 넌 이미 나를 위해 두 번이나 선행을 베풀었잖니. 그러니 세 번 베풀어 주렴. 그러면 내가 너에게 세 번째 생명을 줄게. 이 바가지를 들고 물을 가득 담아 나의 머리에 부어 주겠니? 네가 이 바가지에 물을 가득 담아 나의 머리에 부어 준다면 너에게 생명을 또 선사할 거야."

왕자는 그의 말을 듣자 다시 돌아와 바가지에 물을 가득 부어 그의 머리에 담아 주었다. 왕자가 그의 머리에 물을 가득 붓자마자 바쉬 첼리크의 목을 조이고 있던 것들이 서서히 풀어지기 시작했다. 그러자 바쉬 첼리크는 갑자기 번개같이 뛰어오르더니 두 날개를 활짝 펼치고 날아갔다. 게다가 잠시 후 보니 두 날개에 왕자의 아내인 공주를 품고 가는 것이 아닌가. 그러더니 일순간 어딘가로 휙 사라져 버렸다. 믿을 수 없는 일이었다. 왕자는 어쩔 줄 몰랐다! 그때 사냥에서 왕이 돌아왔다. 왕자는 이제껏 일어난 일을 그에게 이야기했다.

걱정에 찬 눈빛으로 왕이 말했다

"왜 그렇게 했나? 내가 아홉 번째 방은 열지 말라고 그토록 일렀거늘!"

왕자가 대답했다.

"저를 너무 나무라지 마세요. 저는 그 바쉬 첼리크라는 녀석을 꼭 찾아서 아내를 데리고 올 겁니다."

"절대 가지 말게나! 자네는 바쉬 첼리크가 어떤 녀석인지 알지 못해. 그 바쉬 첼리크를 잡기 위해 난 어마어마한 돈과 군대를 잃었네. 그러니 여기 머물게나. 내가 자네에게 다른 소녀를 주겠네. 그리고 나의 친아들을 대하듯 보살펴 주겠네."

그러나 왕자는 그의 말을 들으려 하지 않았다. 길을 떠날 여비를 챙기고는 이내 말을 끌어내어 바쉬 첼리크를 찾기 위해 길을 나섰다. 그렇게 기나긴 여행을 하던 도중 그는 어느 마을에 도달했다. 그가 그곳에 들어가 이곳저곳을 휘 둘러보고 있을 때 마침 저편에서 소녀가 소리쳤다.

"왕자님, 어서 이 마당 쪽으로 말을 끌고 오시지요."

왕자가 마당에 도착하자 그는 소녀의 얼굴을 자세히 볼 수가 있었다. 첫째 누이였다. 그는 두 팔을 활짝 펴고 누이의 얼굴에 입을 맞추었다. 그러자 누이가 그에게 말하였다.

"가요, 오빠. 나와 함께 성으로 들어가요."

그들이 성에 이르자 왕자는 그의 누이에게 그녀의 남편이 도대체 누구인지를 물었다. 그러자 그녀가 대답했다.

"나는 용의 왕에게 시집을 온 거예요. 오빠, 내 남편은 사람이 아니라 용이에요. 그러니 내가 오빠를 잘 숨겨 줄게요. 만약 오빠가 이곳에 온 것을 알면 가만히 두지 않을 거예요. 내가 기회를 잘 봐서 그에게 오빠에 관한 얘기를 꺼내 볼 테니 그때까지 숨어 있어요."

남매는 그렇게 하기로 했다. 누이는 그의 오빠와 말을 숨겼다.

저녁이 되자 누이의 남편이 저녁 식사를 하기 위해 돌아왔는데 진짜로 용의 모습을 하고 있는 것이 아닌가! 그가 성 안으로 들어오자 성뿐만 아니라 천지가 요동을 치듯 흔들거렸다. 용은 들어오자마자 곧장 그의 아내를 찾았다.

"여보, 어디서 사람의 뼈 냄새가 나는군. 뭘 가지고 있는 거야? 어서 말해 봐."

그녀가 말했다.

"난 아무것도 모르겠는데요?"

"그럴 리가 없지."

"저……, 내가 당신에게 솔직하게 뭐 하나 물어볼 게 있는데, 만약에 나의 오빠들이 나를 보러 이곳에 왔다면 어떻게 하시겠어요?"

용이 대답했다.

"당신의 큰오빠와 작은오빠가 왔다면 난 당장 그들을 잘라서 구워 버릴 거요. 하지만 막내오빠라면 괜찮지."

그러자 그녀는 말했다.

"그래요. 실은 막내오빠가 왔어요, 당신의 처남이요."

그 말을 듣자 용은 목청을 높여 외쳤다.

"오, 그래? 어서 그를 데리고 와."

그녀가 자신의 막내오빠를 데리고 나타나자 용은 두 팔을 벌려 그의 볼에 입맞춤을 하며 반갑게 맞이했다.

"잘 왔소!"

"나도 반갑구려. 매제!"

"어떻게 지냈소?"

"그럭저럭."

그렇게 그들은 얘기를 나눴다. 용이 왕자에게 말했다.

"그래, 어디로 가는 거라고? 엊그제 이곳에 바쉬 첼리크가 다녀갔소. 그 녀석이 처남의 아내를 데리고 있더군. 난 용 7000마리와 함께 그에게 대항했지만 아무 소용이 없었소. 처남이 원하는 만큼 돈을 줄 테니 그만 포기하고 집으로 가는 게 어떻겠소?"

그러나 왕자는 그의 말을 들으려 하지 않았다. 날이 밝자 그는 서둘러 떠나려 했다. 그 모습을 보자 용은 자신의 털 하나를 뽑아 그의 손에 쥐어 주며 말했다.

"내가 말하는 것을 잘 들으오. 여기 내가 주는 털이 있소. 처남이 바쉬 첼리크를 만났을 때 커다란 도움이 될 거요. 그를 만나게 되면 이 털에 불을 붙이오. 그러면 내가 달려갈 테니."

왕자는 털을 가지고 길을 떠났다. 그렇게 또 한참을 걸어가다 보니 어느 마을에 이르렀다. 그가 마을에 들어가 이곳저곳을 다니는데 저편에서 어느 소녀가 소리치며 그에게 말을 건네려 하였다.

"왕자님. 어서 말을 끌고 이 마당으로 들어오세요."

왕자가 자신의 말을 타고 마당으로 들어가자 그곳에는 그가 그토록 찾았던 둘째 누이가 있었다. 그들은 얼싸안고 서로 뺨을 맞댔다. 누이는 말을 마구간에 넣은 뒤 오빠를 성 안으로 이끌었다. 그리고 그녀는 오빠가 어떻게 이곳까지 오게 되었는지를 물었고 오빠는 모든 것들을 차례차례 알려 주었다. 그러고는 누이에게 물었다.

"넌 도대체 누구에게 시집을 간 거냐?"

그녀가 대답했다.

"나는 독수리의 왕과 결혼했어요. 오늘 저녁에는 돌아올 거예요. 난 오빠를 잘 숨겨야 해요. 그가 오빠에게 위협을 가할 테니까요."

그렇게 말을 끝내자마자 그녀는 오빠를 숨겼다. 그리고 얼마 지나지 않아 독수리의 왕이 모습을 드러냈다! 그가 날갯짓을 할 때마다 사방이 온통 요동쳤다. 누이는 서둘러 그에게 저녁을 만들어 주었다. 그는 식탁 근처로 다가오면서 아내에게 물었다.

"여기에 사람 뼈가 있는 것 같은데."

그녀가 말했다.

"그럴 리가요."

긴 대화 끝에 그녀가 그에게 말했다.

"만약 나의 오빠 중에 누군가 나를 찾아온다면 어떻게 하시겠어요?"

"당신의 큰오빠나 작은오빠가 온다면 가만두지 않겠어. 그러나 막내한테는 아무 짓도 하지 않을 거야."

그러자 그녀는 막내오빠가 왔다고 그에게 이야기했다. 그는 그를 어서 데려오도록 말하고 그를 보자마자 반갑게 맞이하였다.

"잘 왔소! 이렇게 만나 무척 기쁘군!"

독수리 왕이 말했다. 왕자는 매제인 독수리 왕에게 인사하고 식사를 하기 위해 자리에 앉았다.

저녁을 먹고 나자 독수리 왕은 막내 왕자에게 무슨 일로 어떻게 이곳에 왔는지 물었다. 그러자 막내 왕자는 지금 바쉬 첼리크를 찾고 있다며 그동안 있었던 일들을 낱낱이 이야기해 주었다. 그러자 독수리 왕이 그에게 말했다.

"가지 마시게. 내가 바쉬 첼리크가 어떤 자인지 말해 주지. 그놈은 처남의 아내를 가로챈 바로 그날 이곳에 나타났지. 난 독수리 5000마리를 이끌고 사정없이 쪼아 댔지. 무릎에서 피가 솟구칠 때까지 공격을 해 보았지만 어쩔 도리가 없었어. 그런데 처남 혼자의 몸으로 그를 공격한다니 말도 되지 않는 소리야. 그러니 내가 진심으로 얘기하건대, 어서 집으로 돌아가시게. 자네가 원하는 것들은 뭐든지 마련해 주겠네."

그러나 막내 왕자는 말했다.

"그런 제안을 해 주다니 고맙소. 하지만 난 집으로 돌아갈 생각은 없소. 꼭 바쉬 첼리크를 찾고야 말 거요."

그러고는 속으로 '내게는 이제 목숨이 세 개나 있는데 못할 게 없지!' 라고 생각하였다.

독수리 왕은 그의 의향을 바꿀 수 없는 것을 깨닫자, 깃털 하나를 그에게 주며 말했다.

"처남이 아주 커다란 위기에 처하면, 나의 이 깃털을 꺼내 불을 붙이게. 그러면 내가 처남을 도와주기 위해 어디에라도 달려갈 테니."

막내 왕자는 깃털을 받아들고 바쉬 첼리크를 찾기 위해 길을 다시 떠났다. 여기저기를 꽤 돌아다닌 후에 그는 세 번째 마을에 도착했다. 그때 이곳에서도 어느 소녀가 그를 불렀다.

"어서 말을 끌고 이 안으로 들어오세요."

왕자는 말을 타고 마당 안으로 들어갔다. 이곳에 그가 그토록 찾아 헤매던 그의 막내누이가 있는 것이 아닌가. 그들은 반가워서 서로 얼싸안고 두 뺨을 비벼 대며 인사를 나누었다. 그녀는 오빠를 성 안으로 이끌고 말을 마구간으로 끌고 갔다.

오빠가 누이에게 물었다.

"막내야, 너는 어떤 이에게 시집을 간 거니?"

그녀가 대답했다.

"나의 남편은 매의 왕이에요."

매의 왕은 저녁이 되자 집으로 돌아왔고 아내가 그를 맞았다. 그는 아무 말도 하질 않았다. 시간이 지나자 매의 왕이 말했다.

"궁전에 누군가 사람이 온 거 같은데, 그게 누군지 어서 말해!"

그녀가 대답했다.

"아무도 없어요."

이렇게 말을 하고는 잠시 뒤 다시 말을 이었다.

"만약 나의 오빠들 중에 누군가 나를 보러 이곳에 온다면 어쩌겠어요?"

매의 왕이 그녀에게 말했다.

"당신의 큰오빠나 작은오빠는 죽여 버리겠어. 하지만 막내오빠는 아니야. 당신의 막내오빠는 그가 어려운 처지에 놓이면 언제든지 도와줄 의향이 있지."

그녀가 왕에게 말했다.

"여기 나의 막내오빠이자 당신의 처남이 왔어요. 나를 만나러 이곳까지 왔답니다."

왕은 그녀의 말이 끝나기가 무섭게 어서 그를 데려오라고 하고 왕자가 나타나자 달려나가 두 팔을 활짝 벌려 그를 안으며 두 볼에 뺨을 대고 반갑게 맞이하였다.

"잘 왔소, 처남!"

"자넬 만나다니 더욱 반가운 일이지, 매제!"

둘은 그렇게 인사를 나누고는 저녁을 함께했다.

저녁을 먹으며 그들은 온갖 이야기들을 서슴없이 나누었다. 이야기가 끝이 날 무렵 막내 왕자는 바쉬 첼리크를 찾고 있다고 말했다. 그 이야기를 듣자마자 매의 왕은 말했다.

"처남, 그러지 말고 내가 처남이 이곳에서 편히 지낼 수 있도록 해 줄 테니 그만 포기하고 여기에 머물게."

그러나 막내 왕자는 그의 말을 들으려 하지 않았고 다음 날 날이 밝자마자 바쉬 첼리크를 찾아 나설 준비를 마치고 길을 나서려 하였다. 그를 막을 수 없다는 것을 깨달은 매의 왕은 자신의 깃털을 하나 뽑아 그에게 건네면서 말했다.

"처남, 처남이 곤란에 처하게 되면 이 깃털을 꺼내 불을 붙이게.

그러면 내가 나의 매들을 이끌고 처남을 도우러 어디든지 갈 테니."

왕자는 큰 깃털을 가지고 바쉬 첼리크를 찾기 위해 다시 길을 나섰다. 그는 세상 이곳저곳을 하염없이 헤매다가 어느 동굴에서 자신의 아내를 만났다. 아내는 그를 보자 놀라서 말했다.

"세상에! 아니, 당신이 여기까지 어떻게?"

그는 이제까지 있었던 일들을 자신의 아내에게 모두 털어놓았다.

"여보, 어서 이곳을 빠져나갑시다!"

"우리가 어디를 가든지 바쉬 첼리크가 찾아와서 당신을 죽이고야 말 거예요. 그리고 날 다시 이곳에 데려다 놓을 거예요."

자신이 3000년은 족히 더 살 거라는 것을 알고 있는[1] 왕자는 아내를 데리고 도망쳤다. 그러나 그가 도망가자 바쉬 첼리크가 알아차리고는 급히 달려와 왕자를 향해 고함을 쳤다.

"네 이놈, 네가 어찌 나의 아내를 가로채려 하느냐!"

그러고는 왕자의 아내를 도로 빼앗고 말했다

"지금은 내가 너의 목숨을 살려주마. 내가 너에게 목숨을 세 개 주었으니 말이다. 어서 꺼져. 행여 아내를 찾으러 돌아온다면 죽여버리고 말 테다."

그렇게 말한 바쉬 첼리크는 왕자의 아내를 데리고 갔고 혼자 남은 왕자는 어떻게 해야 좋을지 알지 못했다. 그러나 그는 결국 아내를 다시 찾기로 결심했다. 동굴 가까이 온 왕자는 바쉬 첼리크가 나가면 다시 아내를 데리고 도망치려고 기회를 노렸다. 그러나 그가 그의 아내를 데리고 도망치려 하자 어떻게 알았는지 바쉬 첼리크가 왕자에게 달려와 호통을 치는 것이었다.

"그래, 너는 내가 너를 칼로 찔러 죽이든 총으로 쏴 죽이든 상관없다 이거냐?"

●──유고 민담

왕자는 멈춰서서 애원했다. 바쉬 첼리크는 그에게 말했다.

"그래, 다시 한번 너를 살려주마. 그러나 이런 일이 다시 일어난다면 그 자리에서 너의 목숨을 끊어놓고 말 테다."

바쉬 첼리크는 그렇게 말하고는 공주를 데리고 사라져 버렸다. 다시 혼자 남게 된 왕자는 어떻게 해야 할지를 몰랐다. 하지만 아내를 다시 데리고 올 생각에는 변함이 없었다. 그는 혼잣말로 중얼거렸다.

"내가 왜 바쉬 첼리크를 두려워하지. 나에게는 본래 생명과 바쉬 첼리크가 준 생명이 하나 더 있는데 말이야."

그러고는 아내를 다시 데려올 결심을 굳혔다. 바쉬 첼리크가 동굴에 없는 틈을 타서 그는 또 아내에게 다가갔다.

"여보, 어서 떠납시다. 서둘러요."

처음에 그녀는 도망가자는 왕자의 청을 뿌리쳤으나 왕자에게 설득당해 서둘러 도망치기 시작했다. 그러나 어느 순간엔지 바쉬 첼리크가 달려와 고함쳤다.

"기다려라. 난 너를 더 이상 용서할 수가 없다."

왕자는 겁에 질려 다시 애원했지만 바쉬 첼리크는 말했다.

"넌 내가 너에게 목숨을 선사하겠다는 얘기를 기억하겠지? 이번이 그 마지막이다. 난 너에게 더 이상 빚이 없어. 다음에 이렇게 만나면 끝이다. 명심해라. 그리고 신이 선사해 준 생명을 소중하게 간직해라."

그의 힘으로는 도저히 바쉬 첼리크를 이겨낼 수 없다는 것을 깨달은 왕자는 집으로 향했다. 그러나 바쉬 첼리크로부터 아내를 구하고자 하는 생각을 도저히 버릴 수가 없었다. 그때 그는 그의 매제들이 말한 것들을 떠올렸다.

"그래, 내가 매제들의 도움을 얻는다면 틀림없이 네 번째에는 성공할 수 있을 거야. 그래, 어려움에 처하면 깃털에 불을 붙여 도움을 청하면 되지. 그러면 날 구하러 달려와 주겠지."

그렇게 생각한 왕자는 아내가 있는 동굴에 이르렀고 바쉬 첼리크가 나간 사이 그의 아내에게 나타나 도망을 가자고 말했다.

"세상에나! 어쩌자고 여기에 또 왔어요? 당신은 죽는 것이 두렵지 않나요?"

그러자 그는 그녀에게 매제들이 그에게 준 선물에 대해 얘기했다. 그가 어려운 상황에 놓이면 그를 도우러 달려올 것이니 걱정 말고 도망치자고 말했다.

"그래서 여기 다시 온 거요. 그러니 어서 도망갑시다!"

그들은 서둘러 동굴을 빠져 나왔고 힘껏 달려가기 시작했다. 그러나 이때도 어떻게 알았는지 바쉬 첼리크가 쫓아오는 것이 아닌가? 그는 그들을 향해 고함쳤다.

"서라! 멀리 못 갈걸!"

왕자는 바쉬 첼리크를 보자마자 가지고 있던 깃털과 비늘을 모두 꺼내 불을 붙였다. 그러나 그가 불을 붙이고 있는 동안 바쉬 첼리크가 달려와 칼을 꺼내 왕자를 두 동강 내 버렸다. 그 순간 기적이 일어났다! 용의 왕이 자신의 용들을 이끌고, 독수리의 왕이 자신의 독수리들을 이끌고, 매의 왕이 자신의 매들을 이끌고 나타나 바쉬 첼리크와 격렬한 싸움을 벌였다. 사방에 피가 난무했다. 그리고 바쉬 첼리크는 또 왕자의 아내를 데리고 사라져 버렸다. 이때 세 왕은 두 동강 난 막내 왕자를 바라보며 어떻게 해야 생명을 되찾을 수 있을지 궁리했다. 그리고 요르단에서 가장 빨리 생명수를 가져올 수 있는 용 세 마리를 불렀다.

첫 번째 용이 말했다.

"전 다녀오는 데 30분 걸립니다."

두 번째 용이 말했다.

"저는 15분 정도면 가져올 수 있지요."

세 번째 용이 말했다.

"저는 9초 안에 다녀올 수 있습니다."

이때 왕들이 그를 향해 소리치며 명했다.

"네가 가장 빠른 용이구나. 어서 서둘러 다녀오너라!"

용이 두 날개를 활짝 펴고 불꽃이 튈 정도로 빠른 속도로 날아가 정말 9초 안에 요르단에서 생명수를 길어 왔다. 왕들은 생명수를 받아들고 막내 왕자의 상처에 살며시 부었다. 그러자 그의 두 쪽 난 몸이 붙어 왕자는 제 발로 일어설 수 있었다. 그때 왕들이 그에게 충고를 했다.

"이제 잃어버렸던 목숨을 다시 찾았으니 어서 집으로 돌아가게."

그러나 왕자는 한 번 더 자신의 아내를 찾으러 가겠다고 결심했고 행운을 빌어 보기로 마음을 굳혔다. 그런 그에게 왕들이 충고했다.

"그러지 말게. 이번에 다시 간다면 자넨 죽고 말 거네. 이제 신이 준 생명 말고는 더 이상 남은 게 없다고."

그러나 왕자는 들으려 하지 않았다. 그러자 매제들이 그에게 말했다.

"자네가 그토록 뜻을 굽히질 않고 가겠다면 우리들도 더 이상 막을 수가 없겠지. 그런데 한 가지 일러 주겠네. 가서 바로 아내를 데려오지 말고 그녀에게 물어보도록 해. 바쉬 첼리크의 그 엄청난 힘은 도대체 어디에서 솟는 것인지 말이야. 그래서 우리에게 알려 주게나. 그리하면 우리 모두 함께 그를 무찌를 수 있을 거야."

그러자 왕자는 조심스럽게 아내에게 가서 바쉬 첼리크의 그 어마어마한 힘이 도대체 어디에서 나오는 것인지를 알아내 자신에게 일러 달라고 했다. 왕자가 떠난 후 바쉬 첼리크가 돌아왔다.

"도대체 당신의 그 힘은 어디에서 나오는 거지요?"

그러자 바쉬 첼리크가 그녀에게 말했다.

"나의 아내여, 나의 힘은 이 칼에서 나오는 거요."

그러자 그녀는 신에게 이 칼을 가져가 달라고 기도했다. 바쉬 첼리크가 이것을 보고는 입가에 웃음을 지으며 말했다.

"오, 어리석은 여자여, 나의 용사적 기질은 칼에 있는 것이 아니라 나의 이 활에 있는 것이오."

그러자 아내는 신에게 이 활을 가져가 줄 것을 기도했다. 그걸 본 바쉬 첼리크가 말했다.

"오, 어리석은 여자여, 누군가 너에게 나의 이 영웅적 기질이 어디에서 나오는 것인지 알아오도록 단단히 당부한 게로구나! 너의 남편이 살아 있다면 그가 너에게 이렇게 시켰을 텐데!"

그러나 그녀는 지금 곁에 아무도 없으므로 진정 누구의 청으로 그러는 것이 아님을 맹세했다. 며칠이 지나 막내 왕자가 다시 돌아오자 그녀는 바쉬 첼리크로부터 아직 아무것도 알아내지 못했다고 말했다. 그러자 그는 그녀에게 다시 시도를 해 보라고 말했다. 바쉬 첼리크가 돌아오자 그녀는 다시 한번 물어보았다. 바쉬 첼리크는 비웃으며 말했다.

"네가 나의 용사적 기질이 어디에서 나오는지가 그리도 궁금하다면 알려주지 못할 이유가 없지. 이곳에서 멀리 떨어진 곳에 가면 아주 커다란 산 하나가 있어. 그 산에는 여우가 한 마리 살고 있거든. 그 여우의 심장 안에는 새가 한 마리 살고 있지. 그 새가 바로 나의 힘의 원천이야. 하지만 그 여우를 잡는 것은 매우 어렵지. 그 여우는 여러 가지 모습으로 변하거든."

다음날 바쉬 첼리크가 나가자, 왕자는 돌아와 그녀가 무엇을 알아냈는지를 물었고, 아내는 모조리 이야기해 주었다. 그러자 왕자는 그를 애타게 기다리고 있는 매제들이 있는 곳으로 달려가 아내가 알아낸 사실을 낱낱이 알려주었다. 그러자 모두 왕자를 데리고 산으로 향했다.

산에 도착한 그들은 여우를 잡아오도록 매들을 보냈다. 하지만 여우는 산 한가운데에 있는 호숫가로 도망쳐서 날개가 여섯 달린 새로 변신했다. 그러나 독수리들이 무리 지어 그 뒤를 쫓았다. 그러자 그 날개 여섯 달린 새는 날아올라 구름 사이로 도망쳤다. 그러자 용들이 뒤를 쫓았다. 그러자 그 날개 여섯 달린 새는 다시 여우로 변신하여 땅 위로 도망쳤다. 하지만 그때 땅을 지키고 있던 매들이 여우를 잡고야 말았다. 그러자 왕들은 여우의 몸에서 심장을 꺼내 그 안에 있는 새를 끄집어 내고 그 새와 심장을 불로 태워 버렸다.

모든 것들이 다 타 버리자 바쉬 첼리크도 죽고 말았다. 막내 왕자는 자신의 아내를 데리고 집으로 향했다.

●──주

1 왕자가 바쉬 첼리크로부터 목숨 셋을 더 받았다는 것을 과장하여 표현한 것이다.

동물의 언어

 옛날 옛적에 아주 부지런하고 정직하게 사는 한 목동이 있었다. 어느 날 그가 양들을 데리고 숲속을 지나가는데 숲 한가운데서 이상한 소리가 들려왔다. 그 소리를 쫓아가 보니 사방이 온통 불바다였고 그 중앙에서 뱀 한 마리가 어쩔 줄 몰라하며 울고 있었다. 목동은 그것을 보면서 뱀이 어떻게 하나 지켜보았다. 왜냐하면 뱀의 주위는 모두 불길에 휩싸여 뱀이 달리 빠져 나갈 구멍이 없었기 때문이었다. 게다가 불길이 점점 더 뱀을 향해 다가오고 있었다. 이때 불 속에서 뱀이 소리쳤다.
 "목동아, 살려줘. 나를 불 속에서 꺼내 줘!"
 그러자 목동은 자신의 지팡이를 불길 가운데로 집어넣었고 뱀은 지팡이를 타고 불길에서 빠져나오면서 목동의 팔을 타고 목을 휘감았다. 목동은 너무도 놀란 나머지 뱀에게 소리쳤다.
 "아니, 이런! 배은망덕한 놈 같으니라고! 난 너를 살려주었는데 네가 나를 죽이려고 해?"

뱀이 답했다.

"겁내지 마. 난 아무 짓도 안할 거야. 나를 내 아버지가 있는 집으로 데려가 주겠니. 나의 아버지는 뱀의 왕이야."

목동이 멈춰서서 양들을 두고 갈 수 없다고 말하자 뱀이 말했다.

"너의 어린 양들에 대해서는 전혀 걱정할 필요가 없어. 양들에게는 아무 일도 일어나지 않을 테니. 그러니 어서 가자."

그리고 목동은 뱀과 함께 숲을 지나 뱀들이 있다는 어느 문 앞에 이르렀다. 그곳에 도착하자 뱀은 목동이 불어대는 휘파람을 흉내 냈다. 그러자 이내 사방에서 뱀들이 모여들었다. 그때 뱀이 목동에게 말했다.

"우리 아버지가 계시는 곳에 다다르면 아버지는 네가 갖고 싶은 것은 무엇이든 주겠다고 하실 거야. 금이든 은이든 귀한 보석들까지도. 하지만 아무것도 집지 말고 그냥 동물의 언어를 달라고 해. 그가 너를 오랫동안 물고 있을 거야. 하지만 나중에는 네가 원하는 모든 것을 주실 거야."

그들이 뱀의 아버지가 있는 왕궁에 도착하자 뱀의 왕이 울먹이며 물었다.

"그래, 가엾은 내 아들아. 어디에 있다 왔느냐?"

그러자 뱀은 자신의 아버지에게 그가 불 속에서 사경을 헤매고 있을 때 목동이 도와준 사실을 말했다. 그러자 뱀의 왕이 물었다.

"그래, 나의 아들을 구한 보상으로 내가 자네에게 무엇을 주면 좋겠나?"

목동이 대답했다.

"전 아무것도 원치 않습니다. 그냥 동물의 언어를 주세요."

그러자 왕이 말했다.

"그건 자네에게 아무 소용도 없어. 내가 동물의 언어를 준다 해도 누구와 대화를 나눌 거지? 자넨 곧 죽고 말 거야. 그러니 원하는 다른 것을 말해 보게. 내가 무엇이든지 줄 테니."

그 말에 목동이 대답했다.

"만약 제게 주고자 하신다면 동물의 언어를 주세요. 다른 것에는 관심이 없으니 주지 못하시겠다면 이만 가겠습니다. 다른 것은 필요없습니다."

목동은 이렇게 말하고 자리에서 일어났다. 그러자 왕은 그를 불러세워 돌아오도록 했다.

"이보게! 그만하고 이리로 오지. 그리도 동물의 언어를 원한다면 주겠네. 눈을 감게나."

목동은 두 눈을 감았다. 뱀의 왕은 자신의 입으로 목동의 입을 물었다. 그리고는 말했다.

"자, 이제 자네가 나의 입을 물어 봐."

목동이 뱀의 입을 물고, 뱀이 목동의 입을 물고, 그렇게 하기를 세 번 하자 뱀의 왕이 말했다.

"그래, 자네는 이제 동물의 언어를 가지게 된 거야. 어서 가 보게. 하지만 이 일에 대해서는 아무에게도 말하지 말게나. 만약 자네가 이 일을 다른 사람에게 말한다면 바로 죽게 될 거야."

목동은 숲 속을 지나가면서 새와 잔디들이 서로 이야기 나누는 것들을 듣게 되었다. 그리고 그가 자신의 양들 곁으로 왔을 때는 마치 아무 일도 없었다는 듯 양들도 그대로 얌전하게 있었다. 그는 잠시 누워 휴식을 취했다. 그가 눕자마자 까마귀 두 마리가 날아와 서로 이야기를 나누었다.

"이 목동이 지금 자신이 누워 있는 저 땅속에 금과 은이 가득 들어 있는 사실을 알까?"

목동은 그 소리를 듣자 자신의 주인에게 달려가 그가 들은 사실을 이야기했다. 그러자 주인은 수레를 가지고 와서 땅을 파고 땅속의 귀한 것들을 가지고 집으로 돌아왔다. 이 주인은 심성이 고운 사람이었다. 그는 그 귀한 보물들을 목동에게 나누어 주면서 말했다.

"자, 이것은 신이 자네에게 내린 선물일세. 이것으로 자네의 집을 짓고 예쁜 아내를 맞아 결혼하고 행복하게 살게나."

목동은 그 보물들을 들고 집으로 돌아와 훌륭한 집을 짓고 결혼도 하여 행복하게 살게 되었다. 그렇게 차차 재산이 늘어나 그는 그 마을에서뿐 아니라 그 일대에서 가장 손꼽히는 부자가 되었다. 양, 염소, 말, 돼지 등 셀 수 없이 많은 가축에다 엄청난 재산과 돈을 갖게 되었다. 그는 성탄절이 다가오자 자신의 아내에게 말했다.

"부인, 포도주와 라키야를 충분히 준비하시오. 내일은 농장에 가서 목동들이 먹고 마시고 놀 수 있도록 해 줍시다."

그의 아내는 그가 하는 말을 듣고 모든 것을 정성껏 준비했다. 다음 날 농장에 도착한 부부는 목동들에게 오늘 밤에는 주인이 가축들을 돌볼 것이니 마음 편히 음식과 술을 먹으며 흥겹게 지내라고 말하였다. 그리고 농장 주인은 가축이 있는 곳으로 갔다. 자정이 되자 닭들이 울어 대고 개들도 짖고 시끄러웠다. 닭들이 말했다.

"우리 이 농장을 쑥대밭으로 만드는 게 어떨까? 그러면 너희들에게도 고기가 돌아올걸."

그러자 개들이 말했다.

"그러자. 우리도 어디 한번 실컷 먹어 보자."

그러나 그 무리들 중에서 아주 노쇠하고 이빨도 두 개밖에 없는 개 한 마리가 닭들을 향해 말했다.

"네 놈들 뜻대로는 안 될 것이다! 내 이빨 두 개가 남아 있는 동안에는 나의 주인에게 해가 되는 일은 어느 누구도 할 수 없어."

주인은 그 소리를 모두 듣고 있었다. 다음날 아침이 밝았을 때 주인은 하인들에게 늙은 개 한 마리를 제외하고 다른 개들을 몽둥이로 때리라고 명령했다. 하인이 물었다.

"아니, 주인님, 왜 그런 명령을 내리시나요?"

주인이 대답했다.

"내가 말한 대로 하기나 하게."

그렇게 말을 하고는 집으로 돌아가기 위해 말을 탔다. 그는 수말을 타고 그의 아내는 암말을 탔다. 그렇게 계속 갔는데 남편이 앞서 가고 아내가 뒤를 따랐다. 그러다 앞서가던 수말이 멈추면 부인을 태운 암말도 멈췄다. 수말이 암말에게 말했다.

"아니, 왜 이렇게 빨리 못 쫓아오는 거야!"

그러자 암말이 말했다.

"너의 주인은 가볍잖아. 난 세 명이나 태우고 가는 셈이라고. 마님을 태우고 그 안에 있는 아기와 나의 아기까지."

그 소리를 들은 주인은 얼굴을 붉히고 웃음을 터뜨렸다. 그러자 아내는 왜 그가 웃는지 물었다. 그러자 그가 대답했다.

"아니, 그냥."

하지만 아내에게는 그 답이 충분치가 않았다. 남편에게 그가 왜 웃었는지 계속 물었다. 남편은 계속 회피했다.

"어서 먼저 가기나 해. 도대체 왜 이러는 거야. 나도 왜 웃었는지를 모르겠다고."

그가 대답을 회피하면 할수록 그녀는 남편이 왜 웃었는지 궁금해서 견딜 수가 없었다. 그러자 이윽고 남편이 말했다.

"만약 내가 당신에게 그 이유를 말하면 난 죽게 될 거야."

그 말에도 그녀는 물러서질 않았다. 아내는 계속 그를 추궁했다. 그렇게 두 사람은 실랑이를 계속하면서 이윽고 집에 도착했다. 남편은 말에서 내리자마자 당장 관을 준비할 것을 명령했다. 서둘러 관을 만들어 집 앞에 가져오면 아내에게 말해 주겠노라 하였다.

"자, 난 이제 이 관에 누워 내가 왜 웃었는지를 말해 주겠소. 내가 그 이유를 말하게 되면 난 곧 죽게 될 거요."

그렇게 그는 관 속에 눕고 자신의 주위를 조심스레 살폈다. 그러자 그때 가축 떼 중에서 그 늙은 개가 달려와 주인의 이마에 머리를 부비며 울어 대는 것이 아닌가. 주인은 기특히 여기고 아내에게 말했다.

"여보, 이 개에게 빵 한 조각 줘."

부인이 빵 한 조각을 가져와 개에게 주었지만 개는 거들떠보지도 않았다. 그때 마침 수탉 한 마리가 달려와 그 빵 조각을 가로챘다.

"이런 배은망덕한 놈. 주인이 죽으려고 하는 이 마당에 먹을 거나 챙기다니!"

개가 꾸짖자 수탉이 대답했다.

"정신이 나갔는데 죽으라고 내버려둬. 나를 따르는 암컷들은 수백 마리나 된다고. 여자들이란 널려 있는 볍씨 같은 거야. 내가 원하면 언제든지 고를 수가 있지. 내게 다가오면 난 언제나 환영이야. 내가 다른 여자를 취한다고 꽥꽥대는 다른 암컷이 있다면 이 부리로 쪼아 버리면 그만이지. 그런데 우리 주인은 한 어리석은 여자의 말 한마디에 죽으려고 하잖아."

그 말을 듣자 남자는 관에서 벌떡 일어나 몽둥이를 들고 아내를 부르며 방으로 뛰어갔다.

"이리 와 봐, 여보. 얘기해 줄 테니!"
그러고는 아내가 다가오자 그녀를 몽둥이로 때려 주었다.
"그래, 이게 이유야. 이게 바로 내가 웃은 이유라고!"
아내는 더 이상 그가 웃은 이유에 대해 궁금해하지 않았다.

황금 사과와 공작 아홉 마리

　옛날에 한 왕이 살았다. 그에게는 왕자 셋과 사과나무 한 그루가 있었다. 사과나무는 그의 왕궁 앞에 있었는데 밤이면 사과가 익었지만 알 수 없는 누군가가 사과를 따 갔다. 어느 날 왕은 그 사과나무 앞에서 아들들과 이야기를 나누었다.
　"아니, 우리 사과나무에서 도대체 누가 사과를 따 가는 거지?"
　그 말에 큰아들이 말했다.
　"제가 오늘 밤 사과나무를 지킬게요. 누가 사과를 따 가는지 밝혀 내겠어요."
　날이 어두워지자 그는 사과를 지키기 위해 사과나무 아래로 가서 누웠다. 하지만 사과들이 무르익어 갈 무렵 잠이 들고 말았다. 새벽에 그가 잠에서 깨어났을 때에는 이미 누군가가 사과를 따 가고 난 후였다. 그는 아버지인 왕에게 달려가 사실대로 말하였다.
　다음날 왕은 둘째에게 사과를 지킬 것을 명령했다. 그러나 둘째도 사과나무 아래 잠이 들어 그가 깨어났을 때에는 이미 누군가가 사과를 따 간 뒤였다.

이제는 막내아들이 사과나무를 지킬 차례가 되었다. 그는 일찍부터 서둘러 사과나무 아래 침대를 가져다 놓고 잠이 들었다. 자정 무렵이 되자 그는 잠에서 깨어나 사과나무를 쳐다보았다. 사과나무는 이제 꽃이 활짝 피어나기 시작했다. 그 빛이 어찌나 환하던지 눈이 부실 지경이었다. 그 순간 공작 아홉 마리가 날아와 여덟 마리는 사과나무 위에 앉고 한 마리는 왕자의 침대로 내려왔다. 내려온 순간 공작은 어여쁜 소녀로 변했다. 왕자는 이제껏 그토록 아름다운 소녀를 본 적이 없었다. 소녀와 왕자는 서로 입을 맞추며 사랑을 나누었다.

자정이 훨씬 넘자 소녀는 일어섰고 왕자에게 사과를 주어서 고맙다고 인사하였다. 그때 왕자는 사과 한 개는 두고 갈 수 없겠느냐고 물었다. 그러자 소녀는 두 개를 건네며 한 개는 왕자에게, 다른 한 개는 그의 아버지에게 주는 것이라고 했다. 말을 마친 소녀는 다시 공작으로 변하여 다른 공작들과 함께 날아가 버렸다. 그렇게 날이 밝자 왕자는 아버지에게 가서 사과 두 개를 모두 드렸다. 왕은 매우 기뻐했으며 막내아들에게 고맙다는 말을 했다. 다시 밤이 되자 막내 왕자는 사과를 지키기 위하여 사과나무 밑에 다시 침대를 갖다 놓고 소녀에게 사과를 얻어서 다음 날 아버지에게 두 개를 드렸다.

막내 왕자가 그렇게 며칠 동안 사과 지키는 데에 성공하자 두 형들은 심술이 났다. 그들은 사과를 지키질 못했는데 어떻게 막내는 사과를 매일 밤 지킨단 말인가. 그들은 그 까닭을 알아내기 위해서 묘안을 찾아냈다. 그들은 막내 왕자가 사과나무 아래 침대에 누워 있을 때 그 침대 밑에 노파를 숨겨놓고, 노파에게 잘 보아 두었다가 나중에 자신들에게 보고하도록 했다. 그것도 모르고 막내 왕자는 흐뭇해하면서 침대에 누워 공작들이 오기를 기다렸다.

자정이 되자 공작들이 사과나무로 날아왔고 그중 한 마리는 왕자의 침대로 내려와 앉자마자 어여쁜 소녀로 변했다. 둘은 반가이 포옹했으며 소녀의 곱게 땋아 내린 긴 머리^{처녀성의 상징이다}가 침대 아래까지 흘러내렸다. 그때 노파는 침대 아래로 흘러내린 머리를 잘라 버렸다. 그러자 소녀는 너무도 놀란 나머지 금세 공작으로 변하여 다른 공작들과 함께 날아가 버렸다. 막내 왕자는 침대 밑으로 고개를 숙여 소리쳤다.

"웬 놈이냐?"

그곳에 몰래 숨어 있는 노파를 발견한 그는 노파를 끌어내서 말꼬리에 매어 저 멀리로 쫓아 버렸다.

그런 일이 있고 난 뒤로는 사과를 얻기 위해 공작들이 날아들지 않았다. 막내 왕자는 너무도 슬픈 나머지 매일 눈물로 지새웠다. 그러다 결국에는 자신이 직접 공작을 찾아 나서기로 결심을 굳혔다. 그리고 그 소녀를 찾기 전에는 집에 돌아오지 않기로 마음을 먹었다. 그는 그의 아버지에게 찾아가 자신의 결심을 이야기했다. 아버지는 그를 말렸고 그의 왕국에서 가장 어여쁜 소녀를 찾아 그에게 주겠노라고 말했다. 하지만 그에게 그런 말들이 귀에 들어올 리가 없었다. 그의 머릿속은 온통 공작뿐이었다. 왕자는 급히 차비를 하여 길을 떠났다.

긴 여정 끝에 그는 어느 호숫가에 이르렀다. 그곳에는 매우 화려하고 커다란 왕궁이 있었다. 그 안에는 여왕으로 보이는 할머니와 그의 딸이 살고 있었다. 그는 할머니에게 물었다.

"안녕하세요. 공작 아홉 마리에 대해서 아시는 게 있나요?"

할머니가 그에게 말했다.

"아, 젊은이 알고말고. 그들은 정오가 되면 여기에서 목욕을 하려고 매일 온다우. 하지만 그 공작들은 잊고 여기 나의 딸을 보게나. 어여쁜 나의 딸을 데려가게. 그러면 내가 자네에게 모든 것들을 주겠네."

하지만 그의 마음속은 온통 공작 소녀로 차 할머니가 말하는 그 소녀에게는 관심도 가질 않았다. 아침이 되자 왕자는 일어나 공작들을 보기 위해 호숫가로 나섰다. 할머니는 자신의 하인을 불러 불을 피울 때 쓰는 풀무를 주면서 얘기했다.

"이 풀무를 들고 가. 호숫가에 가면 왕자 몰래 그의 목을 향해 바람을 날려라. 그러면 그가 곧 잠이 들 테니. 그리 되면 공작과 얘기할 수 없겠지."

이 사악한 하인은 그대로 행했다. 그들이 호숫가로 갔을 때 그는 왕자의 목에 대고 바람을 날렸다. 그러자 왕자는 마치 죽은 사람처럼 꼼짝 않고 잠들어 버렸다. 그가 잠들자마자 공작들이 날아왔다. 여덟 마리는 호숫가로 가고 아홉 번째 공작은 말에 내려앉아 왕자에게 입맞춤하며 그를 껴안았다.

"일어나요, 나의 사랑! 일어나요, 나의 영혼이여! 제발."

하지만 왕자는 꼼짝도 않았다. 목욕을 마친 공작들은 모두 함께 날아가 버렸다. 그러자 왕자는 잠에서 깨어났고 자신의 하인에게 물었다.

"무슨 일이 있었지? 그들이 왔어?"

왕자의 하인은 주인에게 공작들이 모두 왔는데 여덟 마리가 목욕을 하고 있는 동안 아홉 번째 공작은 왕자의 말에 내려앉아 왕자에게 입맞춤을 하며 안아 주었다는 얘기를 들려주었다. 그 말을 들은 왕자는 가슴이 터질 것만 같았다. 정오가 되자 그는 다시 준비를 하고 말에 올라타 호숫가로 발걸음을 옮겼다. 할멈의 사악한 하인이 다시 왕자의 목을 향해 바람을 날려 댔고 왕자는 이내 잠이 들었다. 공작들이 찾아와 여덟 마리는 호수로 갔고 아홉 번째 공작은 말에 내려앉아 왕자에게 입맞춤하며 그를 깨웠다.

"나의 사랑, 일어나세요! 나의 영혼이여, 깨어나세요! 제발."

그러나 그렇게 해도 그는 깨어날 기미를 보이질 않았다. 그는 죽은 사람처럼 자기만 했다. 그러자 공작이 하인에게 말했다.

"너의 주인에게 말을 전해 줘. 내일 하루 더 이곳에서 나를 만날 수 있을 거라고. 우리는 내일 마지막으로 이곳에 오게 될 거야. 그 후로 영영 못 만나지."

그렇게 말하고는 다시 날아가 버렸다. 그들이 날아가자마자 왕자가 깨어나 자신의 하인에게 물었다.

"그들이 왔느냐?"

하인이 대답했다.

"왔지요. 그리고 말하기를 내일이 마지막으로 오는 날이라고 말했습니다. 내일이 지나면 다시는 오질 않는다고 하더군요."

가엾은 왕자는 그 말을 듣자 자신의 실수를 원망하면서 머리를 쥐어뜯었다. 그는 고통과 억울함으로 어찌 해야 할지를 몰랐다. 세 번째 날이 밝자 그는 다시 호숫가로 갈 차비를 하여 그의 하인과 함께 길을 나섰다. 하지만 이번에는 호숫가를 산책하지 않았다. 혹시라도 또 잠이 들지도 모른다는 두려움에 말을 타고 호수 주위를 달렸다. 하지만 이번에도 역시 할멈의 하인이 그에게 바람을 날릴 절묘한 기회를 잡았다. 왕자는 곧 말에서 떨어져 깊은 잠에 빠져들고 말았다. 그가 잠이 들자마자 공작들이 또 날아들었다. 여덟 마리는 호수로 들어가고 아홉 번째 공작은 다시 왕자의 말에 내려앉아 그에게 입을 맞추며 그를 껴안았다.

"오, 나의 사랑! 일어나세요. 오, 나의 영혼이여! 깨어나세요. 제발."

하지만 이번에도 소용이 없었다. 그는 죽은 사람처럼 잠들어 있을 뿐이었다. 그러자 공작이 하인에게 말했다.

"너의 주인이 일어나거든 그에게 위에 박혀 있는 쐐기를 아래로 떨어뜨리라고 전해 줘. 그리하면 날 곧 찾게 될 거라고."

그렇게 말을 남기고는 다른 공작들과 함께 날아가 버렸다. 그들이 날아가자마자 왕자는 잠에서 깨어나 하인에게 물었다.

"그들이 왔어?"

하인이 답했다.

"예, 왔지요. 그녀는 왕자님의 말에 내려앉아 입맞춤을 하며 껴안아 주었어요. 그러고는 위에 박혀 있는 쐐기를 아래로 떨어뜨리면 곧 그녀를 찾을 수 있을 거라 하더군요."

왕자가 그 말을 듣고는 칼을 꺼내 하인의 목을 쳐 버렸다. 그 뒤로는 계속 혼자 여행을 했다. 오랫동안 그렇게 여행을 하다 보니 어느 산에 이르게 되었다. 그 산 속에는 숨어서 살고 있는 노인이 있었다. 왕자는 오늘밤 그 노인의 집에 머물기로 했다. 그리고 공작 아홉 마리에 대해 아는 바가 없는지 물었다. 노인이 대답했다.

"그래, 그렇다면 마침 잘 찾아온 셈이군. 신께서 자네를 바로 이곳으로 인도해 주신 거야. 더 이상 헤매고 다닐 필요가 없지. 여기에서 곧장 가면 커다란 문 하나를 발견하게 될 거야. 그 문을 지나면 오른쪽으로 가게나. 그러면 도시를 보게 될 걸세. 그 안으로 들어가면 그들이 사는 궁전이 있을 거야."

이튿날 날이 밝자마자 그는 서둘러 갈 차비를 마치고 길을 나섰다. 그리고 노인이 일러 준 대로 계속 길을 걸었다. 그러자 정말 커다란 문이 나왔다. 그 문을 지나자 그는 노인이 일러 준 대로 오른쪽으로 갔다. 그랬더니 정말로 도시 하나가 나타났다. 그는 뛸 듯이 기뻤다. 도시에 들어선 그는 사람들에게 황금 공작이 사는 궁전이 어디인지를 물었다. 물어 물어 궁전 앞에 이르렀을 때 궁전을 지키는 병사가 그가 어디에서 온 누군지를 물었다. 왕자는 사실대로 얘기했고 병사는 들은 대로 궁전으로 들어가 여왕에게 고했다. 그러자 그 말을 듣자마자 황금 공작이 소녀의 모습으로 맨발로 뛰어나왔다. 그들은 어찌나 기쁜지 서로 얼싸안고 기쁨의 눈물을 흘렸다. 그렇게 그들은 성대한 잔치를 베풀고 결혼식을 올렸다. 그는 이 궁전 안에서 소녀와 함께 행복하게 지냈다.

어느 날 여왕은 산책길에 나서기 전에 궁전에 홀로 남을 왕자에게 지하실 열쇠를 열두 개 건네주며 말했다.

"모든 지하실에 들어가도 상관이 없어요. 하지만 열두 번째 지하실 안으로 들어가서도 안 되고 열려고 해서도 안 돼요. 엄청난 일이 일어날 테니까요."

그리고 그녀는 다른 사람들과 함께 나갔다. 홀로 궁전에 남은 왕자는 생각했다.

'아니, 도대체 열두 번째 지하실에는 뭐가 있는 거지?'

그러고는 모든 지하실 문들을 차례대로 열어 보았다. 그가 열두 번째 지하실 앞에 이르자 그리 열어 보고 싶지는 않았지만 그 안에 도대체 무엇이 있는지 호기심이 생겼다. 결국 그는 열두 번째 지하실 문을 열고야 말았다. 그 안에는 한가운데에 철로 된 고리로 단단하게 잠긴 우물이 있었다. 그 안에서 어떤 목소리가 들렸다.

"어서 오시오, 형제여. 목이 말라 죽을 거 같으니 물 한 잔만 주시구려."

왕자는 물 한 잔을 떠서 우물 안에 부어 주었다. 그러자 철로 된 단단한 고리 하나가 풀렸다. 그러자 다시 목소리가 들려왔다.

"어서 오시오, 형제여. 목이 말라죽을 거 같으니 물 한 잔만 주시구려."

그러자 왕자는 다시 물을 떠서 그 안에 부어 주었다. 그러자 이번에도 단단한 철로 된 고리가 하나 풀렸다. 그러자 세 번째로 다시 목소리가 들렸다.

"어서 오시오, 형제여. 목이 말라죽을 거 같으니 물 한 잔만 주시구려."

왕자는 세 번째에도 물을 떠서 그 안에 부어 주었다. 그러자 모든 고리가 풀리더니 그 안에서 뱀 한 마리가 튀어 나와 왕자의 아내를 가로채 사라졌다.

잠시 후 하녀가 다가오자 왕자는 일어난 일들을 모두 말해 주었다. 그는 앞으로 어떻게 해야 좋을지 난감했다. 그러나 이내 마음을 가다듬고 그녀를 찾기 위해 길을 나설 결심을 했다. 그렇게 기나긴 여행을 계속 하던 중 강을 건너려고 할 때 물고기 한 마리가 물 밖에서 퍼덕이는 것을 봤다. 물고기가 왕자에게 애원했다.

"당신은 나의 구원자입니다. 그러니 어서 날 물 속으로 던져 주세요. 언젠가 나의 도움이 필요할 때가 올 겁니다. 그리고 나의 비늘을 한 개 떼어 가지고 있다가 어려운 상황이 되면 그걸 흔들어요."

왕자는 물고기의 비늘 하나를 떼고 물 속으로 던져 주었다. 떼어 낸 비늘은 수건으로 잘 감쌌고 길을 계속 걸었다. 기나긴 여정을 계속 하던 중 그는 덫에 걸린 여우 한 마리를 발견하게 되었다. 여우는 애원하며 말했다.

"당신은 나의 은인이에요. 나를 이 덫에서 구출해 주세요. 당신이 나를 필요로 할 때가 올 겁니다. 그러니 나의 털 하나를 뽑아 가지고 있다가 흔들기만 하세요."

왕자는 여우로부터 털 하나를 뽑고 여우를 덫에서 구해 주었다. 그렇게 길을 계속 가던 도중 이번에는 덫에 걸린 늑대 한 마리를 발견했다. 늑대가 애원하며 말했다.

"당신은 나의 은인이에요. 나를 이 덫에서 구출해 주세요. 내가 필요한 때가 올 겁니다. 그러니 나의 털 하나를 뽑아 가지고 있다가 흔들기만 하세요."

왕자는 늑대로부터 털 하나를 뽑은 후 덫에서 구출해 주었다. 그렇게 여행을 계속하던 그는 이번에는 한 남자를 만나게 되었다. 왕자는 그 남자에게 물었다.

"안녕하세요, 뱀 왕이 살고 있는 궁전이 어디에 있는지 혹시 아십니까?"

남자는 왕자에게 이 길로 쭉 가면 된다고 일러 주었고 왕자는 길을 계속 걸어갔다. 그러자 뱀 왕이 살고 있는 궁전에 이르게 되었다. 그가 그 궁전에 들어가자 그는 애타게 찾고 있던 아내를 만나게 되었다. 그들은 너무도 기쁜 나머지 눈물을 흘렸다. 그리고 어떻게 이곳에서 빠져나갈 수 있는지를 궁리하며 빨리 말에 올라타고 서둘러 길을 나섰다.

그러나 그들이 궁전에서 빠져 나가자 뱀이 도착했다. 뱀이 궁전 안으로 들어오자 자신의 아내가 없다는 사실을 깨달았다. 그는 자신의 말에게 물었다.

"어떡하지? 먹을까, 마실까, 아니면 어서 당장 뒤를 쫓을까?"

말이 대답했다.

"어서 먹고 마시세요. 내가 곧 뒤를 쫓을 테니 아무 걱정 마세요."

뱀은 점심을 먹고 난 뒤 말 위에 올라탔다. 그러고는 눈 깜짝할 사이에 왕자와 황금 공작이 있는 곳에 도착했다. 뱀은 도착하자마자 아내를 빼앗고 왕자에게 말했다.

"너는 어서 가라. 네가 나에게 물을 준 것에 대한 답례이다. 만약 살고 싶으면 더 이상 나타날 생각을 하지 마라."

가엾은 왕자는 잠시 길을 가다가 도저히 자신의 아내를 잊을 수가 없어서 다시 발걸음을 돌렸다. 다음 날 뱀의 궁전에 돌아와서는 아내를 찾았다. 그의 아내는 그를 보자마자 기쁨의 눈물을 흘리며 그를 얼싸안았다. 그들은 어떻게 도망을 칠 수 있을지 궁리했다. 왕자가 아내에게 말했다.

"뱀이 왔을 때 그의 그 빠른 말을 어디에서 구했는지 물어봐요. 우리도 그런 말을 찾으면 아무도 우리를 쫓을 수가 없지."

그렇게 말을 하고는 궁전을 떠났다. 뱀이 궁전으로 왔을 때 그녀는 평소와 다르게 친절하고 상냥하게 맞아 주었다. 그리고는 긴 대화 끝에 그에게 물었다.

"당신은 정말 빠른 말이 있지요! 그건 신이 당신에게 선사라도 한 건가요?"

그러자 그가 대답했다.

"어, 그러니까 내가 어디에서 그 말을 얻은 거냐 하면, 하긴 그건 아무나 구할 수 있는 게 아니지. 아주아주 멀리 떨어진 저 산에 가면 한 노파가 살고 있거든. 그 노파는 여물통 뒤에 말 열두 마리를 가지고 있어. 어떤 말이 가장 잘생긴 건지 구별할 수 없을 만큼 모두 훌륭하지. 그중에서도 험상궂게 생긴 녀석이 있는데 보기에는 그래도 가장 뛰어난 말이야. 그 녀석이 내가 가지고 있는 말의 동생이거든. 그 말을 얻게 되면 하늘 끝까지라도 달릴 수가 있지. 하지만 그 말을 노파로부터 얻기 위해서는 그 노파의 집에서 사흘 동안 하인으로 지내야 해. 그 노파에게는 또다른 암말과 망아지가 있는데 다루기가 여간 힘든 게 아니거든. 그 말들을 사흘 밤낮 지킨다는 것 또한 그리 쉬운 일은 아니야. 만일 하다가 실패하면 당장 목숨을 잃게 될걸."

다음날 뱀이 집을 떠나자 왕자가 왔다. 황금 공작은 왕자에게 자신이 들은 이야기들을 모두 일러 주었다. 그 말을 듣자 왕자는 노파가 있는 산으로 향했고 이윽고 노파가 있는 집으로 들어가서 말했다.

"할머니, 제발 도와주세요!"

그러자 노파가 말했다.

"그래? 내가 널 어떻게 도와줄 수 있겠니?"

그가 말했다.

"제가 할머니 댁에서 일할 수 있도록 해 주세요."

그러자 노파가 말했다.

"그래, 젊은이. 사흘 밤낮을 내 집에서 기꺼이 일해 준다면 네가 원하는 아무 말이나 주겠어. 하지만 그렇지 못할 경우에는 난 네 목을 치고 말 테야."

그렇게 말을 하고는 왕자를 마당 한가운데로 데리고 나왔다. 그 주위에는 목을 잃은 사람들의 몸이 즐비하게 놓여 있었다. 누군가가 소리쳤다.

"할머니, 머리를 주세요."

노파는 이 모든 것들을 보여주고 말했다.

"보았지? 이들은 나에게로 와서 마구간을 지켜 주겠다고 해놓고 제대로 일을 하지 못해 이렇게 되고 말았지."

  그러나 왕자는 겁내지 않고 노파의 집에 머물러 일을 하기로 했다. 저녁이 되자 그는 암말을 이끌고 들로 나왔다. 그 뒤를 망아지가 쫓았다. 그는 줄곧 암말 위에 올라앉아 있었다. 그렇게 자정이 되자 왕자는 졸음이 오는 것을 느끼기 시작했다. 그가 깜빡 잠이 든 사이 엄청난 일이 벌어지고 말았다. 누군가가 암말을 끌고 간 건지 암말이 스스로 도망을 간 건지, 그가 깨어 보니 암말이 온데간데없이 사라졌다. 그때 그는 자신이 물 속으로 돌려보내 준 물고기를 떠올렸다. 그는 주머니의 손수건 안에서 물고기의 비늘을 꺼내 가볍게 흔들었다. 그러자 어디에선가 물고기가 나타나 왕자에게 말했다.

  "안녕하세요. 무슨 일이지요, 나의 은인?"

  그가 물고기에게 답했다.

  "내가 할머니의 암말을 잃어버렸어. 도대체 어디로 갔는지 알 수가 없어."

  그러자 물고기가 말했다.

  "여기 우리와 함께 있어요. 암말은 물고기로 변했고, 망아지는 작은 물고기로 변했지요. 자, 어서 물을 치며 '돌아와라, 할머니의 암말아!' 하고 외쳐요."

  그러자 왕자는 물을 치면서 말했다.

  "돌아와라, 할머니의 암말아!"

  그러자 암말이 원래 모습 그대로 다시 돌아왔고 망아지도 자신의 모습으로 돌아왔다. 그는 다시 그들을 이끌고 할머니의 집에 도착했다. 그러고는 마구간 안에 그들을 넣어두었다. 할머니는 그에게 먹을 것을 주었다. 그러고는 마구간으로 가서 고함을 질렀다.

  "물고기로 변하라고 했잖아, 이 바보 같은 것들아!"

그러자 암말이 말했다.

"예, 우리도 물고기로 변신을 했어요. 그런데 저 소년은 물고기들과 친구여서 물고기들이 우리의 변한 모습을 알려주고 말았어요!"

그러자 할머니가 말했다.

"다음에는 여우로 변해라."

다시 저녁이 되자 그는 암말을 타고 들로 나갔다. 망아지는 뒤를 쫓았다. 그렇게 암말을 타고 가다 보니 어느덧 자정이 되었다. 암말을 타고 있던 왕자는 깜빡 잠이 들었다. 그리고 다음 순간 놀라 잠에서 깨어 보니 암말과 망아지는 온데간데없이 사라지고 없었다. 그는 자신의 손 안에 쥐고 있던 채찍만 바라볼 뿐이었다. 그는 열심히 암말과 망아지를 찾아보았다. 그러던 중 그는 어제 할머니가 암말에게 한 말이 떠 올랐다. 그래서 호주머니 안의 손수건을 꺼내고 그 안에 있는 여우의 털을 흔들었다. 그러자 여우가 그의 앞에 나타났다.

"무슨 일이에요, 나의 은인?"

그가 말했다.

"내가 할머니의 암말을 잃어버렸거든. 도대체 어디로 갔는지 알 수가 없어."

그러자 여우가 말했다.

"여기 우리와 함께 있어요. 암말은 여우로, 망아지는 작은 새끼 여우로 변해 있지요. 그러니 어서 '돌아와라, 할머니의 암말아!' 라고 말을 하며 채찍으로 땅을 내리치세요."

그는 채찍으로 땅을 치며 말했다.

"돌아와라, 할머니의 암말아!"

암말은 원래의 모습 그대로 암말이 되었고 새끼 여우는 다시 망아지가 되었다. 그는 다시 암말을 타고 집으로 향했고 망아지가 뒤를 쫓았다. 그가 집에 도착하자 할머니가 그에게 점심을 주었다. 그리고는 암말을 곧 마구간으로 데리고 갔다. 그곳에서 할머니가 암말을 꾸짖으며 말했다.

"여우로 변하라고 했잖아!"

암말이 대답했다.

"여우로 변했어요. 그런데 왕자가 여우들과 친구 사이라 여우들이 그에게 우리의 변한 모습을 일러 주었어요."

그러자 이번에는 할머니가 말했다.

"이번에는 늑대로 변해라!"

다시 저녁이 되자 그는 암말을 타고 들로 나갔다. 망아지는 뒤를 쫓았다. 그렇게 암말을 타고 가고 있자니 어느덧 자정이 되었다. 암말을 타고 있던 왕자는 깜빡 잠이 들었다. 그리고 다음 순간 놀라 잠에서 깨어 보니 암말과 망아지는 온데간데없이 사라지고 없었다. 그는 자신의 손 안에 쥐고 있던 채찍만 바라볼 뿐이었다. 그는 열심히 암말과 망아지를 찾아보았다. 그러던 중 어제 할머니가 암말에게 한 말이 떠올랐다. 그래서 호주머니 안의 손수건을 꺼내고 그 안에 있는 늑대의 털을 흔들었다. 그러자 늑대가 그의 앞에 나타났다.

"무슨 일이에요, 나의 은인?"

"내가 할머니의 암말을 잃어버렸거든. 도대체 어디로 갔는지 알 수가 없어."

그러자 늑대가 말했다.

"여기 우리와 함께 있어요. 암말은 늑대로, 망아지는 작은 새끼 늑대로 변해 있지요. 그러니 어서 말을 하세요, '돌아와라, 할머니의 암말아!' 하고요."

그는 채찍으로 땅을 치며 말했다.

"돌아와라, 할머니의 암말아!"

암말은 원래의 모습 그대로 암말이 되었고 새끼 늑대는 다시 망아지가 되었다. 그는 다시 암말을 타고 집으로 향했고 망아지가 뒤를 쫓았다. 그가 집에 도착하자 할머니는 그에게 점심을 주고는 암말을 곧 마구간으로 데리고 가서 꾸짖었다.

"늑대로 변하라고 했잖아!"

암말이 대답했다.

"늑대로 변해 있었어요. 그런데 왕자가 늑대들과 친구 사이라 늑대들이 우리의 변한 모습을 일러 주었어요."

그때 할머니는 밖으로 나왔고 왕자는 말했다.

"할머니, 전 약속대로 할머니 댁에서 일을 잘했으니 말씀하신 대로 이제 말을 주세요."

할머니가 말했다.

"그래, 젊은이. 약속은 약속이지. 자네가 원하는 그 어떤 말이든 가져도 좋아."

그러자 왕자가 할머니에게 말했다.

"제가 원하는 것은 저기 저 모퉁이에 있는 말이에요. 다른 말들은 눈에 들어오지도 않아요."

그러자 노파가 말했다.

"아니, 다른 훌륭한 말들도 있는데 하필 왜 저걸 가져가려 하지!"

그러나 그는 자신의 뜻을 바꾸지 않고 말했다.

"약속은 약속이니 제가 원하는 저 말을 주세요."

노파는 어쩔 도리가 없어 그 말을 왕자에게 내주었다. 왕자는 그 말을 타고 숲을 지나왔다. 숲 한가운데에 이르자 갑자기 말의 몸에서 금으로 된 털들이 돋더니 이제껏 보지 못한 훌륭한 모습으로 바뀌었다. 왕자를 태운 말은 마치 새처럼 하늘을 날았고 왕자는 눈 깜짝할 순간에 뱀의 궁전에 도착했다. 왕자는 궁전 안으로 들어와 자신의 아내에게 말했다.

"자, 어서 떠날 준비를 해요."

그들은 황급히 말에 올라타고 궁전을 빠져 나왔다. 그들이 멀리 멀리 사라지자 한참 뒤에 뱀이 도착했다. 그리고는 아내가 없는 것을 알아차렸다.

"이제 어쩌지? 먹을까, 마실까 아니면 당장 쫓아갈까?"
"먹든지 마시든지 어쨌든 간에 그들을 쫓아갈 수는 없을 겁니다."
뱀은 그 말을 듣자 당장 말에 올라 그들을 쫓기 시작했다.

왕자와 그의 아내는 뱀을 태운 말이 자기 뒤를 쫓고 있다는 것을 알게 되자 겁에 질려 말에게 어서 빨리 달리도록 재촉했다. 그러자 말이 이야기했다.

"겁내지 마세요. 우리는 도망갈 필요가 없어요."

어느새 뱀을 태운 말이 가까이 왔다. 뱀을 태운 말은 왕자와 그의 아내를 태운 말에게 소리쳤다.

"아우야, 너무 빨리 가지 마. 너를 쫓다가 숨 넘어가게 생겼어."
그러자 동생 말이 대답했다.

"아니, 형은 왜 그런 괴물을 태우고 다니는 거야! 어서 발길질을 해서 그를 돌에 떨어뜨리고 나와 함께 가자고."

그 말을 들은 형 말은 강하게 뒷발을 들어 뱀을 돌에 떨어뜨렸다. 그러자 뱀은 산산조각이 나고 말았다. 그렇게 되자 형제 말은 사이 좋게 달리기 시작했다. 왕자도 자신의 아내를 데리고 그녀의 왕국에 무사히 도착해서 그 왕국을 다스리면서 평생을 행복하게 살았다고 한다.

영원한 어둠의 세계

　이것은 세상 끝으로 자신의 군대를 이끌고 온 황제가 아무것도 보이질 않는 영원한 어둠의 세계로 향하는 이야기이다. 그는 어떻게 되돌아갈지도 모른 채 자신이 이끄는 암소 무리만을 앞세우고 그저 앞으로 앞으로 향했다.
　그들 모두가 영원한 어둠의 세계로 발을 내딛자 발밑에서 무언가 돌 같은 것이 밟혔다. 그때 어둠 속에서 어떤 말소리 같은 것이 들렸다.
　"이곳에서 돌을 가져가면 후회하게 될 거요. 하지만 가져가지 않아도 후회하게 되죠!"
　그러자 그중 누군가는 생각했다.
　'후회할 거라고 하는데 가져갈 필요 없지.'
　그러자 다른 이도 생각했다.
　'난 한 개라도 가지고 갈 거야.'
　그들은 저 어둠의 세계에서 돌아온 다음 자신이 가지고 나온 것이 보물이란 것을 깨달았다. 그러자 그것을 가지고 나오지 않은 사람들은 후회하기 시작했고 가져온 이들도 더 많이 가져오지 못한 것을 후회했다.

두더지의 유래

어떤 농부가 다른 사람의 땅을 자기 것으로 만들기 위하여 땅 속에 자신의 아들을 묻었다. 그리고는 아들에게 자기가 땅을 파면 무슨 말로 대답해야 하는지 알려주었다.

분쟁이 나서 재판관들과 배심원들이 땅에 도착하자 아들을 땅 속에 묻은 농부는 땅을 파며 물었다.

"오, 가엾은 땅아, 네가 누구의 땅이더냐?"

"전 당신의 땅입니다!"

땅속에서 어린이의 목소리가 들렸다.

진짜 땅의 주인은 너무도 놀란 나머지 온몸을 떨고만 있었다. 재판관들은 그 땅이 거짓으로 일을 꾸민 농부의 땅이라고 결론을 짓고는 가 버렸다.

그러자 사기꾼 농부는 이제 아들을 꺼내려고 땅을 파기 시작했다. 하지만 땅을 파놓고 보니 아이가 없는 것이 아닌가! 그는 아들을 불렀다. 그런데 아이는 대답을 하면서도 계속 도망치는 것이었다. 아이는 그렇게 해서 두더지로 변해 버렸다. 사람들은 이렇게 해서 두더지가 생긴 것이라고 믿게 되었다.

내기를 위한 거짓말

어느 아버지가 아이를 물레방앗간으로 보내면서 턱수염이 없는 남자의 방앗간에서는 절대로 밀을 갈지 말라고 일러 주었다. 아이가 물레방앗간에 도착했는데 거기에 턱수염이 없는 남자가 앉아 있는 것이 아닌가!

"도와주세요, 아저씨!"

"안녕, 꼬마야!"

"이곳에서 밀을 좀 빻아도 될까요?"

"그럼, 나도 이렇게 찧고 있잖니. 내가 마치고 나면 너도 원하는 만큼 얼마든지 빻을 수 있고말고."

하지만 아이는 이내 아버지가 한 말을 떠올리고 밖으로 나가 다른 물레방앗간으로 발걸음을 옮겼다. 그러자 턱수염 없는 남자는 서둘러 자신의 짐을 챙겨서는 지름길로 두 번째 물레방앗간에 도착해 여유롭게 그곳에서 잠을 청하고 있었다.

소년이 두 번째 물레방앗간에 와 보니 역시 이곳에도 턱수염 없는 남자가 있는 것이 아닌가. 그러자 소년은 다시 짐을 챙겨 다른 물레방앗간으로 발걸음을 옮겼다. 이때 턱수염 없는 남자도 급히 짐을 챙겨 아이보다 먼저 세 번째 물레방아간으로 도착하기 위해 지름길로 달려서는 잠을 청하고 있었다.

아이가 세 번째 물레방앗간에 도착해보니 역시 또 턱수염 없는 남자가 있는 것이 아닌가. 그렇게 해서 또 네 번째 물레방앗간을 향해 갔지만 마찬가지였다. 할 수 없이 소년은 자신의 짐을 풀고 턱수염 없는 남자와 함께 밀을 빻기로 하고 가방을 내려놓았다. 턱수염 없는 남자는 자신의 밀을 빻고 아이는 자신의 밀을 빻았다. 그때 턱수염 없는 남자가 말했다.

"애, 꼬마야. 너의 밀가루로 빵을 만드는 게 어떨까?"

아이는 아버지가 한 말을 똑똑하게 기억했지만 이제는 다른 방법이 없다는 것을 깨달았다. 게다가 이제 이렇게 함께 쳐다보고 있는데 뭐 어떠랴 싶었다. 그래서 그는 대답했다.

"예, 그러지요."

턱수염 없는 남자는 일어나 아이의 밀가루를 큰 통에 부었다. 그리고 아이에게는 물을 한 그릇 떠오도록 했다. 남자는 그 밀가루들을 힘껏 반죽한 후 꽤 큼직한 빵 모양을 만들었다. 그리고 그것을 불 속에 넣고 굽기 시작했다.

얼마 지나 고소한 향기가 났고 빵은 다 구워졌다. 맛있게 구워진 빵을 꺼낸 남자가 아이에게 말했다.

"그런데 꼬마야, 이 빵은 우리가 나눠 먹을 수도 있어. 하지만 그다지 크지 않으니까 우리 거짓말하기 내기를 해서 이긴 사람이 모두 갖는 것이 어떨까?"

아이는 속으로 생각했다.

'별다른 방법은 없는 것 같다.'

"그래요. 시작하죠."

턱수염 없는 남자는 횡설수설 거짓말을 늘어놓기 시작했다. 그렇게 얘기를 계속하다 그는 지쳐 버렸다. 그러자 아이가 말했다.

"어이, 턱수염 없는 아저씨. 더 이상 얘기할 게 없으세요? 아저씨가 지금까지 말씀하신 건 아무것도 아니네요. 내가 아저씨에게 진짜로 있었던 일을 하나 말씀드리지요. 내가 어릴 적 얘긴데요. 난 그때 어느 노인과 함께 살았거든요. 우리는 꿀벌집을 아주아주 많이 가지고 있었어요. 어찌나 많았던지 그 숫자를 셀 수가 없을 정도였지요. 하지만 난 매일매일 그 수를 세었고 벌들이 몇 마리인지 모두 세었어요. 그런데 어느 날 내가 벌들을 세다 보니 가장 훌륭한 벌이 없는 거예요. 난 부랴부랴 다른 벌을 타고 그 사라진 벌을 찾아나섰어요. 그렇게 우리는 바다를 건너 산을 넘어 계속 벌을 찾아 헤맸지요. 그러다 어느 바닷가에 도착했더니 웬 사내가 나의 벌을 잡아 밭을 갈도록 쟁기질을 시키고 있는 게 아니겠어요? 난 너무도 놀란 나머지 소리를 지르고 말았어요. '그건 나의 벌이예요. 아저씨가 나의 벌에게 무슨 짓을 하는 거죠?' 그러자 남자가 대답했어요, '그래, 만약 너의 것이라면 여기 가져가렴.' 그렇게 나에게 벌을 돌려주면서 가방 한가득 기장을 담아 던져 주었어요. 나는 그 기장이 가득 든 가방을 어깨에 메고 다시 벌을 타고 갔어요. 신나게 가다가 벌이 지칠 만하면 조금 쉬었다 가고, 그렇게 계속 달려가자니 어느덧 바다에 이르렀어요. 우리는 어떻게 바다를 건너갈까 궁리하다가 가방 안에 가득 든 기장을 바다에 던졌어요. 그랬더니 바다가 메워져 거의 육지처럼 걸을 수 있게 길이 만들어진 거예요. 그렇게 해서 바다를 건너 들에 도착했어요. 풀들이 너무도 무성해서 자리에 누울 수가 없는 곳이었는데 나의 벌이 무성하게 자라난 그 풀들을 모두 먹어 버렸어요. 바닥은 마치 침대마냥 반듯해졌지요. 날이 어두워지자. 나와 벌은 그곳에 함께 누워 잠이 들고 말았어요. 아침이 되어 일어나보니, 늑대가 나의 벌을 죽이고 먹어치워 버렸더군요. 꿀이 얼마나 많이 흘렀는지 계곡에 넘쳐서 들판에도 흥건하게 흐르고 있더라고요. 난 어떻게 하면 이 꿀을 담을 수 있을까 생각했지요. 그때 나의 머릿속에 좋은 생각이 하나 떠올랐어요. 산에 사는 짐승의 가죽을 이용하는 것이에요. 때마침 숲에 가 보니 한 발로 팔짝거리며 놀고 있는 산짐승들이 있더라고요. 가지고 있던 도끼로 한 세 마리쯤 잡았지요. 나의 날카로운 도끼 날로 그 산짐승들의 가죽을 벗겨 꿀을 담기 시작했어요. 결국 나의 벌이 꿀을 선사한 셈이지요. 난 그것을 가지고 집에 도착했어요. 집에 도착해 보니 나의 아버지가 위독하신 거예요. 아버지가 나에게 하늘로 올라가 생명수를 가져오라고 하더군요. 난 내가 어떻게 하늘로 올라갈 수 있을까 궁리를 했지요. 바다야 기장을 떨어뜨려 가득 메운 뒤 건너갈 수 있었지만 하늘로는 어떻게 올라가야 하는지 막막하더군요. 하지만 바다에 떨어뜨렸던 기장이 하늘로 길을 열지 못하란 법이 없잖아요. 난 그렇게 열린 길을 타고 하늘 위로 올라갔어요. 하늘로 올라간 나는 그 기장을 가루내고 잘 반죽해서 맛있는 빵을 만들었지요. 그래서 신선한 우유와 함께 신에게 선물을 했어요. 그러면서 애원했지요. '신이여, 도와주소서!' 신께서 응답하기를 '너를 언제나 도우마!' 하시잖아요. 그래서 생명수를 얻을 수 있었지요. 그걸 들고 얼른 땅으로 내려갈 생각이었는데 때마침 큰 비가 내렸어요. 어떻게 땅으로 내려갈지 고민했답니다. 왜냐하면 나의 기장이 큰 비에 쓸려가 그걸 타고 땅으로 내려올 수가 없어졌거든요. 그때 난 나의 긴 머리카락을 떠올렸어요. 그래, 긴 머리를 땋아 땅까지 내려가는 거야. 난 나의 머리를 잘라 가닥가닥 엮어 기다란 동아줄을 만들었어요. 날이 어두워지면 잠시 멈췄다가 날이 밝으면 다시 땋으려 했지만 도무지 날이 밝아지지 않는 거예요. 그때 불도 없었으니 당황했지요. 부싯돌과 검은 가지고 있었지만 불을 붙일 나무가 없었던 거죠! 그런데 그때 갑자기 내가 숲에 숨겨둔 바늘이 떠올랐어요. 난 그걸 서둘러 꺼내서는 불을 붙였어요. 그랬더니 놀라울 정도의 불길이 일어서 금방 아주 따뜻해졌지요. 그래서 잠이 들었어요. 그런데 나의 머리카락에 불길이 붙어버린 거예요. 난 머리를 데굴데굴 굴리며 불을 끄려고 했어요. 하지만 좀처럼 불을 끌 수가 없었어요. 얼른 달려가 괭이를 집어들고 땅을 파서는 머리를 그 속에 집어넣었더니 불이 꺼져 버리더군요. 그렇게 해서 생명수를 집까지 무사히 가져올 수 있었지요. 내가 집에 돌아왔을 때는 한창 수확할 무렵이었어요. 난 들판 한가운데에서 수확을 하느라 비지땀을 흘리고 있는 사람에게 소리쳤지요, '아니, 우리 집에서 암말 두 마리를 가져다가 일을 시키면 하루에 할 수 있는 일을 왜 힘들게 그러고 하는 거예요!' 그렇게 말을 마치자마자 나의 아버지가 암말을 끌고 들에 나와 일을 하시는 거예요. 그때 나에게 물 한 그릇 가져오라고 시키시더군요. 난 나무로 된 커다란 그릇을 들고 물을 가지러 갔지요. 그런데 물이 있는 곳에 이르니 물이 모두 얼어 버린 거예요. 머리를 얼음에 박치기해서 얼음을 모두 깨버리고는 물을 퍼냈지요. 물을 들고 수확하는 곳에 도착하니 사람들이 소리치는 거예요, '아니 머리를 어디에 흘리고 왔니?' 금세 내 머리를 다시 끼우려는데 그때 여우 한 마리가 뇌를 먹기 위해 서서히 다가오고 있었어요. 아주 조심스럽게 다가오더군요. 내가 다리를 들어 위협하자 그 여우는 겁을 먹었어요. 그러더니 너무도 놀란 나머지 가지고 있던 작은 쪽지를 떨어뜨리고는 도망치지 뭐예요. 글쎄 그 안에 뭐라고 써 있었는지 아세요? 난 얼른 그 쪽지를 펴고 읽었어요. '나에게는 빵을, 턱수염 없는 아저씨에게는 엿을!'"

그러고서 아이는 일어나 빵을 들고 갔다. 턱수염 없는 남자는 사라져 가는 그 아이를 멍하게 바라볼 뿐이었다.

착한 일을 하면 후회하지 않는다

아주 정직하고 성품이 곧은 데다 불쌍한 사람들을 보면 기꺼이 도와주는 베지르^{이슬람 국가의 고위 관리}가 있었다. 그는 신으로부터 모든 것들을 선사받았지만 그에게도 한 가지 부족한 것이 있었다. 그가 생각하기에 그의 아들들은 그와 같은 훌륭한 성직자나 재판관이 될 수 없는 인물들로 여겨졌기 때문이었다. 그래서 그는 자신의 아들들에게 장사의 기술을 가르치기로 결심했다.

그에게는 아들이 셋 있었는데 어느 날 그들을 모두 한자리에 불렀다. 그러고는 각자에게 150그로쉬를 나눠주며 말했다.

"자, 여기 너희들에게 똑같이 돈을 주겠다. 그것을 가지고 돈을 불릴 수 있도록 일을 해 보아라. 그리고 너희가 그것을 쓰는 이자로 매일 하루에 3그로쉬씩 나에게 가지고 오고 무엇을 했는지를 말해라."

형제는 모두 돈을 집어들고 각자 자기가 생각하는 길로 나섰다. 두 형들은 마을로 가서 물건들을 샀고 그것들을 팔았다. 하지만 막내는 말했다.

"아니, 난 이곳에서 아무것도 사고 싶지 않아. 그냥 조그만 시골로 가서 무엇이 있는지 봐서 사고 팔아야지."

막내는 도시를 나서자마자 어느 무덤 앞을 지나게 되었다. 그가 앞을 지나려고 하자 이제까지 보지도 듣지도 못한 소리를 지르며 떠들어대는 사람이 있었다. 어느 유태인이 죽은 사람을 관 속에서 꺼내 지팡이로 때리면서 소리치는 것이 아닌가.

"어서 빚을 갚지 못해!"

"아니, 도대체 무슨 짓을 하는 거요? 난 죽은 사람이라고! 죽은 사람이 어떻게 빚을 갚느냐 말이야!"

"넌 나에게 100그로쉬를 빚졌어. 어서 잔말 말고 빚이나 갚아!"

"어찌 됐든 난 죽은 사람이야. 죽은 사람이 어떻게 빚을 갚느냐고."

"잘 갚아야지. 만약 나의 돈을 뱉어 놓지 않으면 네 몸을 갈기갈기 찢어서라도 돈을 받아내고야 말 테다."

베지르의 아들은 이 끔찍한 광경을 보며 자신이 갖고 있는 돈 중 100그로쉬를 유태인에게 주었다. 그러면서 말했다.

"자, 이제 죽은 사람을 내버려두시오!"

그리고는 호자(이슬람 승려)를 찾았다. 그는 자신이 가지고 있던 50그로쉬마저 호자에게 주면서 죽은 이를 장례 지내도록 했다.

그렇게 하루가 지나 형제가 아버지에게 돌아가 이자를 주며 무엇을 했는지 말하는 시간이 되었다. 두 형은 아버지에게 이자를 건네며 그들이 한 일을 고하였다. 그러나 막내는 어깨만 움츠리고 있을 뿐이었다.

"얘, 막내야, 내게 줄 이자가 어디 있느냐?"

"아버지, 저는 길을 가다가 끔찍한 광경을 보았어요. 유태인이 빚을 갚으라며 죽은 이를 몽둥이로 치는 것을 보고 제가 죽은 이 대신 100그로쉬를 갚고 장례를 치르라고 호자에게 50그로쉬를 주었어요."

아버지가 말했다.

"그랬느냐? 너희 두 형제는 이곳에 가게를 열어 주마. 그러나 막내야, 너는 아무아무 마을로 가서 가게를 열어 돈과 지혜를 벌어 오렴. 그러나 그에 앞서서 너와 같은 식탁에서 함께 식사하기를 극구 사양하는 하인 한 명을 데리고 와야 한다. 네가 아무리 같이 먹자고 청해도 함께 먹지도 마시지도 않고 너와 함께 한 식탁에 앉으려고도 하지 않는 그런 하인을 구해 오너라."

베지르의 아들은 아버지가 말씀하신 조건에 맞는 사람을 찾아 나섰다. 그러나 하인이 되겠다는 사람을 만나 식사 때가 되어 그가 "자, 어서……."라고 말하면 다들 냉큼 식탁으로 와서 앉는 것이었다. 그러던 어느 날 길을 가다 멈췄는데 키가 크고 얼굴이 까무잡잡하며 개 한 마리를 끌고 있는 사나이가 그에게 다가왔다.

"전 당신이 하인을 찾고 있다고 들었습니다. 그래서 이렇게 왔습니다. 제가 어떨까요?"

"좋아, 안 될 건 없지."

잠시 시간이 지나자 그들에게 점심 식사가 나왔다. 베지르의 아들은 식탁에 앉아 하인에게 어서 와 함께 앉으라고 청했다. 하인이 말했다.

"드세요, 주인님. 우리 법에는 하인과 주인이 함께 식사를 할 수 없답니다."

"그런 법일랑 접어두고 어서 오게나. 우린 함께 여행할 건데 식사도 함께 해야지."

그러나 베지르의 아들이 아무리 청해도 남자는 그와 함께 식사를 하려 하질 않았다. 베지르의 아들은 이제야 아버지가 말씀하신 하인을 찾은 기쁨에 서둘러 집으로 달려가 아버지가 말한 하인을 찾았노라고 말씀을 드렸다. 그러자 그의 아버지는 그에게 30토바르^{물건}_{을 세는 단위}어치의 물건들을 건네주면서 말했다.

"잘 들어라. 내가 말하는 것을 명심하렴. 네가 처음 성에 도착해서 악샴^{이슬람의 저녁 기도}을 하기 전에는 결코 밤을 지내서는 안 된다. 그것이 지난 뒤에야 짐을 풀고 밤을 보내야 할 것이다. 그리고 아무아무 들판에 도착했을 때, 그때도 악샴 시간이 되었을 것이다. 그때에는 들판 한가운데서 밤을 보내서는 안 된다. 그리고 세 번째, 네가 아무아무 호수에 다다르면 호수를 건너기 전에 밤을 보내려고 해서는 안 된다. 호수를 건너 밤을 보내도록 하렴."

베지르의 아들은 모두 명심하겠다고 아버지를 안심시키고 길을 떠났다. 그들이 첫 번째 성에 도착했을 때 하인은 마구간에 말을 두고 주인에게 말했다.

"이곳에서 밤을 보내시지요."

베지르의 아들이 말했다.

"안 돼. 아직 악샴이 지나지 않은 성에서 밤을 보내지 않기로 아버지와 약속을 했는걸. 저만치 가서 짐을 풀고 쉬자."

"주인님, 걱정하지 마시고 기도하세요. 짐을 내려놓는 동안 불을 지피고 그 다음에는 편안하게 주무세요. 제가 지키겠습니다."

베지르의 아들은 그를 곁에 두고 잠을 자는 것이 영 불안했다. 하인이 그의 어머니도 아버지도 아닌데 어떻게 믿을 수 있단 말인가. 하지만 별다른 방법이 없었다. 그들은 짐을 풀고 말을 마구간에 매어놓았다. 하인은 짐들을 주위에 둥그렇게 쌓아놓았고 가운데에 불을 지폈다. 그가 안장 주머니에서 저녁을 꺼내 주인에게 건네자 베지르의 아들이 말했다.

"자, 어서 나와 함께 같이 먹자. 흥이 될 게 없어!"

"걱정 마십시오, 주인님. 저도 나중에 먹을 테니 어서 드세요."

베지르의 아들은 저녁을 먹고 잠시 이야기를 나눈 뒤 잠이 들어 버렸다. 하인은 그곳에서 몸을 웅크리고 가만히 짐을 지키고 있었다. 어느덧 자정이 되었을 때 쥐 세 마리가 나타났다. 그들은 불 주위에서 춤을 추며 놀았다. 그때 한 마리가 베지르의 아들이 저녁을 먹는 동안 흘렸던 빵 한 조각을 물고 나타났다. 그 빵을 놓고 쥐들 간에 싸움이 벌어졌다. 한 마리가 빵을 들고 나타난 쥐의 두 눈을 할퀴고 눈알을 빼 버렸다. 그렇게 해서 앞을 볼 수 없게 된 쥐는 어쩔 줄 몰라했다. 그때 저편에서 다른 쥐가 풀을 들고 와서 장님이 된 쥐의 두 눈에 비벼 주었더니 눈이 다시 회복됐다. 쥐들은 그 풀을 던지고는 다른 곳으로 사라져 버렸다. 하인은 이 모든 광경을 지켜보았다.

"신이여, 감사합니다. 때로는 동물들이 사람보다 낫군요!"

그는 재빨리 일어나 풀을 집어들고는 생각했다.

'어디 쓰일 데가 있겠지.'

다음날 그들은 계속 길을 떠났다. 그렇게 며칠이 지난 후에 베지르의 아버지가 그 들 한가운데에서는 절대로 밤을 보내서는 안 된다고 말했던 들판에 이르렀다. 그리고 때마침 악샴 시간이 되었다. 하인은 말을 마구간에 맡겨 두었다. 베지르의 아들은 그에게 말했다.

"이곳에서는 밤을 보내지 말자. 조금만 더 가 보자고. 나의 아버지가 그렇게 말씀하셨는걸."

하인이 말했다.

"주인님, 걱정하지 마세요! 지난밤에도 주인님이 묵지 말자고 말했던 곳에서 묵었는데 아무 일 없지 않았습니까? 그러니 걱정 마시고 이곳에서 밤을 보내시지요. 아무 일도 없을 겁니다."

여행길에서는 멀리 계신 아버지의 말보다 함께 있는 친구의 말이 더 우선이었다. 베지르의 아들은 등에서 짐을 내리고 풀었다. 마부는 마구간에 말을 묶어놓고 베지르의 아들은 악샴을 드렸다. 그러고는 저녁을 먹었다. 그는 하인에게 함께 저녁을 함께 들자고 권했으나 하인은 사양했다. 저녁을 먹은 뒤 베지르의 아들은 잠이 들었고 하인은 짐 뒤에 숨어서 몸을 움츠리고 있었다. 그리 시간이 지나지 않았는데 어딘가에서 강도가 나타났다. 강도들은 불과 짐이 있는 곳으로 다가왔다가 다시 되돌아갔다. 하인이 그 뒤를 쫓았다. 그들이 언덕 끝 쪽에 왔을 때 강도는 문 하나를 열고 땅 속으로 들어가서 친구들에게 말했다.

"자, 여기 상인 한 명이 와 있어. 가서 물건을 빼앗고 그를 죽여버리자."

하인은 그들이 말하는 것을 모두 듣고 그가 들어갔던 문에서 기다리고 있다가 강도들이 나오자 한 명씩 차례차례 귀를 비틀어 죽여버렸다. 그렇게 죽이기를 서른 번을 하자 더 이상 남아 있는 사람이 없는 것 같았다. 그는 더 이상 아무도 없는 것을 깨닫자 그 강도들을 동굴 안에 던져 버리고는 불빛을 향해 돌아왔다.

다음날 하인은 베지르의 아들에게는 아무 말도 하지 않았고, 그들은 계속 길을 걸었다. 저녁이 되자 베지르의 아버지가 말했던 호수에 이르렀다. 베지르의 아들이 호숫가에서 밤을 보내지 말자고 했으나 하인은 말했다.

"걱정 마세요. 이제까지 아무 일 없었잖아요. 이곳에서도 별일 없을 겁니다."

베지르의 아들은 그 말을 따르기로 했다. 그곳에서 잠을 자기로 하고 그는 저녁을 먹자 또다시 잠이 들었다. 자정이 되자 호수 한가운데에서 용 한 마리가 튀어나와 베지르의 아들을 향해 달려들었다. 이걸 보고 가만히 있을 하인이 아니었다! 그는 숨겨둔 칼을 얼른 빼 들었다. 그리고 단번에 용의 머리를 잘라 버렸다. 그는 용의 머리를 가지고 몸통은 호수 안으로 던졌다. 다음날 그들은 아무 일도 없었다는 듯이 조용히 그들이 찾고 있는 도시로 향했다.

얼마 후 그들은 도시에 가게를 냈다. 팔 상품을 정리하고 있는데 이상한 소리가 들렸다.

"누구 왕의 딸을 낫게 해 줄 사람 있습니까? 공주가 장님이 된 지 벌써 며칠이 지났답니다. 그녀는 다섯 번이나 결혼을 했지만 신랑이 결혼 이튿날 날이 밝자 모두 죽었답니다. 왕은 그녀를 낫게 하는 사람에게는 원하는 것을 무엇이든 주겠다고 약속했습니다."

이때 하인은 장님이 된 쥐의 눈을 뜨게 했던 그 이상한 풀을 떠올렸다. 하인은 그렇게 말한 사람에게 자신이 공주를 구할 수 있노라고 얘기했다. 그렇게 말한 사람은 하인의 손을 이끌고 왕에게 데리고 갔다. 왕은 하인을 보고 놀라서 말했다.

"어이, 젊은이. 난 자네가 도통 내 딸의 병을 고칠 것 같지 않네. 내 딸의 눈을 고치지 못한다면 목이 성할 리 없다는 걸 아는가? 아, 물론 낫게 해 준다면 원하는 것은 무엇이든지 주지."

"전 많은 것을 바라지 않습니다. 공주님과 말 스무 필, 자루 스무 개, 하인 스무 명을 주십시오."

왕은 오랫동안 딸을 주지 않기 위해 흥정했지만 하인이 다른 것은 바라지도 않았다. 왕은 결국 딸을 주기로 약속했다.

하인이 자신이 가지고 있던 풀로 공주의 눈을 어루만지니 그녀는 금세 세상을 볼 수가 있었다. 그것을 본 왕은 자신이 한 약속을 지키지 않을 수 없었다. 그래서 그는 하인에게 자신과 함께 이곳에 머물면 왕위를 넘겨주겠노라고 말했다. 하지만 하인은 거절했고 공주를 데리고 말을 이끌고 자루와 하인을 얻어서는 베지르의 아들에게 돌아와 자신이 가져 온 물건들로 그를 기쁘게 해 주었다.

그들이 호수 끝 무렵에 도착했을 때 고약한 냄새 때문에 더 이상 다가갈 수가 없었다. 호수 안에서 죽은 용에게서 나는 악취가 코를 찌를 듯했다. 모두들 놀랐지만 그때 하인이 말했다.

"놀라지들 말아요. 지난 번 내가 용을 죽였어요. 여기 그의 머리가 있어요."

그러면서 그는 용의 머리를 꺼냈고 몸통도 끄집어냈다.

"우리가 이곳에서 밤을 보내던 날 저녁에 저 용이 나타나 주인님을 위협했어요. 그래서 제가 단숨에 공격을 가하고 목을 잘랐지요."

베지르의 아들은 너무도 놀랐고 하인에게 고맙다고 말했다. 그러고는 또다시 길을 떠났다. 그들은 다시 하인이 강도들을 죽였던 들 한가운데에 도착했다. 하인은 멈춰 서서 소리쳤다.

"자 자루를 주시고 저를 따라오세요!"

그는 주인을 이끌고 동굴로 가서 문을 열어보였다. 그 문을 열자 믿을 수 없는 광경이 펼쳐져 있었다. 강도 서른 명이 줄지어 목이 잘린 채로 누워 있는 것이 아닌가. 그리고 그들의 목은 한편에 쌓여 있고 동굴 안에는 금은보화가 가득 있었다.

하인이 말했다.

"어서 담으세요. 이 자루들에 담을 수 있는 것들은 모두 담으세요."

하인들이 자루를 채우고 묶자 그는 다른 이들에게도 원하는 만큼 담으라고 말하였다. 그렇게 얼마간 시간이 흐르자 동굴 안은 삽시간에 텅 비어 버렸다.

모두들 자루를 채우고 짐을 다 챙길 무렵, 하인이 베지르의 아들에게 말했다.

"자, 이 모든 것들은 우리가 함께 얻은 것입니다. 그러니 모두 공평하게 반으로 나누는 것이 어떨까요"

그러고는 말들도 똑같이 나누고 짐도 반으로 나누고 한편에는 하인의 것, 다른 한편에는 베지르의 아들의 것이 놓여 있었다. 그러고는 하인이 공주의 한 손을 잡고는 베지르의 아들에게 말했다.

"주인님, 다른 한 손을 잡으세요. 이 소녀도 반으로 나눕시다."

그는 그 소녀를 반으로 나눌 심산이었다.

베지르의 아들이 말했다.

"안 돼, 네가 신을 믿는다면 이런 일은 말도 안 되는 일이지! 죽은 사람의 뼈를 우리가 뭐에다 쓰겠어?"

하인은 물러설 기미를 보이지 않았다. 그는 칼을 집어들었다. 공주는 겁에 질려 정신을 잃을 지경이었다. 그렇게 시간이 약간 흐르고 하인이 다시 말했다.

"주인님, 어서 팔을 잡으세요. 난 다른 방법은 원치 않습니다. 우리 함께 반으로 나눕시다."

그리고 하인은 칼을 빼어들었다.

"그러지 말게! 내가 이 모든 물건들을 줄 테니 나에게 공주만 주게나."

"안 돼요, 그럴 수 없지요. 모든 것은 공평하게 반으로 나눠야 해요."

하인은 얼굴이 상기된 채로 말했다.

공주는 겁에 질려 정신을 잃었고 다시 정신이 되돌아오자 소리내어 엉엉 울기 시작했다. 그러자 그때 하인이 다시 베지르의 아들에게 말했다.

"자, 여기 공주가 있습니다. 그녀는 마치 엄마 품에서 어제 태어난 것처럼 건강하지요. 아무 걱정 마세요. 그리고 모든 재물도 가져가세요. 난 당신의 친구가 아니라 하인이었는걸요. 이제 도시에 가까워졌습니다. 사실 이제 이런 것들은 내게 아무 필요가 없어요. 그리고 당신 곁에 더 이상 머물 필요도 없고요. 여기 그녀의 눈을 치료했던 풀이 있습니다. 필요할 때가 있을 거예요. 그럼, 안녕히 계세요!"

"잠깐만. 내가 감사의 표시만이라도 할 수 있게 해 줘."

"아닙니다. 주인님. 고마워요. 당신은 이미 나에게 사례를 했어요. 유태인에게 나의 빚을 갚느라 100그로쉬도 주고 나를 장례시켜 주느라 50그로쉬도 주지 않았습니까?"

그러고는 삽시간에 땅으로 사라져 버렸다. 베지르의 아들은 너무도 놀랐고 모든 재물과 소녀를 이끌고 아버지가 계신 곳으로 왔다. 그의 아버지는 그들을 보자 무척 기뻐했다. 베지르의 막내 아들은 소녀와 결혼식을 올렸고 오래오래 행복하게 살았다.

메제도비치

  어느 마을 여자들이 염색용 풀잎들을 찾기 위하여 산으로 올라갔다. 모두 산 속 여기저기를 헤매다가 그들 중에 한 여자가 동굴 안으로 들어갔다. 그 동굴 안에는 곰이 한 마리 있었다. 곰은 그녀를 보고는 동굴 안 더욱 깊은 곳으로 데려갔다. 그곳에서 얼마간 함께 살았고 여자가 아이를 가졌다. 그녀는 얼마 후 아들을 낳았고 그 아이가 어느 정도 자라자 그곳을 몰래 빠져 나와 자신의 집이 있는 마을로 내려왔다. 아기 곰은 여자가 그동안 키웠던 것처럼 아빠 곰이 정성스럽게 먹여 가며 키웠다.

  시간이 흘러 어느 정도 자란 아기 곰은 동굴 밖에 나가 세상을 보고 싶어했다. 그러나 아빠 곰은 그가 아직 어리고 약하므로 동굴을 나가서는 안 된다며 막았다. 게다가 세상으로 나가면 사람이라고 불리는 아주 위험한 짐승들이 있어서 그를 보자마자 죽일 거라고 겁을 주었다. 그렇게 아기 곰은 세상에 대한 동경을 버리고 동굴에 남았다. 그러다 시간이 더 흘러 아기 곰은 세상에 나가고 싶은 마음이 다시 들었다. 이번에도 아빠 곰이 아기 곰을 설득해 보았지만 말릴 수가 없었다. 그래서 아빠 곰은 동굴 앞으로 그를 데리고 나와 버드나무 아래로 데리고 갔다. 그러고는 말했다.

"네가 땅속에서 이 버드나무를 뽑을 수 있다면 네가 세상으로 나갈 수 있도록 내가 허락해 주마. 그렇지 않으면 이곳에서 나와 좀더 지내야 해."

아기 곰은 버드나무 쪽으로 몸을 숙였다. 아무리 힘을 쓰고 노력을 해도 도통 버드나무를 뽑을 수가 없었다. 그러자 아빠 곰은 그를 동굴로 데리고 왔다. 그렇게 시간이 얼마 지나 아기 곰은 다시 세상에 나가고 싶다고 말했다. 그리고 동굴 앞에 있는 버드나무 아래로 나와서 버드나무를 뿌리째 뽑아 올리는 것이었다. 아빠 곰은 그제야 허락을 했다. 아빠 곰은 아기 곰에게 늘 어깨에 곤봉을 메고 다니도록 당부했다.

아기 곰은 아빠 곰의 말을 듣고 곤봉을 어깨에 메고 세상으로 나갔다. 그는 어느 들을 지나다가 농부들이 밭을 갈기 위해 쟁기들을 몇백 개쯤 모아놓은 곳을 보게 되었다. 그는 농부들을 향하여 다가가 그에게 먹을 것을 줄 수 있는지 물었다. 그들은 이제 점심이 올 때가 되었으니 잠시 같이 기다리자고 하였다. 그렇게 이야기를 나누고 있는 동안 말들과 송아지, 염소들도 찾아와 음식을 먹으려 했다.

이윽고 점심이 도착했다. 아기 곰 메제도비치는 자기 혼자 이 모든 음식을 먹을 수 있다고 하였다. 그러자 농부들은 이 음식들은 농부 수백 명이 함께 먹을 양인데 어떻게 너 혼자서 이것들을 모두 먹을 수 있겠냐고 하였다. 메제도비치는 가능하다고 한번 더 말하고 내기하자고 했다. 그가 만약 먹지 못한다면 자신의 곤봉을 주기로 하고 만약 다 먹어 치운다면 농부들이 가지고 있는 연장들을 모두

받기로 하였다. 농부들이 내기를 응하자마자 아기 곰 메제도비치는 가져온 음식들을 한꺼번에 먹어 치웠고 여기저기 남아 있는 것까지 깨끗이 먹어 버렸다.

그러자 농부들은 철로 된 쟁기들을 모두 한데 모아놓았다. 그러자 아기 곰 메제도비치는 자작나무를 잘라 연장들과 함께 엮고 자신이 가지고 있는 곤봉과 더불어 묶은 다음 어깨에 멨다. 그런 모습으로 그는 어떤 대장간에 도착했다. 메제도비치는 대장장이에게 자신이 가지고 있는 이 철 덩어리들을 자신의 곤봉에 붙여 더 단단하게 만들어 줄 수 있느냐고 물었다. 대장장이는 그 일을 하기로 했다. 그런데 그가 생각하기에는 철 덩이가 너무 많아보였다. 그래서 반쯤은 메제도비치 몰래 숨기고 나머지를 가지고 모양을 만들었다.

메제도비치가 곤봉을 받았을 때는 자신이 가지고 있던 철 덩어리에 비해 곤봉이 너무 작은 것처럼 여겨졌다. 그래서 그것을 어깨에 메기 전에 잘 만들어진 것인지 아닌지 분별하기 위하여 하늘 높이 던져 보았다. 그런데 그 곤봉이 떨어진 곳은 다름 아닌 대장장이가 나머지 철들을 숨겨둔 장소였다.

메제도비치는 대장장이가 자신을 속인 것을 깨닫고 그를 죽여 버렸다. 그리고 나머지 철 덩어리들을 가지고 다른 대장간으로 향했다. 그는 대장장이에게 나머지 철들도 모두 써서 훌륭한 곤봉을 만들라고 주문했다. 이미 그 이전에 메제도비치를 속인 일로 죽임을 당한 다른 대장장이의 소식을 전해 들은 대장장이는 그렇게 하기로 약속했다. 그는 메제도비치가 가져 온 철로 훌륭한 곤봉을 만들어 주었다. 메제도비치는 이번에도 이것이 좋은 것인지 판단하기 위하여 하늘 높이 던져 보았다. 이윽고 곤봉이 땅에 떨어졌지만 깨지거나 금 가지 않았다. 만족한 메제도비치는 말했다.

"곤봉이 훌륭하군요."

그는 곤봉을 어깨에 걸치고 다시 길을 떠났다.

그가 그렇게 길을 가다가 어느 들 한복판에서 소 두 마리를 끌고 밭을 가는 농부를 만나게 되었다. 그가 그 농부에게 자신에게 줄 음식이 있느냐고 묻자 농부가 말했다.

"이제 나의 딸이 점심을 가지고 올 테니 그때 같이 나눠 드십시다. 신이 주신 음식이니……."

메제도비치는 지난번에 자신이 몇백 명 분을 혼자 먹은 얘기를 들려주면서 말했다.

"어떻게 점심 한 사람 분을 둘이 나눠먹을 수 있단 말입니까?"

그때 마침 소녀가 점심을 가지고 왔다. 소녀가 음식을 내려놓자마자 메제도비치는 손으로 음식을 집어 먹으면서 농부에게는 주지도 않았다. 농부가 말했다.

"아니, 성호도 긋지 않고 이 무슨……?"

너무도 배가 고픈 메제도비치였지만 염치는 있는지라 급히 성호를 긋고 먹기 시작했다. 둘 다 배불리 먹었다. 점심을 먹고 나서 음식을 가져온 소녀를 본 메제도비치는 그녀가 매우 건강하고 아름답고 착하다는 것을 깨달았다. 그는 농부에게 다가가 말했다.

"딸을 내게 줄 수 있습니까?"

농부가 답했다.

"기꺼이 줄 수 있지. 하지만 콧수염 사나이 때문에 힘들 거야."

메제도비치는 말했다.

"아니, 콧수염 사나이가 무슨 상관이예요? 내가 이 곤봉으로 없애 버리죠."

그러나 농부는 말했다.

"어이, 콧수염 사나이는 무시무시해. 이제 곧 보게 될걸세."

그때 갑자기 한편에서 포효가 일더니 들 한편에 회오리가 몰아닥쳤다. 그 안에는 새들이 365마리 들어 있었다. 새들이 그들을 향해 왔을 때, 콧수염 사나이는 소녀에게 어서 그를 공격하라고 말했다. 소녀는 그를 향해 소리를 질렀다. 메제도비치는 천천히 몸을 일으켜 세우고 곤봉으로 콧수염 사나이를 세게 쳤다. 그런데 콧수염 사나이는 손가락으로 여기저기를 가리키며 소녀에게 말했다.

"어, 누가 날 물었어."

메제도비치는 다시 곤봉으로 사나이를 세게 쳤다. 사나이는 역시 맞은 부위를 가리키며 말했다.

"어라, 누가 날 또 무는데."

그가 사나이를 세 번째 쳤을 때, 사나이가 다시 몸을 긁으며 신경질 나는 투로 소리쳤다.

"네 눈에는 보이질 않는단 말이야? 여기 뭐 목걸이라도 있나?"

그러자 소녀가 그에게 대답했다.

"목걸이 같은 건 어디에도 없고요 단지 저 남자가 당신을 죽이려는 거죠."

콧수염 사나이는 그 말을 듣고 몸을 굽힌 다음 펄쩍 뛰었다. 메제도비치는 곤봉을 던지고는 들 쪽으로 도망을 쳤다. 사나이가 그를 뒤쫓았다. 겁에 질린 메제도비치는 따돌리려 했지만 도저히 사나이를 따돌릴 수가 없었다. 그렇게 도망치던 메제도비치는 어느 물가에 도착했다. 그곳에는 밀을 켜는 무리가 있었다. 메제도비치는 그들을 향해 소리쳤다.

"저 좀 도와주세요! 콧수염 사나이가 저를 죽이려고 해요. 어쩌지요? 이 물을 건널 수 있을까요?"

밀을 켜던 사람들 중 한 명이 그에게 삽을 건네면서 말했다.

"자, 이 삽 위에 앉아라. 내가 너를 건네 줄 테니."

메제도비치는 삽 위에 앉고 남자는 그를 건너게 해 주었다. 그는 다시 도망을 쳤다. 메제도비치가 그렇게 도망을 치고 나서 콧수염 사나이가 나타났다. 그리고 사람들에게 물었다.

"여기에 이러이러한 자가 지나갔소?"

그들은 그가 지나갔다고 말했다. 그러자 사나이가 물었다.

"어떻게 저 물을 건너지?"

그들은 대답했다.

"뛰어요."

그러자 콧수염 사나이는 훌쩍 뛰어 물가 건너편으로 갔다. 그리고 메제도비치를 쫓아갔다. 어느 들녘을 가던 메제도비치는 황급히 속도를 냈고 그때 어떤 남자를 만나게 되었다. 그 남자는 자신의 목에 걸고 있던 주머니에서 곡물을 한줌 꺼내 입 안에 넣으려던 참이었다. 그는 남자에게 소리쳤다.

"제발 도와주세요! 콧수염 사나이가 나를 쫓아오고 있어요! 어쩌죠? 제발 날 좀 숨겨 주세요!"

남자가 대답했다.

"어휴, 콧수염 사나이는 장난이 아니지. 그런데 내가 널 어디에 숨겨 줄 수 있을까? 그럼, 여기 씨앗이 있는 가방 안으로 들어오렴."

그렇게 남자는 그를 가방 안에 넣었다. 시간이 지나 콧수염 사나이가 도착해 메제도비치에 대해 물었다. 남자는 이미 오래전에 그가 사라졌고 지금 어디로 갔는지 알 수 없다고 말했다. 그러자 콧수염 사나이는 되돌아갔다.

곡물을 켜고 있던 남자는 메제도비치에 대해 잊었다. 그는 한 손으로 곡물을 한 줌 쥐고 입 안에 넣었다. 메제도비치도 거기 딸려 그의 입 안에 들어갔다. 겁에 질린 메제도비치는 그가 자신을 삼키지 않기를 바라며 입 안 여기저기를 돌았다. 운이 좋게도 어금니를 찾아낸 그는 어금니 안에 숨었다. 메제도비치를 털어넣은 남자가 날이 어두워져서 집으로 도착했을 때 며느리에게 말했다.

"내 이에 뭔가가 걸린 거 같아. 답답해 죽을 지경이야. 어서 이쑤시개를 가져와라."

그의 며느리들은 커다란 바비큐 봉을 두 개 가지고 왔다. 며느리들은 그가 입을 벌리자 그의 입 안 여기저기를 그 봉으로 쑤셔 댔다. 메제도비치는 어금니에서 튀어 나와 그에게 말했다.

"나를 곡물 속에 숨겼잖아요. 하마터면 날 삼켜버릴 뻔했어요."

그렇게 말한 메제도비치는 어떻게 이 남자의 이가 이 모양인지, 도대체 성한 이가 하나도 없는 이유가 무엇인지를 물었다. 그러자 남자가 말을 하기 시작했다.

"언젠가 나와 친구 열 명이 말 서른 필을 끌고 소금을 찾아 두브로브니크크로아티아의 도시 중 하나로 나섰지. 그렇게 가다 보니 양치기 집에 있는 소녀를 만나게 되었어. 그녀는 우리에게 어디로 가느냐고 물었지. 우리는 소금을 찾아 지금 두브로브니크로 간다고 했어. 그랬더니 그녀가 '왜 그렇게 멀리까지 가시는 거죠? 여기 우리 집에는 산에서 캐낸 아주 좋은 소금이 있는데 아마 여러분들 마음에도 들 겁니다.' 하는 거야. 그렇게 우리는 그녀와 흥정을 하고 그녀가 내어 준 소금들을 가능한 한 가득 실어 담았지. 그러고는 다시 되돌아왔어. 가을 날씨는 꽤 청명하고 좋았는데 우리가 체매란 산에 도착해 보니 갑자기 날이 흐려지더니 이내 천둥을 동반한 험한 날씨로 변하는 거야. 그러더니 우박 같은 큰 눈이 내리기 시작했지. 우리는 어디 있을 곳이 없나 이곳저곳을 헤매고 다니다 운 좋게도 어느 동굴을 발견해서 그 안으로 들어갔어. 그리고 난 소리쳤지. '여기야, 여기! 어서 들어와.' 그렇게 한 사람씩 한 사람씩 들어오고 말들도 모두 들어왔지. 그렇게 우리는 마치 집에서처럼 편안히 밤을 보낼 수 있었어. 그 다음날 눈을 떠 보니 이게 웬일이야. 우리 모두 어느 사람의 머릿속에 있는 게 아니겠어. 그 남자는 포도밭 사이에 서 있고. 그런 어처구니없는 광경 속에서 난 어쩔 줄을 몰랐지. 그러다 우리들은 모두 어느 언덕으로 떨어졌는데 그때 내 이가 이렇게 망가진 거야.

그런데 말이야. 이 모든 건 내가 지어낸 얘기라고!"

악마와 그의 제자

한 남자에게 외아들이 있었다. 어느 날 아들이 아버지에게 말했다.
"아버지, 전 무엇을 해야 하나요? 저는 이렇게 살 수 없어요. 세상으로 나가서 기술을 배우는 것이 낫겠어요. 요즘 세상이 어떤지 한번 보세요. 아주 작은 기술이라도 가지고 있으면 인생에 도움이 된다고요."

아버지는 오랫동안 아들을 설득했다. 기술을 배우면 걱정과 고통이 있다고, 게다가 어떻게 아버지를 혼자 두고 떠날 수 있느냐고! 하지만 결국 그는 아들이 기술을 배우러 가는 것을 허락할 수밖에 없었다. 아들은 기술을 배우기 위하여 세상으로 떠났다. 그는 여행을 하다가 이윽고 물가에 도착해서 초록색 옷을 입은 남자를 만나게 되었다. 그 남자가 아들에게 어디로 가느냐고 묻자 아들이 대답했다.

"난 내게 재주를 가르쳐 줄 수 있는 사람을 찾으러 다닙니다."

그러자 초록색 옷을 입은 남자가 말했다.

"내가 그 기술자인걸. 이리 나에게 가까이 와 봐. 재주를 배우고 싶다면 말야."

젊은이는 천천히 그에게 다가갔다. 그렇게 물가까지 가자 갑자기 그 기술자라고 하는 남자가 물 속으로 뛰어들었다. 그리고는 젊은이에게 말하면서 수영을 하는 것이었다.

"자, 어서 물 속으로 뛰어들어 나를 따라오렴."

젊은이는 수영을 할 줄을 모르니 들어갈 수 없다고 했고 게다가 물 속에 빠져 죽을 것만 같다고 하였다. 그러자 기술자가 말했다.

"아무 걱정하지 말고, 어서 뛰어들어."

젊은이가 물 속으로 뛰어들어 한참을 수영하다 보니 어느덧 그 기술자라는 사람과 나란히 가게 됐다. 그들이 물 한가운데에 도착했을 때 갑자기 남자가 젊은이 목덜미를 잡더니 밑바닥으로 데려가는 것이었다. 그는 바로 악마였다. 그는 밑바닥으로 젊은이를 데려가서 그에게 무언가를 가르치라고 어느 노인에게 넘겼다. 그리고 자신은 다시 저 세상으로 나가 버렸다. 그때 마침 그곳에 있던 악마의 아버지가 젊은이에게 말했다.

"아들아, 너는 저놈이 네가 찾는 바로 그 기술자였는 줄 아느냐. 그는 기술자가 아니라 바로 악마란다. 너를 속인 거란다. 하지만 나는 세례를 받은 영혼이지. 그러니 어서 내가 하는 말을 잘 들어 보렴. 내가 너에게 모든 재주를 알려주마. 그리고 그가 왔을 때 너는 아무것도 배운 것이 없다고 말하렴. 그렇게 몇 번을 반복하면 그놈은 너를 바깥 세상으로 보내 줄 것이다."

시간이 흘러 악마가 돌아와 젊은이에게 물었다.

"무엇을 배웠느냐?"

"아무것도 배운 것이 없습니다."

3년 후 악마가 또 와서 그가 배운 것이 무엇인지 물었다. 젊은이는 이제껏 배운 것이 아무것도 없다고 하였다. 그러자 악마가 말했다.

"어떤 것이라도 배웠을 텐데?"

"아무것도 배운 것이 없어요. 이제까지 알고 있던 것조차 잊어버렸는걸요."

그러자 악마는 어쩔 수 없다는 듯이 말했다.

"네가 이제껏 아무것도 배우지 않았다면 앞으로도 전혀 배울 수 없다는 거겠지. 자, 그러니 흔적도 남기지 말고 네 눈과 다리가 향하는 곳으로 어서 나가라."

그러나 젊은이는 이제 악마의 재주를 모두 터득한 상태였다. 그는 물 속을 나와 들을 지나 자신의 아버지가 있는 곳으로 돌아왔다. 아들을 쳐다보면서 아버지가 말했다.

"그래, 나의 사랑스런 아들아, 어디 있다 왔느냐!"

아들이 답했다.

"아버지, 저는 재주를 배워왔어요."

그러다 부자는 어느 마을에 장이 서는 곳에 이르렀다.

그때 아들이 아버지에게 말했다.

"아버지, 우리도 어서 장으로 가요."

그러자 아버지가 답한다.

"아니 무슨 돈이 있어서 장으로 간단 말이냐?"

"아버진 아무 걱정 마세요."

그들은 장으로 나섰다. 장에 가까이 다다르자 아들이 아버지에게 말했다.

"우리가 장 가까이에 도착하면 제가 멋진 말로 변신할게요. 그러면 저를 데리고 장으로 들어가세요. 장에 있는 모든 사람들이 놀라겠죠. 그때 말을 사고자 하는 사람이 나타나 가격을 흥정할 거예요.

하지만 아버지가 원하는 가격 받아들일 테니 걱정 말고 가격을 부르세요. 하지만 금색 채찍을 주어서는 안 돼요. 그가 돈을 지불하고 나면 그에게 채찍을 넘겨 주는 척하면서 그 채찍을 땅에 두드리세요. 그러면 전 다시 사람으로 돌아오고 그는 사라질 거예요."

그들이 장에 도착했을 때, 아들은 말로 변신했다. 아버지가 그 말을 이끌고 장에 나타나자 모든 사람들의 시선을 끌었다. 때마침 아들이 얘기했던 대로 그 말을 사고자 하는 사람이 다가와 가격을 물었다. 적임자로 보이는 그 사람은 터키 인이었다. 그는 땅에까지 치마를 질질 끌면서 아버지에게 다가왔다.

"내가 이 말을 사고 싶은데 가격이 얼마요?"

아버지가 가격을 말하기가 무섭게 터키 인은 그 값을 현금으로 내주었다. 노인은 돈을 받아들고 채찍을 넘겨 주는 척하다가 땅을 두드렸다. 그 순간 말과 함께 터키 인도 사라져 버렸다. 돈을 챙긴 아버지는 아들과 함께 집으로 돌아왔다. 얼마 후 또다른 장이 섰다. 그러자 아들이 아버지에게 말했다.

"아버지, 장으로 가시지요."

이번에는 아버지가 아무 말도 아들에게 묻지 않고 바로 길을 나섰다. 그들이 장 가까이에 왔을 때 아들이 아버지에게 말했다.

"저는 이제 상점으로 변신을 할게요. 물건이 가득한 상점으로요. 장안에 이보다 더 훌륭한 상품을 갖춘 상점이 없을 정도로 아주 좋은 상점을 만들게요. 아무나 물건을 살 수가 없어요. 하지만 임자가 나타날 거예요. 그때 사람이 나타나 흥정을 할 거예요. 그 사람은 아버지가 원하는 대로 돈을 줄 테니 마음 놓고 흥정하세요. 하지만 결코 열쇠를 주어서는 안 돼요. 그로부터 돈을 받자마자 열쇠로 땅을 두드리세요."

이윽고 아들이 상점으로 변했을 때 장에 있는 모든 사람들이 놀랐다. 곧 상점을 사려는 임자가 나타났다. 이번에도 터키 인이었다. 그는 아버지에게 물었다.

"얼마요?"

아버지가 요구하는 대로 터키 인은 곧 돈을 내어주었다. 아버지는 돈을 받자마자 열쇠로 땅을 두드렸다. 그 순간 상점과 터키 인이 변신했다. 상점은 비둘기가 되고 터키 인은 매가 되었는데 매가 비둘기를 쫓는 것이 아닌가! 그들 둘이 여기저기를 날고 있는 동안 황제의 딸이 궁전에서 이 광경을 보고 있었다. 비둘기는 공주의 팔에 내려앉아 반지로 변했다. 그러자 매도 땅으로 떨어지더니 사람으로 변했다.

터키 인은 그 길로 황제에게 가서 그가 황제를 모시기를 청했다. 그는 3년 동안 황제를 모시는 조건으로 음식이나 보수나 아무것도 바라는 것이 없고 단지 공주의 손에 끼워져 있는 반지를 원한다고 했다. 황제는 그 조건을 받아들였다. 그렇게 터키 인이 황제를 섬기는 동안 공주는 늘 반지를 끼고 다녔다. 그 반지는 낮에는 반지였으나 밤이면 멋진 청년이 되어 공주에게 말했다.

"누군가가 너에게서 나를 뺏어가려 할 때 아무에게도 주어서는 안 돼. 나를 땅바닥에 떨어뜨려."

그렇게 3년이 흘러 황제가 공주에게 반지를 신하에게 주라고 명하자 공주는 반지를 땅에 떨어뜨렸다. 반지는 빙글빙글 돌더니 곡물의 씨로 변하여 황제의 신발에 붙었다. 그러자 갑자기 터키 인은 씨를 먹기 위하여 종달새로 변하여 황제의 신발 위에 붙어 있는 황제의 신발로 내려앉았다. 그때 작은 씨앗이 갑자기 사나운 고양이로 변하여 종달새의 목을 물어 버렸다.

곰과 여우

어느 여우 한 마리가 주린 배를 채우기 위하여 무엇이든 사냥하고자 집을 나섰다. 그리고 도중에 곰을 만나 물었다.

"아저씨, 어디 가세요?"

"난 저기 보이는 마을로 가. 마을 사람들이 나더러 콜로 유고슬라비아의 민속춤를 가르쳐 달라고 하잖아."

"저도 따라가도 될까요?"

"그러렴."

그들이 마을에 도착하자 사람들은 그들을 매우 따뜻하게 맞아 주었으며 음식도 주었다. 하지만 그들에게는 양이 적어 그들은 부엌으로 들어가 남은 음식이 있는지 그릇들을 뒤졌다. 그것을 본 여자들이 화가 나서 도끼와 나무 줄기로 곰과 여우를 때리고 마을 밖으로 사정없이 내쫓았다. 그들은 누가 뒤를 쫓아오고 있는지 살필 겨를도 없이 마구 달려 어둠이 내릴 무렵 다른 마을에 이르게 되었다.

"휴우, 도망치다 보니 배가 다 꺼졌네!"

"휴우, 아저씨도 그렇죠? 나도 그래요. 난 여기서 아저씨를 기다리고 있을 테니 저 마을로 내려가 벌집 한 통 가져오세요."

곰은 마을로 내려가 벌집 하나를 훔치고 여우에게 가져왔다. 여우가 곰에게 말했다.

"이 벌집은 오늘 먹지 말고 내일을 위해 남겨두어요."

곰은 그렇게 하기로 하고 누워 잠을 청했다. 시간이 약간 흐른 뒤에 여우는 문득 벌집 생각이 들어 소리치기 시작했다. 곰이 깨어나 여우에게 물었다.

"뭐야, 무슨 일이야? 누가 널 부르니?"

"저기 저 마을의 한 여자가 아이를 낳으려 하는데 나더러 산파가 되어 달래요. 그런데 나는 그녀에게 무엇을 가져다 줘야 할지 모르겠어요."

"저기 벌통에 있는 꿀을 조금 주지 그러니?"

곰이 여우에게 말했다. 여우는 벌집이 있는 곳으로 가서 꿀을 먹고는 다시 돌아왔다.

"아이에게 어떤 이름을 지어 주었니?"

곰이 물었다.

"겉 부분."

여우는 대답하고 잠이 들었다.

자정 무렵 여우는 다시 꿀 생각이 나 소리치기 시작했다. 그 소리는 곰을 깨웠고 곰이 다시 물었다.

"뭐야, 무슨 일이야? 누가 널 또 부르는 거야?"

"저 마을에 또 한 여자가 아이를 낳으려 하는데 나더러 산파가 되어 달라잖아요. 그런데 무엇을 줘야 할지 모르겠어요."

"꿀을 조금 가져다 줘."

벌집으로 간 여우는 꿀을 먹고 다시 곰에게로 왔다.
"아이에게 어떤 이름을 지어 주었니?"
곰이 물었다.
"가운데."
여우는 말을 마치고 잠을 청하기 위해 누웠다.
새벽이 가까웠을 때 여우는 다시 벌집 생각이 나서 일어나 소리치기 시작했다.
"뭐야, 무슨 일이야?"
곰이 다시 잠에서 깨어나 화난 목소리로 여우에게 소리쳤다.
"아니, 이번에는 누가 또 널 부르는 거야?"
"저기 마을에 어느 여자가 나더러 산파가 되어 달라고 하는데 뭘 가지고 가야 할지를 몰라서요."
"저기 꿀을 가지고 가."
곰이 여우에게 말했다.
여우는 벌통으로 가서 남아 있는 꿀을 마저 먹고 속까지 싹싹 긁어서 먹고는 곰에게로 돌아왔다.
"아이에게 어떤 이름을 지어 주었니?"
곰이 물었다.
"긁기."
여우가 곰에게 대답했다.
다음날이 되자 곰은 배가 너무 고파서 여우에게 어제 훔친 벌집을 가져오도록 했다. 여우는 가서 빈 통을 들고 왔다. 벌집 안에 꿀이 하나도 없는 것을 본 곰은 여우에게 소리쳤다.
"이 벌집 안의 꿀이 어디로 갔어?"
"난 몰라요. 왜 내게 묻는 거예요?"

여우가 곰에게 대답했다.

"네가 다 먹었지?"

"무슨 말을 하는 거예요? 보지도 않고선. 난 아니란 말예요. 아저씨가 다 먹었죠?"

여우가 곰에게 말했다.

그들은 그렇게 말다툼을 했다. 곰이 여우를 때리려 하자 여우가 말했다.

"그럼, 이렇게 해요. 누가 꿀을 먹었는지 밝혀 줄 좋은 방법이 있어요."

여우는 곰을 예전에 이미 봐 둔 덫이 있는 곳으로 데려가서는 말했다.

"아저씨가 꿀을 먹지 않았다고 이 덫에 대고 맹세를 해 보세요."

"네가 먼저 하면 내가 따라할게."

여우는 오른발을 들어 천천히 덫에 올려놓고 살며시 말했다.

"난 꿀을 먹지 않았어요. 내 말이 맞죠?"

그러자 곰이 자신의 오른발을 높이 들어 덫에 덥석 올려놓고는 큰 소리로 말했다.

"나도 꿀을 먹지 않았어. 내 말이 맞지?"

그리고 발을 빼려고 안간힘을 써 봤지만 이미 덫에 걸린 발은 어쩔 수가 없었다. 이를 본 여우가 곰을 놀려 대며 말했다.

"어이, 불쌍한 곰아! 머릿속이 텅 비어 있으니 그 머리는 무엇에 다 쓸까."

황제를 지혜로 이긴 소녀

한 남자가 동굴에 살고 있었다. 그에게는 오직 딸 하나뿐이었다. 그 딸은 사방으로 구걸을 하러 다녔는데 어찌나 영리한지 아버지에게 황제에게 구걸을 할 때 어떻게 말을 해야 하는지를 가르칠 정도였다. 어느 날 이 남자가 황제에게 구걸을 하려고 찾아갔는데, 황제가 그의 말에 감탄하며 그가 어디에서 왔는지, 어떻게 그렇게 현명하게 말하는지 물었다. 그러자 남자는 자신의 딸이 일러 준 대로 대답했을 뿐이라고 말하였다.

"아, 딸이 일러 주었다고?"

황제의 질문에 남자는 대답했다.

"신께서 그 애에게 지혜를 주셨지요. 가엾은 제 딸에게 말입니다."

그때 황제는 달걀 서른 개를 주며 그에게 말했다.

"자, 이 달걀을 가지고 가서 딸에게 주어라. 이 달걀에서 병아리를 나오게 해야 한다고 네 딸에게 일러라. 그러면 큰 상을 내리겠노라고. 만약 그렇지 않으면 엄벌에 처하겠다."

●──유고 민담

남자는 동굴로 돌아와 딸에게 이 모든 것을 전했다. 그녀는 황제가 내린 달걀이 썩은 달걀이라는 것을 이내 눈치 챘으며 아버지에게는 자신이 알아서 할 터이니 쉬시라고 말했다. 아버지는 딸의 말을 듣고 가서 잠을 청했다.

　그녀는 커다란 솥을 꺼내 물을 가득 채운 후, 물이 끓자 그 안에 늙은 소 한 마리를 집어 넣었다. 늙은 소가 익을 때가 되자 날이 밝아 왔다. 그녀는 아버지를 깨워 쟁기를 들고 나가 황제가 가는 길목에 삶은 쇠고기를 뿌리도록 했다.

　"아버지, 황제를 만나게 되면 이 삶은 쇠고기를 땅에 뿌리면서 소리치세요. '신이시여, 도와주소서. 이 삶은 소가 송아지를 낳을 수 있도록 도와주소서.' 라고 크게 외치세요. 그리고 '썩은 달걀에서 병아리가 나오듯이 말입니다.' 라고 말하세요."

　걸인은 딸의 말을 듣고 쟁기질을 하기 위해 집을 나섰다. 황제를 보자 그는 고기를 뿌리며 소리쳤다.

　"신이시여, 이 삶은 쇠고기에서 송아지가 나올 수 있도록 도와주소서."

　이 말을 들은 황제는 길을 멈추고 그에게 물었다.

　"여보게, 어떻게 삶은 소가 새끼를 낳을 수 있겠나?"

　그러자 그가 대답했다.

　"지엄하신 황제시여, 어떻게 썩은 달걀이 병아리를 낳을 수 있겠나이까."

　황제는 걸인의 딸이 이렇게 하라고 알려준 것임을 깨닫고 신하에게 그를 데려오도록 했다. 황제는 남자에게 아마 섬유 타래를 건네며 말했다.

　"자, 이것을 가지고 가서 배 한 척을 만드는 데 필요한 것들을 만들어 오너라. 만약 그렇지 않으면 목을 베어 버리고 말겠다."

겁을 잔뜩 집어먹은 이 가난한 남자는 실타래를 들고 울면서 집으로 돌아와 자신의 딸에게 이 모든 것을 말했다. 딸은 아버지에게 걱정 말고 편히 들어가 쉬도록 일렀다. 다음날 딸은 나무 한 토막을 들고 아버지를 깨웠다.

"아버지, 이 나무토막을 가지고 황제에게 찾아가 이것으로 물레와 지렛대를 만들어 주면 황제가 원하는 것을 무엇이든지 만들어 드리겠다고 하세요."

남자는 딸의 말을 듣고 황제에게 찾아가 딸이 일러 준 대로 말하였다. 이 말을 들은 황제는 매우 놀랐고 이번에는 무엇을 시켜 골탕을 먹일까 고심하던 중에 작은 잔을 남자에게 건네며 말했다.

"이 잔을 가지고 가서 딸에게 주어라. 그리고 평야만 남도록 바다를 퍼내라고 일러라."

남자는 그 말을 듣고 울면서 잔을 들고 가 자신의 딸에게 황제가 내린 명령을 말했다. 딸은 내일까지 해결을 할 테니 걱정 마시라고 아버지를 달랬다. 이튿날 딸은 아버지를 불러서 모르타르 한 줌을 주면서 말했다.

"이것을 가지고 황제에게 가서 모든 연못과 호수를 이것으로 막아 달라고 하세요. 그러면 바다를 퍼내겠다고 말하세요."

남자는 황제에게 가서 딸이 말한 대로 일렀다. 황제는 이 소녀가 자신보다 훨씬 영리하다는 것을 깨닫고 그에게 딸을 데리고 오도록 했다. 아버지와 딸이 황제 앞에 머리를 숙여 정중하게 인사하자 황제가 소녀에게 물었다.

"소녀여, 가장 멀리까지 들리는 것이 무엇인지 맞혀 보겠느냐?"

소녀가 대답했다.

"지엄하신 황제시여, 가장 멀리까지 들리는 것은 천둥과 거짓말이옵니다."

그때 황제는 자신의 수염을 쥐고 신하들을 향해 물었다.

"짐의 이 수염이 얼마나 값어치가 있는 것인지를 맞혀 보게나."

누구는 이만큼 중요하다고 하고 또 다른 이는 저만큼 중요하다고 하는 와중에 소녀가 모두들 맞히지 못했다며 말했다.

"황제 폐하의 수염은 여름 한철에 내리는 비 세 번[1] 과 같습니다."

황제가 놀라서 말했다.

"가장 정확하게 맞혔네."

그러고는 자신의 아내가 되어 주겠냐고 소녀에게 묻자 소녀가 머리 숙여 말했다.

"만약 황제께서 제게 싫증이 나 저를 왕궁에서 내쫓으려 할 때 제가 가장 마음에 드는 한 사람을 데려가도 좋다고 친필로 써 주십시오."

황제는 흔쾌히 수락을 하고 서명했다. 그렇게 시간이 얼마 흘러서 황제는 어느 날 그녀에게 화를 내며 말했다.

"짐은 당신을 더 이상 아내로 두고 싶지 않소. 그러니 당신 발길 닿는 대로 가도 좋소."

황후가 그에게 대답했다.

"영명하신 황제시여, 폐하의 뜻에 따르겠나이다. 그러니 오늘 하루만 더 지내고 내일 떠나도록 허락해 주소서."

황제는 그렇게 하도록 허락했다. 저녁 식사를 할 즈음에 황후는 황제의 포도주에 라키야와 향기 나는 풀을 섞고 황제에게 건네면서 말했다.

"우리는 내일이면 헤어질 테니 마지막 잔을 함께 하시지요. 저도 폐하를 만났을 때보다도 훨씬 더 행복해질 거예요."

황제는 그 포도주를 많이 마시고 잠이 들었고 황후는 하인을 시켜, 잠든 황제를 자신이 예전에 살던 동굴로 옮겨놓았다. 황제는 깨어나서 자신이 있는 곳이 동굴인 것을 깨닫고 소리쳤다.

"누가 짐을 이곳으로 데리고 왔느냐?"

황후가 그에게 대답했다.

"제가 데리고 왔지요."

"왜 짐을 이곳으로 데리고 왔소? 당신은 이제 짐의 아내가 아니라고 말했을 텐데."

그러자 그녀는 황제가 친필로 쓴 종이를 꺼내 보이며 말했다.

"맞습니다. 지엄하신 황제시여. 그렇게 말씀하셨지요. 하지만 폐하께서 여기에 쓰고 서명하신 것을 보세요. 폐하의 궁전에서 가장 저의 마음에 드는 사람을 데리고 와도 좋다고 하셨지요."

그것을 본 황제는 황후에게 입을 맞췄고 두 사람은 다시 함께 황제의 궁전으로 돌아왔다.

●── 주

1 지중해성 기후에 속하는 유고에서는 여름에 비가 내리지 않고 가뭄이 심해서 만약 여름에 비가 내리면 신이 준 선물로 여길 정도로 귀하고 소중하게 여긴다. 이때 한 번도 아닌 세 번이나 내리는 여름의 비라니 대단히 중요한 것을 빗대어 표현할 때 쓰는 말이다.

거짓말은 오래가지 않는다

어느 황제가 살았는데 그에게는 아들이 셋 있었다. 황제는 어느덧 나이를 먹어 듣지도 보지도 못하기에 이르렀다. 긴 세월을 살았음에도 그는 세상 어딘가 어느 마을에 신기한 우물이 있어 그가 그 물로 몸을 씻고 세수를 하면 다시 젊어져서 볼 수도 있고 들을 수도 있다는 꿈을 꾸었다. 그는 꿈에서 깨어나 아들들을 불러 꿈에 대하여 말했다.

"얘들아, 내가 꿈에서 본 그 우물을 찾아 물을 가지고 오너라. 만약 신의 은총을 받아 그 물을 찾아오는 사람이 있다면 이 나라를 주겠다."

그러자 맏아들이 아버지에게 말했다.

"저에게 배 한 척과 장정 몇 명을 주십시오. 반드시 그 물을 찾아오겠습니다."

아버지는 맏아들이 원하는 대로 해 주었다. 아들은 닻을 올리고 바다로 여행을 떠났다. 아버지는 떠나는 아들에게 신의 이름으로 축복을 해 주었다. 그렇게 긴 시간을 여행하다 맏아들은 다른 황제가 사는 한 마을에 도착했다. 그가 마을에 도착해서 배를 멈추고 닻을 내리자 그곳의 황제가 보낸 사람들이 선박 주인이 누구냐고 물었다. 그러자 사람들은 맏아들에게 달려가 이곳의 황제가 선주를 만나고자 한다고 전했다. 그가 황제 앞에 나서자 황제는 그가 누구인지 어디에서 왔는지 어디로 가는지를 물었다. 그러자 그는 중간에 황제의 말을 끊으면서 어느 누구든 그런 걸 물을 권리는 없다고 반박하였다. 황제는 그 말에 화가 나서 그의 선박을 빼앗고 그와 그의 부하들을 감옥에 가두었다.

그렇게 1년이 흐르자 그곳에서는 맏아들의 자취와 목소리가 온데간데없이 사라졌다. 그러자 둘째가 아버지에게 나섰다.

"형이 떠난 지 벌써 긴 시간이 지났는데 이렇게 기다리고만 있을 수 없습니다. 제가 그 물을 찾아올 수 있도록 선박 한 척과 장정 몇 명을 주십시오."

황제는 둘째에게 맏아들에게 준 것과 똑같이 해 주었다. 그리고 길을 떠나기에 앞서서 신의 이름으로 축복해 주었다. 둘째는 닻을 올리고 길을 떠났다. 그렇게 먼 여행을 하다 그는 형이 갇혀 있는 마을에 도착했다. 그가 선박을 멈추자 그곳의 황제가 보낸 사람들이 달려와 황제를 만나라고 전하였다. 그는 황제 앞에 나섰다. 그러자 황제는 예전에 그의 형에게 물었던 그대로 둘째에게도 물었다. 그러자 그는, 자신은 황제의 아들이므로 어느 누구도 자신에게 어디에서 왔는지 누구인지 어디로 갈 것인지를 물어볼 자격이 없다고, 형과 똑같이 대답하였다. 그러자 이번에도 역시 황제가 무척 화가 나서 그를 감옥에 가두어 버렸다.

그렇게 1년이 흐르자 그곳 어디에서고 그의 목소리도 자취도 보이지 않았다. 그러자 막내가 나섰다.

"어떻게 하지요? 형이 둘 다 소식도 없고 돌아오지도 않는군요. 제가 그 물을 찾으러 나설 테니 저에게도 선박 한 척과 장정 몇 명을 주십시오. 제가 형들과 그 물을 찾도록 신께서 도와주실 겁니다."

아버지는 맏이와 둘째에게 했던 것처럼 막내에게도 해 주었다. 막내는 바다로 나가 여행을 시작했다. 그렇게 계속 여행을 하다 보니 어느덧 그의 배도 두 형들이 도착했던 그 마을에 이르게 되었다. 그가 마을 가까이에 접근해서 배를 멈추었다. 그러자 그 마을의 황제가 자신의 신하들을 시켜 그를 데려 오도록 했다. 그는 곧장 황제의 앞에 도착했다. 황제는 그가 누구인지 어디에서 왔는지 어디로 가는지를 물었다.

황제의 물음에 막내는 차례대로 대답을 했다. 우선 듣지도 보지도 못하는 연로하신 아버지가 한 분 있다고 말했다. 어느 날 그 아버지가 아무아무 도시에 이르러 샘을 찾아 그 샘에서 솟아나는 물을 마시고 그 물로 세수를 하여 다시 보고 듣게 되는 꿈을 꾼 후 그 꿈에 나타난 물을 찾기 위해 그의 두 형들이 길을 나섰으나 아무 소식도 없는 터라 그는 물과 형들을 찾기 위하여 길을 나섰다고 덧붙였다. 황제가 그 말을 듣고서는 그에게 말했다.

"그렇구려, 젊은이. 그렇다면 자네의 행운을 빌겠네! 만약 그 물을 찾으면 내게 들르는 것을 잊지 말게나. 나도 이미 나이를 많이 먹어, 보는 것도 듣는 것도 힘이 드니 나도 어디 젊어져 보세나."

황제는 그렇게 그를 보내 주었고, 막내는 여행을 계속했다. 긴 여행 끝에 그는 어느덧 커다란 산에 이르렀다. 그는 배 안의 장정들에게 자신을 기다리라고 하고는 말을 타고 산에 올랐다.

계속 산을 오르다가 그는 산 위에서 어느 노인을 만났다. 그가 그 노인에게 이러이러한 도시를 아느냐고 물었더니 노인은 "몰라."라고 말하는 대신 "잘은 모르지만 저기 산 위 정상으로 가면 사냥꾼을 만날 수 있는데 새의 말을 알아듣는 사람이니까 아마 그 도시가 어디에 있는지 알 거야."라고 말했다.

막내 왕자는 더 높이 올라가 사냥꾼을 찾아 물었다.

"형제여, 내가 듣기로는 당신이 새들과 대화를 할 수 있다는데 아무아무 도시가 어디에 있는지 아시오?"

사냥꾼은 그런 도시에 대해서 한번도 들어 본 바가 없었다. 그렇지만 "난 그런 도시를 모르오."라고 대답하는 대신에 "자, 이제 물어 봅시다."라고 말하며 날아가는 새들을 불러 물었다.

"자, 여러분들. 아무아무 도시에 대해서 들어 보았는가?"

모든 새들이 그런 도시는 보지 못했지만 "몰라."라고 대답하는 대신 "하늘을 날지 못해서 숲에 남아 있는 독수리가 한 마리 있는데 아마 그 독수리는 알 거야."라고 대답했다.

그러자 사냥꾼과 막내는 함께 독수리를 찾아갔고 사냥꾼이 독수리에게 아무아무 도시가 어디에 있느냐고 물었더니 독수리가 대답했다.

"이제껏 단 한 번 그 도시 위를 날아간 적이 있어. 거기엔 여왕이 살고 있지. 그런데 그곳까지 가기는 무척 어려워. 게다가 잘 구운 양 고기 열두 마리 분과 빗자루 두 개와 동아줄 한 개를 준비해야 하지. 왜냐하면 그 도시에 이르러 성문 가까이에 가면 그 앞에서 사자 열두 마리가 성을 지키고 있기 때문이야. 누구든 그곳에 가기만 하면 바로 물어 버리지. 그래서 사자가 물려고 할 때마다 구운 양 고기를 한 마리 분씩 던져 주어야 해. 그러면 문제가 전혀 없어. 그렇게 해서 성 안으로 들어가면 그 안에는 소녀가 둘 있어. 그 소녀들은 손으로 성을 청소하는데 두 사람이 쉬려고 손을 뗄 때, 바로 그때 빗자루를 주면 아마 별일 없을 거야. 그 소녀들을 지나치면 다른 소녀가 홀로 있는데, 그 소녀는 자기 머리칼로 물을 긷고 있을 거야. 그 소녀에게 동아줄을 주면 그녀는 바로 굳어 버리지. 그리고 정오에 여왕의 방에 가면 여왕은 세상 모르고 자고 있을 테지만 재빨리 도망가야 해!"

황제의 막내아들이 그 말을 듣고 독수리를 말에 태운 다음 배로 향했다. 그러고는 다시 길을 떠나기 시작했다. 그는 독수리가 몸을 회복하도록 먹이를 잘 주었다. 그렇게 길을 계속 가다 다시 커다란 산을 하나 만났다. 그때 독수리가 말했다.

"여기서부터는 나 혼자 가 보고 상황이 어떤지 말해 줄게."

그렇게 말한 독수리는 구름 위로 날아가더니 그 도시의 하늘을 돌았다. 그곳의 상황을 찬찬히 살핀 독수리는 배로 다시 돌아와서 사정을 자세하게 전하고 내일 아침 일찍 출발해야 정오 무렵에 그 도시에 이를 수 있다고 말하였다.

다음날 그들은 정오 무렵에 도시에 도착하기 위해 동이 트자마자 길을 떠났다. 오랜 시간 걷고 나서 그 도시에 이르자 막내는 곧 하인들에게 무엇을 준비해야 하는지 일러 주었다. 그들이 성문 앞에 도착하자마자 무시무시한 사자 열두 마리가 그들을 공격하려 했다. 때마침 그들은 준비해 온 구운 양 고기를 각각의 사자들에게 던져 주었다. 그러자 사자들은 잠잠해졌다. 그들이 성 안으로 들어가니 성을 청소하는 소녀 둘이 있었다. 소녀들이 그들의 눈을 찌르려 들었지만 그들이 빗자루를 던져 주자 잠잠해졌다. 그렇게 또 성 안을 가다 우물 하나를 발견했다. 한 소녀가 자신의 머리칼로 우물에 동이를 드리워 물을 긷고 있었다. 그녀는 그들을 보자마자 달려들었다. 그때 동아줄을 던져 주니 소녀는 곧바로 돌이 되었다.

우물에서 물을 얻은 장정들은 배를 향해 달렸고 황제의 막내아들은 황후를 보기 위해 궁 안으로 달려갔다. 그는 황후의 방으로 들어가자마자 등을 대고 누워 있는 황후를 발견했다. 그러자 막내아들은 천천히 황후에게 다가가 그녀의 오른손에 끼워져 있는 반지를 빼고 왼발에서는 양말을 벗기고 무릎에 표시를 했다. 그러고는 배로 향했다. 어찌나 빠르게 도망을 쳤던지 바람도 따라올 수 없을 정도였다!

그가 그 도시로부터 꽤 멀리 떨어져 나갔을 때에야 황후가 깨어났다. 그리고 자신에게 일어난 일들을 알고서는 소리를 지르며 도시를 지키는 소녀들을 불러 댔다.

"너는 수년 동안 나를 섬기더니 이제 나를 이렇게 배신할 수 있느냐!"

소녀는 멈춰서 대답했다.

"전 몇 해 동안 당신을 섬겨왔지만 당신은 저에게 한 번도 동아줄을 주지 않았습니다. 하지만 그 남자는 오자마자 저에게 동아줄을 주었어요."

그러자 황후는 성을 청소하고 있던 소녀 둘에게 다가가 소리를 질러 댔다.

"너희들은 수년 동안 나를 위해 일했는데, 이제 와서 나를 배신하다니!"

그러자 소녀들이 그녀에게 말했다.

"우리는 몇 해 동안 당신을 위해 일해 왔지만 당신은 우리에게 한 번도 빗자루를 주지 않았어요. 그런데 그 남자는 오자마자 우리에게 빗자루를 주었지요."

황후는 마지막으로 사자들에게 가서 소리를 질러 댔다.

"수년 동안 나를 위해 일해 놓고 이제 와서 나를 배신하다니 말이 되느냐!"

그러자 그들이 대답했다.

"우리는 당신을 위해 몸을 사리지 않고 일해 왔는데 당신은 단 한 번도 우리를 배불리 먹여 준 적이 없었어요. 그런데 그 남자는 오자마자 잘 구운 양 고기를 줬지요."

그러자 황후는 이제껏 자신이 한 행동을 반성하면서 아무 말도 못하고 고개를 숙였다.

오랫동안 여행을 한 막내는 다시 자신의 형들이 갇힌 도시로 왔다. 그가 온 것을 들은 황제는 그를 만나기 위해 왕궁 밖으로 마중을 나왔다. 황제는 그를 보자마자 물었다.

"젊은이, 자네가 그 물을 찾을 수 있도록 신께서 도와주셨는가?"

"신의 은총으로 구해 왔지요."

황제는 무척 기뻐하며 그에게 말했다.

"그 물이 어떤지 나도 한번 맛이나 보세."

황제가 그 물로 몸을 씻자 그는 마치 이십 대의 청년이 된 듯 건강해졌다. 그는 너무나도 기쁜 나머지 그에게 말했다.

"자네가 나를 이토록 기쁘게 해 주었으니 나도 자네에게 기쁨을 선사하겠네. 자네가 찾고 있는 두 형들은 자네만큼 현명하지 못해서 내가 이곳에 가두어 두었지. 그들은 오자마자 나를 화나게 했어. 그렇지만 이제는 자네에게 그들을 내어 주지."

황제는 자신이 말한 대로 그들을 석방시켜 막내에게 넘겨주었다. 막내는 자신이 그토록 찾던 두 형들을 만나게 되어 무척 기뻤다. 게다가 황제는 그들이 각각 데리고 온 젊은이들과 배까지 내어 주었으며 그들이 길을 떠나는 데 부족함이 없도록 여행에 필요한 모든 것을 주기까지 하였다. 그들은 각각 자신의 배에 올라타 길을 재촉했다. 그렇게 여행을 하다가 두 형들은 막내를 속일 계획을 세웠다. 막내가 가져온 물이 담긴 그릇에 다른 물을 집어넣고 진짜는 자신들이 가져가는 것이었다. 집에 오자 아버지가 마중을 나와 있었다.

"잘 왔구나, 애들아! 그래, 내가 찾는 그 물을 구해 왔느냐?"

맏아들이 먼저 대답했다.

"신께 감사하게도 우리는 그 물을 찾을 수 있었습니다. 어서 막내가 가져온 물부터 한번 보시지요. 그런 다음에 저희가 가져온 물을 보여드리겠습니다."

두 형들은 막내 동생의 그릇에서 물을 따라 황제가 목욕을 하도록 했다. 황제가 목욕을 했지만 아무 일도 일어나지 않았다. 그래서 두 아들에게 말했다.

"자, 그럼 너희들이 가져온 물을 한번 보자."

그들이 부은 물에 황제가 몸을 담그고 목욕을 하는 순간 황제는 이내 젊어졌고, 마치 청년과 같은 시력과 청력을 얻게 되었다. 그러자 황제는 막내아들에게 말했다.

"넌 아무 일도 하질 않았어. 네가 가져온 물은 그냥 바다에서 길어온 소금물이었다고. 자, 이젠 꼴도 보기 싫으니 네 눈이 닿는 대로 네 발이 닿는 대로 그냥 떠나라. 나를 속이다니 괘씸하구나."

황제는 그렇게 막내를 궁에서 쫓아냈고 가엾은 막내는 어느 제후의 양을 돌보는 양치기 신세가 되어 버렸다.

그리고 물을 가지고 있던 여왕은 막내의 아이를 배어 시간이 흐르자 아들을 낳았다. 그 아이가 한 살이 되자 그는 어머니에게 말을 하기 시작했다.

"어머니, 아버지는 어디 계세요?"

어머니가 아들에게 대답했다.

"그래, 아들아. 아버지를 찾자꾸나."

그렇게 말을 하고 떠날 준비를 마친 후에 여왕은 자신의 아들을 데리고 배에 올랐다. 황제의 막내아들이 있는 도시 가까이에 이르자 그녀는 배에서 내려 배를 한편에 세워두고는 커다란 천막을 쳤다. 그리고 황제에게 편지를 띄웠다.

나에게서 물을 가져간 그 사람을 보내 주시오.

황제는 큰아들을 불렀다. 그를 말에 태워서 여왕이 있는 천막으로 보냈다. 그가 여왕에게 도착했을 때 그녀가 그를 기다리다가 물었다.

"그대가 나에게서 물을 가져갔는가?"

그러자 그가 답했다.

"예"

그러자 여왕이 다시 물었다.

"무엇을 더 했지?"

"아무것도 안했습니다."

그러자 여왕은 두 손을 불끈 쥐고 그의 뺨을 때렸다. 어찌나 세게 뺨을 쳤는지 그는 이 두 개가 빠져 버렸다. 여왕이 소리쳤다.

"자, 너의 아버지에게 가서 나에게서 물을 가져간 사람을 보내라고 하여라."

큰아들이 아버지에게 가서 이 일을 고하자 황제는 황급히 둘째를 보냈다. 둘째가 여왕이 있는 곳에 도착하자 그녀는 그를 기다렸다가 물었다.

"그대가 나의 물을 가져갔는가?"

그가 대답했다.

"예."

여왕이 또 물었다.

"그리고 무얼 했지?"

"아무 일도 하지 않았습니다."

그러자 여왕이 둘째의 뺨을 세게 쳤고 둘째의 이도 두 개나 빠져 버렸다. 여왕은 말했다.

"내 말을 아직도 못 알아들었단 말이냐! 네 아버지에게 가서 이렇게 일러라. 만약 나에게서 물을 가져간 사람을 보내지 않으면 왕국을 모두 박살내 버리겠다고. 자, 그 사람을 어떻게 찾아야 하는지 알려 주지."

그러고는 자기 아들의 얼굴을 손수건에 그려서 둘째에게 보여주며 말을 이었다.

"이건 내 아들의 얼굴이야. 이 얼굴과 똑같이 생긴 사람을 보내라."

둘째는 그 손수건을 들고 자신의 아버지에게 달려가 자초지종을 전했다. 황제는 손수건에 그려진 얼굴을 보고 그것이 바로 자신의 막내란 것을 깨달았다. 그는 신하들에게 모든 도시와 마을 산과 들을 샅샅이 뒤져서라도 막내아들을 찾아오도록 명령하였다. 그런 소식이 막내아들이 양치기로 있는 제후의 귀에까지 이르렀다. 제후는 손수건에 그려진 얼굴을 보자 양치기의 얼굴이란 것을 이내 알아차렸다. 그리고 양치기를 불러서 물었다.

"아니, 이런! 이건 네 얼굴이 아니더냐?"

막내아들은 그간 있었던 일들을 말하려 하지 않았지만 자초지종을 묻는 제후의 고집에 못 이겨 입을 열었다. 그 사실을 모두 들은 제후는 황제의 막내아들에게 큰절을 하고 말과 필요한 것들을 준비하여 황제에게 가도록 하였다. 그렇게 하여 막내아들은 아버지의 성에 다시 돌아오게 되었다. 막내아들을 본 황제는 기쁜 나머지 어쩔 줄을 몰랐고 양치기의 힘껏 껴안았다.

"아들아, 이제껏 어디 있었단 말이냐? 네가 없어 나라가 이토록 어려운 지경에 이르렀구나!"

그러자 왕자가 대답했다.

"누가 그런 일을 한단 말입니까? 저에게 말을 주십시오. 제가 그를 만나러 가겠습니다."

막내 왕자는 곧 준비를 하여 여왕을 만나러 갔다. 여왕은 막내 왕자의 얼굴을 보자마자 이내 그를 알아보았다. 게다가 아들까지 그를 알아보고 소리쳤다.

"어, 아버지다! 아버지!"

그가 천막에 도착하자 여왕이 그에게 물었다.

"당신이 나에게서 물을 가져갔나요?"

그가 대답했다.

"예"

그녀가 더 물었다.

"무엇을 더 했지요?"

그는 반지와 양말을 꺼내고 그녀의 무릎을 가리켰다.

"자, 당신의 무릎에 난 표시를 보시지요."

모든 것을 알아차린 그녀는 그를 껴안고 입을 맞추었다. 그리고 둘은 성 안으로 다시 가서 성대한 결혼식을 올렸다. 그리고 황제는 자신을 속인 두 아들을 멀리 내쫓고 자신의 왕국을 막내에게 전부

물려주었다. 그렇게 하여 막내 왕자는 두 나라를 다스리는 강대한 황제가 되었다.

나는 그를 보내 주고 싶은데
그가 나를 놔 주지 않아

어느 터키 인이 물을 마시려고 길에서 벗어나 개울 쪽으로 갔다가 하이두크^{터키인에 대항하여 싸운 지하 조직}에게 잡혔다. 그는 길 위에서 자신을 기다리고 있는 동료에게 소리쳤다.

"이리 와 봐! 내가 하이두크를 잡았거든!"

동료가 대답했다.

"잡았으면 이리로 데리고 와."

그랬더니 그가 대답했다.

"이자가 가려 하지를 않네."

그 말에 동료가 말했다.

"만약 가려 하지 않는다면, 네가 보내 주면 되잖아."

그 말에 터키 인이 말했다.

"난 그를 보내 주고 싶은데 그가 나를 놔 주지 않아."

작은 악마

　스배트고라 출신의 한 수도승이 아직 아무것도 모르는 어린 남자 아이를 스배트고라로 데리고 가서 먹이고 입히고 공부도 시켰다. 그 아이가 열여덟 살이 되었을 때, 그는 아이에게 세상 구경을 시켜 주려고 함께 데리고 나왔다. 그들이 첫 번째 마을에 도착했을 때, 일요일이었는지 아니면 어떤 잔치가 벌어지고 있었는지 소녀들이 콜로 춤을 추려고 모여 있었다.
　아이는 소녀들을 보고는 놀라 수도승에게 물었다.
　"스승님, 저것들이 무엇인가요?"
　수도승은 상기된 얼굴로 대답했다.
　"그쪽은 보지 마렴. 얘야! 그것이 무엇이냐고 묻지도 마렴. 저것은 악마란다."
　그러나 아이는 달콤한 목소리로 말했다.
　"그래요, 스승님. 그럼 저기 작은 악마를 하나 사서 수도원으로 데리고 가는 게 어떨까요?"

나스루딘과 개

호자[1]인 나스루딘이 마을을 지나가고 있는데 그의 이웃이 기르는 개 한 마리가 그에게 덤벼들었다. 그는 자신을 방어하기 위해서 가지고 있던 도끼를 꺼내들고 개의 머리를 힘껏 내리쳤다. 그러자 개는 꼬리를 축 늘어뜨리며 죽고 말았다.

이에 개 주인인 이웃이 카디야(회교도 재판관)에게 그의 죄를 물어 줄 것을 청했다. 재판관은 급히 나스루딘을 불러 그에게 말했다.

"너는 왜 채찍으로 개를 때리지 않고 도끼로 쳤느냐?"

그 말에 나스루딘이 대답했다.

"개가 저를 꼬리로 물려고 했다면 저도 채찍으로 때렸겠지요."

●──주

1 이슬람의 종교 귀족으로 예언자 무하마드의 후손이라 여겨졌으며 갖가지 기적을 행하는 존재로 존경받았다.

저는 사실 사라예보 출신이 아니에요

　면도를 하기 위해서 이발소를 찾아 온 한 터키 인이 이발소 주인이 묻는 말에 사라예보에서 왔다고 대답했다. 짓궂은 이발소 주인은 사라예보 사람들은 모두가 영웅 기질이 있으며 심지어 면도를 해도 물을 묻혀서 하는 게 아니라 맨살에 그냥 칼을 대도 끄떡없다고 하였다. 이 말을 들은 터키 인은 매우 흐뭇해져서 자신도 영웅임을 보여 주고 싶었다. 그래서 물을 묻히지 말고 그냥 면도를 하라고 주인에게 일렀다. 그러나 면도를 시작하자 어찌나 아프던지 도저히 참을 수가 없었다. 터키 인이 이발사에게 말했다.
　"물을 조금 묻혀 주세요. 저는 사실 사라예보에서 온 게 아니고 그 가까운 곳에서 왔거든요."

사악한 여자

한 남자가 아내와 여행을 하던 중 낫으로 깎아 놓은 듯한 초원을 보게 되었다. 그때 남자가 말했다.
"어이, 부인, 낫으로 잘 깎아 놓은 초원이 아름답지 않소!"
그때 아내가 말했다.
"아니, 당신 눈에는 어떻게 저게 깎은 걸로 보인 말이에요? 베어 놓은 거지!"
그러자 남자가 반박했다.
"어휴, 이 답답한 사람아! 초원을 어떻게 베어 놓는단 말이야? 이건 깎은 거지 베어 놓은 건 아니지."
남자는 깎은 듯하다고 계속 우기고 아내는 베어 놓은 듯하다고 우기면서 계속 싸우고 있었다. 참다못한 남자가 아내를 한 대 때리면서 더 이상 말을 못하게 하였다. 그러자 아내는 남자의 앞을 가로막으며 자신의 두 손가락을 남편의 눈앞에 대고는 소리쳤다.
"베어 놓은 듯하단 말이야, 베어 놓은 거라고. 베어 놓은 거!"

아내는 그렇게 계속 우기면서 남자의 말을 막았고 앞을 보지도 않고 남편을 노려 보면서 걸어가던 중 풀로 덮여 눈에 띄지 않았던 구멍에 빠져 버렸다. 아내가 구멍에 빠진 것을 본 남편은 말했다.

"그래, 아무것도 모르고 그렇게 우겨 대더니 꼴좋다!"

그러고는 아내가 빠진 구멍을 쳐다보지도 않은 채 길을 계속 걸어갔다. 그렇게 며칠이 지나자 남자는 마음이 조금씩 바뀌기 시작했다.

'만약 아직까지 살아 있다면 그 구멍에서 꺼내 줘야지. 예전에는 그렇게 고집불통이고 못됐었지만 사람이 변했을 수도 있겠지.'

그러고는 기다란 동아줄을 가지고 아내가 빠진 구멍으로 갔다. 그는 그 구멍 안으로 동아줄을 던지고 그것을 잡고 어서 밖으로 나오라고 외치면서 줄을 당겼다. 그랬더니 줄에서 갑자기 무게가 느껴지기 시작했다. 그는 힘껏 당기기 시작했다! 그런데 이게 웬일인가? 그 줄이 밖으로 거의 나올 무렵에 보니 아내 대신에 몸 한쪽은 양처럼 하얗고 다른 한쪽은 새까만 악마가 딸려 오는 것이었다. 남자가 겁에 질려 그 동아줄을 놓으려 하자 악마가 소리쳤다.

"제발 그 줄을 놓지 마. 너를 의형제로 여길 테니! 제발 나를 이곳에서 꺼내 줘. 그 은혜는 잊지 않을게. 제발 밖으로 내보내 줘."

남자는 그의 말대로 악마를 밖으로 꺼내 주었다. 그러자 악마는 도대체 무엇을 찾기 위해 이 구멍까지 왔느냐고 물었다. 남자는 며칠 전 길을 가던 중 자신의 아내가 구멍에 빠져서 그녀를 구하려고 왔노라고 말했다. 그랬더니 악마가 갑자기 소리쳤다.

"만약 네가 신을 믿는다면, 우린 의형제가 아니리니! 그래, 그게 너의 아내였구나! 아니 어떻게 그런 여자와 살 수 있단 말이야! 그래, 그것도 모자라 그 여자를 구하러 왔다고? 나는 이미 아주 오래

전에 이 구멍에 빠졌지. 처음에는 견디기가 무척 힘들었지만 차츰 시간이 지나다 보니 적응이 되어 견딜 만하더라고. 그런데 그 여자가 온 다음부터는 죽을 지경이었어. 그러니 너도 어서 정신 차리고 그 여자에 대해서는 잊는 게 좋겠어. 게다가 그 여자에게는 이 구멍이 딱이야. 그리고 네가 나를 이곳에서 꺼내 주었으니 나도 너를 위해 무언가를 해야지."

악마는 말을 마치더니 땅에서 어떤 풀을 뽑았다. 그러고는 남자에게 건넸다.

"너는 이 풀을 가지고 이곳에 있어. 난 아무아무 나라의 황제를 찾아갈 테니. 그 황제에게는 딸이 하나 있는데 죽을병에 걸릴 거야. 황제가 전국 방방곡곡에 의사들과 수도승들을 불러 모으고 그녀를 고칠 수 있는 사람을 수소문할 거야. 너는 그때 와서 내가 준 이 풀을 그녀의 머리 위에서 흔들어 대기만 하면 돼. 그러면 그녀는 순식간에 병을 털고 일어날 테고 황제는 네게 딸을 줄 거야. 그럼 그녀를 아내로 맞으라고."

남자는 가방 안에 그 풀을 넣었다. 그리고 그들은 작별 인사를 하고 헤어졌다. 며칠이 지나자 정말로 황제의 딸이 아프다는 소문이 들렸다.

나라 곳곳에서 명의라는 명의가 모두 모였고 유명한 수도승들이 모두 모여 황녀의 병을 고치려 했으나 아무도 성공하지 못하였다. 그 무렵에 남자도 악마가 준 풀이 담긴 가방을 목에 메고 한 손에는 지팡이를 들고 길을 황급히 나섰다. 그렇게 걸음을 재촉하여 어느덧 황제의 궁전에 이르렀다. 그가 병든 황녀가 있는 방에 도착하자 그 방 안에는 수많은 의사들이 이미 와 있었고, 수도승들과 사제들은 기도를 올리고 온갖 의식을 거행하고 있었다. 그가 악마를 불러

어서 나오라고 하자 악마는 병자가 있는 곳으로부터 나와서 그들을 비웃었다. 남자가 자신의 가방을 들고 황녀가 있는 방으로 들어가려 하자 사람들이 그를 막았다. 그러자 그는 황후에게 자신이 그녀의 딸을 구할 방법을 안다고 하였다. 그러자 세상의 모든 어머니들이 그렇듯이 황후는 서둘러 그를 자신의 딸이 있는 곳으로 데리고 갔다. 악마는 남자를 살폈고 그때 남자에게 말했다.

"할 수 있겠지, 나의 의형제여?"

"그럼."

"그래, 그렇다면 넌 네가 할 수 있는 일을 해라. 난 그만 갈 테니. 하지만 넌 더 이상 날 쫓아오면 안 돼. 그럼 나도 어떻게 할 수가 없거든."

그들이 서로 나눈 대화는 그들 이외에 아무도 들을 수도 이해할 수도 없었다.

남자가 자신의 가방에서 꺼낸 풀로 황제의 딸을 어루만지자 그녀는 어머니의 뱃속에서 태어났을 때처럼 그렇게 다시 건강을 되찾았다. 그곳에 있던 의사들은 얼굴을 들지 못하고 이내 사라져 버렸고 황제는 그를 얼싸안으며 좋아서 어쩔 줄을 몰랐다. 황후는 마치 그가 자신의 아들이라도 되는 양 그에게 입맞춤을 하고 서둘러 그를 데리고 가서 황실에 어울리는 옷을 입도록 했으며 자신의 딸도 주고 나라의 절반을 그에게 주었다.

그렇게 시간이 지나자 이번에는 더욱 부강한 이웃 나라 황제의 딸에게 똑같은 악마가 들었다. 나라 방방곡곡에 그의 딸을 치료해 줄 사람을 찾는다는 방이 붙었는데 그 내용은 그녀를 낫게 해 주는 사람을 사위로 삼겠다는 것이었다. 그때 마침 그 황제는 이웃 나라 황제의 딸이 어찌어찌 해서 병이 나았다는 얘기를 듣고 그에게 편지를 써 보냈다. 그의 딸을 고쳐 주면 그가 원하는 것은 무엇이든지 주겠다는 약속도 덧붙였다. 황제가 편지를 읽고 자신의 사위에게 이 이야기를 하자 사위는 그가 악마와 헤어질 때 다시는 서로 만나서는 안 된다고 했던 약속을 떠올렸다. 그리고 장인에게 이제 병을 낫게 할 방법을 알지도 못하며 그곳으로 갈 수도 없다고 거절하였다. 그렇게 이웃 나라의 황제에게 답을 하자 이웃 나라의 황제는 화가 나서 사위를 당장 보내지 않으면 군사를 이끌고 공격하겠다고 엄포를 놓았다. 그러자 황제는 사위에게 이제는 다른 방법이 없으니 어서 그 나라로 가는 게 좋겠다고 설득했다. 그러자 황제의 사위는 할 수 없이 떠날 채비를 하고 길을 나섰다. 그가 이웃 나라에 도착하자 그곳에 있던 악마가 놀라서 소리쳤다.

"형제여, 여기에는 웬일인가? 더 이상 나를 쫓아오면 안 된다고 했을 텐데?"

"어이, 형제여. 난 너를 쫓아온 것이 아니고 우리가 이제 어떻게 해야 할지 상의하러 온걸세. 구멍에 빠진 나의 아내가 나왔다네. 난 구하려고 했지만 네가 그런 나를 막았잖아. 그런데 그녀가 혼자서 나왔대. 널 잡을 거야."

"휴우, 큰일이네! 네 아내가 나왔다고!"

악마는 소리치며 황제의 딸이 있는 방에서 나와 바다 깊은 곳으로 사라져서는 더 이상 모습을 드러내지 않았다.

말보다 빠른 소녀

　한 소녀가 살았는데 그 소녀는 인간 부모에게서 태어난 것이 아니라 일리리아의 햇빛을 받아, 끝이 보이지 않는 동굴 속에 사는 눈의 요정에게서 태어났다. 바람이 생명을 불어 넣어 주었고 이슬이 돌봐 주었다. 산의 나뭇잎들로 옷을 해 입었고 초원의 꽃들로 몸을 장식했다. 그녀는 눈보다도 희고 장미꽃보다도 붉고 태양보다도 더 빛났다. 이제껏 그렇게 태어난 사람은 세상 어디에서도 찾을 수가 없었다.

　어느 날 소녀는 모월 모시 어디에서 달리기 경주가 있으니 말을 타고 달려서 그녀를 이기는 사람이 자신을 차지할 수 있다고 선포하였다. 날이 다가왔고 달리기 경주 장소는 세계 곳곳에서 모인 사람들로 가득 찼다. 어찌나 많은 사람과 훌륭한 말들이 왔던지, 어느 말이 더 뛰어난가 구별하기 힘들 정도였다. 그리고 황제의 아들도 경주에 참여했다. 소녀도 출발선상에 섰다. 그녀는 말도 타지 않고, 말을 타야 한다고 권하는 주위의 권유를 마다하면서 자신의 두 발로 꼿꼿이 서서는 말했다.

"내가 저만치에 금 사과를 두었습니다. 그 금 사과를 가장 먼저 찾아내는 사람이 나를 차지할 것이고 만약 내가 여러분들보다 먼저 그 금 사과를 찾는다면 여러분 모두가 그 자리에서 죽은 목숨이 될 것입니다. 그러니 최선을 다하세요."

말을 탄 모든 사람들은 각자 서로를 쳐다보며 속으로 생각했다.

'말도 타지 않고 뛰는 소녀보다야 우리가 빠르겠지. 그러니 우리들 중에 누군가가 사과를 가질 테고 누가 가질지는 또 신의 뜻에 달려 있을 거야.'

그때 마침 소녀가 손바닥을 치며 달리기 시작하자 다른 사람들도 속도를 내기 시작했다. 정해진 거리의 반 정도에 이르자 소녀는 무리를 벗어나 자신의 겨드랑이에 있던 날개를 펴기 시작했다. 그 무렵 달리던 무리 중에 일부가 소녀 가까이로 다가왔다. 그것을 본 소녀가 머리털 한 가닥을 뽑아 던지자 그 순간 사방곳곳에서 산들이 나타나 무리들은 자기들이 어디에 있는지조차 알지를 못했다. 그렇게 소녀는 자신을 쫓는 무리들을 따돌렸다. 하지만 시간이 조금 흐르자 일부 사람들이 말을 달려 그녀를 다시 쫓기 시작했다. 소녀가 악의 무리와 산을 보았을 때, 그녀는 눈물 한 방울을 떨어뜨렸다. 눈물은 삽시간에 커다란 바다로 변하여 주위의 산들과 사람들이 모두 눈물 바다에 빠져 버렸다. 더 이상 아무도 소녀를 쫓는 사람이 없었는데 오직 황제의 아들만이 소녀 뒤를 쫓고 있었다. 황제의 아들은 말을 타고 헤엄을 쳐서 소녀를 쫓다가 그녀가 어딘가로 사라진 것을 알아차리자 신의 이름으로 세 번 기도를 드렸다. 그랬더니 그가 생각했던 곳에 소녀가 모습을 드러냈다. 그때 그는 소녀를 잡아채서는 말에 함께 태워 육지로 나왔다. 그리고 황제의 아들은 집을 찾아 산으로 향했는데 어느 높은 산에 도착했을 때 소녀가 사라진 것을 깨달았다.

하늘에도 땅에도 없는 궁전

옛날에 한 황제가 살았는데 그에게는 아들 셋이 있었다. 그리고 둥지의 어린 새 한 마리처럼 소중하고 얼굴의 눈처럼 소중한 딸도 하나 있었다. 그 딸 아이가 어느덧 자라서 아버지에게 자신의 오빠들과 함께 궁전 바깥으로 산책 가는 것을 허락해 달라고 졸랐다. 아버지는 허락해 주었다. 그러나 그녀가 오빠들과 함께 궁전 밖으로 나서자마자 하늘 어딘가에서 갑자기 용 한 마리가 나타나 소녀를 구름 속으로 낚아채 가 버렸다. 왕자들은 서둘러 아버지에게 달려가 이 사실을 알렸고 동생을 찾으러 나서겠다고 하였다. 아버지는 아들들에게 각각 말 한 필과 여행에 필요한 것을 마련해 주었고 왕자들은 길을 나섰다.

길고 긴 여행을 하던 중 그들은 하늘에도 땅에도 없는 궁전을 발견하였다. 그것을 쳐다보며 그들은 그 안에 자신들의 여동생이 있을 거라 생각했고 어떻게 하면 그 위로 올라갈 수 있는지 상의하기 시작했다. 한참을 함께 궁리한 끝에 그들은 그들 중 한 명이 자신의 말을 죽여서 가죽을 얻은 후 그걸 탑까지 닿도록 던져서 탑 모퉁이에 걸린 가죽 끈을 타고 올라가자고 의견을 모았다. 두 동생들이 큰형이 먼저 하는 것이 좋겠다고 얘기했지만 큰형은 거절했다. 둘째가 하는 것이 어떻겠냐고 형제들이 묻자 둘째도 거절하였다. 그러자 막내가 자신의 말을 죽이고 그 가죽을 끈으로 만들어 궁전의 탑에 던졌다. 큰형에게 먼저 올라가라고 하자 큰형은 거절하였다. 둘째도 마찬가지로 거절하였다. 그래서 이번에도 막내가 가죽 끈을 타고 궁전까지 올라가기 시작했다.

그 위로 올라간 그는 이 방에서 저 방으로 여동생을 찾아다녔다. 그러던 중 어느 방에 이르러 동생을 발견했다. 그런데 용 한 마리가 그녀의 무릎을 베고 누워 있는 것이 아닌가. 오빠를 발견한 여동생은 겁에 질려 아주 작은 목소리로 용이 깨어나기 전에 어서 달아나라고 오빠에게 일렀다. 하지만 그가 들을 리가 없었다. 그는 몽둥이를 들고 휘두르더니 용의 머리를 세게 내리쳤다. 그러자 용은 잠에서 덜 깬 목소리로 막내 왕자가 내리친 부분을 손으로 어루만지며 말했다.

"여기가 가려운데, 뭐가 물었나?"

한 번 더 때렸지만 마찬가지였다. 그가 세 번째로 용을 내리치려고 하자 여동생이 어디를 때려야 하는지 일러 주었다. 그는 그곳을 정확히 내리쳤다. 그러자 용은 바로 숨을 거두었고 여동생은 자신의 무릎에서 용을 치우고는 오빠와 감격스레 포옹을 했다. 여동생은 오빠의 손을 잡고 그를 다른 방으로 이끌었다.

여동생이 막내오빠를 이끌고 간 방 안의 여물통 앞에 순은 고삐에 묶인 검은 말 한 마리가 있었다. 여동생은 다시 막내오빠를 두 번째 방으로 이끌었는데 그 방 안에는 순금 고삐에 묶인 하얀 말 한 마리가 있었다. 그리고 마지막 방 안에는 온통 보석으로 장식된 고삐에 묶인 암갈색 말 한 마리가 있었다. 그 모든 방들을 지난 뒤에 여동생은 또 다른 방으로 인도했는데 그 방 안에는 금으로 된 자수틀 앞에 앉아서 금실로 수를 놓고 있는 소녀가 있었다. 두 사람은 그 방을 나와 다른 방으로 갔는데 그 방 안에는 은실을 잣고 있는 소녀가 있었다. 그리고 마지막으로 여동생이 이끌고 간 방에는 세 번째 소녀가 진주를 꿰고 있었는데 그녀 앞에는 금으로 만든 냄비 안에서 황금 암탉이 병아리들을 데리고 진주를 쪼고 있었다.

 이 모든 것들을 둘러보고 난 후에 그는 용이 죽어 있는 방으로 다시 돌아와서 그 용을 집어들고는 밖으로 던졌다. 죽은 용이 추락하는 것을 본 두 형은 겁에 질려 그것을 집으려 하지도 않았다. 그러고 난 후에 막내는 여동생을 형들에게 내려 보냈다. 또 세 소녀들도 그들이 만든 것들과 함께 형들에게 내려 보냈다. 한 명씩 내려 보내면서 그는 자신의 형들에게 소녀들을 주려 하였다. 병아리와 암탉을 가지고 있는 세 번째 소녀는 자신이 차지할 생각이었다. 소녀들이 모두 내려오자 두 형들은 혼자 영웅이 된 막내를 시기하는 마음이 들어 막내가 내려오지 못하도록 줄을 끊어 버렸다. 그리고는 어떤 양 치던 목동에게 마치 막내동생인 양 옷을 입혀서 아버지에게 데려가기로 하였다. 그리고 여동생과 소녀들에게는 이런 행각을 절대로 얘기하지 못하도록 단단히 주의를 주었다.

 얼마 후 탑에 있던 막내는 자신의 형들과 목동이 그 소녀들과 결혼한다는 소식을 듣게 되었다. 큰형이 결혼하는 날 막내는 검은 말을 타고 날아와서 결혼식 하객들이 교회에서 나오자마자 그 중에 있던 큰형의 등을 몽둥이로 세게 쳐서 말에서 떨어지도록 했다. 그리고는 다시 날아 탑으로 돌아갔다. 작은형이 결혼한다는 소식을 들은 막내는 하객들과 신랑이 교회에서 함께 나오는 때에 맞추어 그곳으로 가서 작은형을 몽둥이로 때렸다. 그러고는 다시 날아가 버렸다. 이번에는 자신이 점 찍은 소녀와 목동이 결혼한다는 소식을 듣자 막내왕자는 그들이 교회에서 나오는 시간에 맞추어 내려가서는 신랑을 몽둥이로 때려눕혔다. 그러자 사람들이 그를 잡기 위해 달려들었지만 그는 도망갈 생각을 하지 않고 그 자리에서 꼼짝도 않는 것이었다. 그는 사람들에게 이 목동은 막내 왕자가 아니며 자신이 탑 안에 갇힌 여동생을 구하고 용을 죽인 뒤에 소녀들을 형들에게 주려 했으나 자신을 시기한 형들의 속임수로 이렇게 된 것임을 얘기했다. 이때 여동생과 세 소녀들이 증인이 되어 주었다. 이 소식을 들은 황제는 큰아들과 작은아들을 먼 곳으로 쫓아 보내고 막내에게는 그가 직접 고른 소녀와 결혼하게 허락했으며 자신의 뒤를 이어 황제가 되도록 했다.

용과 황제의 아들

어느 황제가 살았는데 그에게는 아들이 셋 있었다.

어느 날 그의 큰아들이 사냥을 하기 위하여 마을을 벗어나자 숲 속에서 토끼 한 마리가 튀어나왔다. 그는 그 토끼를 쫓았다. 이리저리 도망치는 토끼를 쫓다 보니 어느덧 개천에 이르렀다. 그제서야 보니 그가 쫓던 것은 토끼가 아니라 용이었다. 용은 황제의 큰아들을 공격했다.

그렇게 돼서 며칠이 지나도 큰아들이 오지 않자 황제의 작은아들이 사냥을 나섰다. 그가 마을을 벗어나자 역시 숲에서 토끼 한 마리가 튀어 나왔다. 그렇게 정신없이 토끼를 쫓고 보니 어느덧 개천에 이르렀다. 토끼는 이번에도 용으로 변해 황제의 작은아들을 공격했다.

그들이 사냥을 떠난 지 벌써 며칠이 흘러도 소식이 없자 왕궁 안에서는 걱정의 목소리가 높아져 갔다. 이때 황제의 막내아들이 사냥을 나서면서 소식이 없는 형들을 찾겠다고 하였다. 그가 마을을 벗어나자 이번에도 역시 숲에서 토끼 한 마리가 튀어나왔다. 그도 토끼를 쫓았다. 그러다 개천에 이르러 갑자기 토끼를 쫓는 것을 멈추고 혼자서 '저 녀석은 돌아올 때 잡아야지.' 하면서 중얼대며 다른 사냥감을 찾았다. 그렇게 계속 걷다 보니 어느덧 산에 이르렀지만 아무것도 발견하지 못하고 돌아오는 길에 그 개천에 다다랐다. 그런데 그 개천가에 한 노파가 앉아 있었다. 왕자는 노파에게 다가가며 인사를 나눴다.

"신의 가호가 있기를, 할머니!"

그러자 할머니가 대답했다.

"신께서 널 도와주셨네, 꼬마야!"

그러자 막내 왕자가 할머니에게 물었다.

"그런데 토끼 못 보셨나요?"

"꼬마야, 그건 토끼가 아니라 용이란다. 어찌나 사람을 괴롭히고 세상을 망쳐놓는지!"

그 말을 들은 왕자는 걱정에 찬 어조로 할머니에게 다시 말한다.

"그럼, 이제 어쩌지요? 이곳에 저의 두 형 모두 빠진 것 같아요."

"그래, 맞아. 하지만 너무 위험하니 몸이 성할 때 서둘러 집으로 가렴."

그러자 그가 노파에게 말했다.

"할머니, 그런데요, 그게 어떤 놈인지는 아시나요? 할머니는 공격하지 않는 것 같은데."

할머니가 목소리를 높여 말했다.

"아니, 웬걸. 꼬마야! 한때는 나도 공격했지. 이제는 내가 나이를 많이 먹어서 안 그러는 거란다."

그러자 왕자가 말을 이었다.

"할머니, 제 말을 들어보세요. 용이 이곳에 오면 어디로 갈 건지 어디에서 그런 힘이 솟아나는지를 물어보세요. 그리고는 마치 사랑스럽기라도 한 것처럼 그곳에 입을 맞춰 주세요. 그리고 제가 다시 오면 그때 자세히 알려 주세요."

왕자가 왕궁으로 돌아가자 할머니는 개천 근처에 혼자 남게 되었다. 용이 나타나자 할머니는 물었다.

"어디 있다 이제야 온 거냐? 그리고 어디를 그렇게 가는 거니? 넌 도통 어디로 가는지 말하는 법이 없구나."

그러자 용이 대답했다.

"어이, 할망구. 난 아주 멀리 간다네."

그러자 할머니는 부드럽게 다시 말을 이었다.

"넌 왜 그리 멀리 가는 거냐? 그리고 너의 힘이 어디에서 나는지 알려 주겠니? 너의 힘이 솟아나는 곳을 알기라도 한다면 난 그곳에 입맞춤하려고 한단다."

그 말에 용이 웃으며 할머니에게 말했다.

"내 힘은 저 굴뚝에서 나오지."

그러자 할머니는 굴뚝을 껴안으며 그곳에 입을 맞추었다. 그것을 보고 있던 용은 웃음을 참지 못하더니 할머니에게 말했다.

"이 정신 나간 할망구야. 그곳에서 나의 힘이 나오는 게 아니야. 나의 힘은 집 앞 나무에서 나오지."

이번에도 할머니는 나무를 안고 쓰다듬으며 입을 맞추었다. 그러자 이번에도 역시 용이 웃음을 터뜨리더니 할머니에게 말했다.

"그만둬, 이 할망구야. 내 힘은 그곳에서 나오는 게 아니라고."

그러자 할머니가 물었다.

"그럼 어디에서 나오는데?"

용은 사실을 털어놓기 시작했다.

"나의 힘은 먼 곳에서 온 거야. 할멈은 갈 수도 없는 곳이지. 어느 먼 나라의 도시에 호수가 하나 있거든. 그 호수 안에는 용 한 마리가 있고 그 용 안에는 멧돼지가 있고 그 멧돼지 안에는 토끼가 있지. 또 그 토끼 안에는 비둘기가 있고 그 비둘기 안에는 까마귀가 있어. 그 까마귀 안에 바로 나의 힘이 있는 거라고."

할머니가 용의 말을 듣고 용에게 말했다.

"와, 진짜 멀리 있어서 나는 입맞춤을 해 줄 수도 없겠구나."

다음날 용이 개천에서 사라지자 왕자가 찾아와 할머니에게 물었다. 그러자 할머니는 어제 용에게서 들은 대로 모두 말해 주었다. 그 말을 들은 왕자는 집으로 돌아가 옷을 갈아입었다. 목동의 옷을 걸치고 손에는 양치기의 지팡이를 들고 마치 목동처럼 꾸몄다. 그러고는 밖으로 나갔다. 그렇게 이 마을에서 저 마을로, 이 도시에서 저 도시로 가다 보니 어느덧 어느 황제의 왕국에 이르렀고 용이 산다는 황제의 호수까지 도착하게 되었다.

왕자는 그 마을에 도착하여 사람들에게 목동이 필요한 사람이 누구인지를 물었다. 그랬더니 사람들은 황제가 목동을 찾는다고 말했다. 그는 곧 황제에게 갔다. 황제가 그에게 물었다.

"양들을 지키겠다고?"

"지엄하신 황제시여, 그렇습니다."

황제는 그를 받아들이고 앞으로 그가 할 일들을 일러 주었다.

"호수가 하나 있는데, 그 호수 끝에는 잘생긴 파샤[고급 관리에게 내리는 칭호]가 살지. 그가 양들을 몰기만 하면 양들은 호수 주위로 뿔뿔이 흩어지는 거야. 게다가 양치기들은 떠나기만 하면 돌아온 적이 없다네. 그러니 양들이 가고자 하는 곳으로 가도록 내버려 두지 말고 자네가 원하는 곳으로 몰라는 말을 당부하고 싶군."

왕자는 황제에게 고맙다고 인사하고 양들을 몰러 갔다. 그리고 토끼가 뛰쳐나올 경우에 잡아챌 수 있는 걸음 빠른 그레이하운드 두 마리와 어떤 새라도 잡을 수 있는 매 한 마리를 데리고 백파이프를 들고 갔다. 왕자는 양들을 호수로 몰고 갔다. 양들은 이내 호수 주위로 흩어졌다. 왕자는 양 떼 한 쪽에는 매를, 다른 쪽에는 그레이하운드와 백파이프를 두었다. 그리고 속옷과 두 소매를 바짝 걷어붙이고 호수에 서서는 소리쳤다.

"용이여! 용이여! 네가 겁쟁이가 아니라면, 어서 나와서 오늘 나랑 한판 붙어 보자!"

"그래, 나간다!"

용이 모습을 드러냈다. 크기가 정말로 어마어마한데다 어찌나 끔찍하고 무시무시하게 생겼는지! 용이 나타나자 황제의 아들은 용의 허리춤을 움켜쥐었다. 찌는 듯한 더위가 기승을 부렸지만 아침 나절을 그렇게 있었다. 정오가 지나 해가 더 따가워지자 용이 그에게 말했다.

"날 좀 놔 줘, 황제의 아들아. 내가 이 타는 듯한 머리를 호수에 담근 뒤라면 널 저 하늘까지 던져 버릴 수도 있다고."

그러나 왕자가 대답했다.

"어이, 용아. 그건 아무것도 아니지. 황제의 딸이 내 이마에 입맞춤해 준다면 난 너를 더 높은 곳으로 던져 버릴 수도 있단 말이야."

이내 용은 그의 허리를 놓고 호수 안으로 사라졌다. 저녁이 되자 왕자는 깨끗이 얼굴을 씻고 옷을 갖춰 입은 뒤에 어깨에는 매를 앉히고, 곁에는 그레이하운드를 끌고, 겨드랑이에는 백파이프를 낀 채 양들을 데리고 내려왔다. 그리고 백파이프를 불면서 마을로 들어왔다. 그가 마을에 들어오자 온 마을 사람들이 놀라서 말문을 잇지 못했다. 왜냐하면 이제껏 그 어느 양치기도 그 호숫가에 갔다가 살아서 돌아온 적이 없었기 때문이었다.

이튿날 왕자는 다시 옷을 차려입고 양들을 이끌고 호수를 향해 갔다. 그때 황제는 신하 둘을 시켜서 그가 무슨 일을 하고 돌아오는지 몰래 알아보도록 하였다. 그 두 남자는 왕자가 무엇을 하는지 잘 지켜보기 위해 높은 곳으로 올라갔다.

왕자는 호수에 이르자 그레이하운드와 백파이프는 양 떼 밑에, 매는 양 떼 위에 놓고, 속옷과 소매를 걷어붙이고 호수 안으로 들어가 소리쳤다.

"용이여! 용이여! 만약 네가 겁쟁이가 아니라면, 어서 나와서 오늘 나랑 한판 붙어 보자!"

용이 응답했다.

"그래, 나간다!"

용이 모습을 드러냈다. 크기가 정말로 어마어마한데다 어찌나 끔찍하고 무시무시하게 생겼는지! 용이 나타나자 왕자는 용의 허리춤을 움켜쥐고 찌는 듯한 더위 속에서 아침 나절을 그렇게 있었다. 정오가 지나 해가 더 따가워지자 용이 그에게 말했다.

"날 좀 놔 줘, 황제의 아들아. 내가 이 타는 듯한 머리를 호수에 담근 뒤라면 널 저 하늘까지 던져 버릴 수도 있다고."

그러나 왕자가 대답했다.

"어이, 용아. 그건 아무것도 아니지. 황제의 딸이 내 이마에 입맞춤해 준다면 난 너를 더 높은 곳으로 던져 버릴 수도 있단 말이야."

그러자 이내 용은 왕자의 허리를 놓고 호수 안으로 사라졌다. 저녁이 되자 왕자는 이전처럼 양들을 이끌고 백파이프를 불면서 집으로 왔다. 그가 마을로 돌아오자 마을 사람들 모두 어떻게 그는 그 호수에서 무사히 오는지 궁금히 여겼다. 그리고 황제가 양치기를 미행하기 위하여 보냈던 신하들은 그들이 보고 들은 것을 상세하게 이야기하였다. 모든 것을 전해 들은 황제는 양치기가 자신의 집으로 향해 가는 것을 본 뒤에 딸을 불러서 이제껏 있었던 일들을 들려주며 내일 그를 따라 호숫가로 가서 그의 이마에 입을 맞추라고 명령했다. 그 말을 들은 황제의 딸은 겁에 질려 울면서 아버지에게 애원했다.

"전 외동딸인데 만약 무슨 일이 생긴다면 어쩌실 거예요? 제가 죽기라도 하면요?"

그때 황제는 그녀를 달래면서 용기를 북돋워 주었다.

"겁내지 마라, 애야. 호숫가로 가서 양들을 지키도록 우리가 얼마나 많은 양치기들을 바꿨더냐. 이제껏 한 사람도 살아서 돌아온 적이 없는데 그는 용과 싸워 용감하게 이기고 마치 아무 일도 없었다는 듯이 이렇게 돌아오지 않았더냐. 내가 확신하건대, 그는 기필코 용을 무찔러서 우리나라의 모든 백성들을 기쁘게 하고도 남을 사람이니라."

아침에 날이 환하게 밝아 태양이 비추자 양치기는 일어났고 공주도 눈을 떴다. 그리고 호숫가로 갈 준비를 하였다. 양치기는 다른 어느 날보다도 흥겨웠고 무척 즐거운 모습이었지만 공주는 눈물을 흘리며 무척 슬픈 표정을 지었다. 그 모습을 본 양치기가 말했다.

"제발 울지 마세요. 내가 '이때'라고 말을 하면 그때 나에게 달려와 내 이마에 입을 맞추어 주세요, 그러면 모든 것이 잘 해결될 테니."

그들은 양들을 몰며 출발하였다. 양치기는 즐겁게 백파이프를 불면서 걸어갔고, 공주는 그의 곁에서 계속 울면서 걸었다. 그러자 양치기가 몸을 돌리며 공주에게 말했다.

"사랑스런 공주님, 제발 울지 마세요."

그들이 호숫가에 이르자 양들이 갑자기 흩어지기 시작했다. 그러자 왕자는 양 떼 위에 매들을, 밑에는 그레이하운드와 백파이프를 놓고 속옷과 소매를 걷어붙이고 물 속을 가르며 소리쳤다.

"용이여! 용이여! 네가 만약 겁쟁이가 아니라면 어서 나와서 나와 한번 겨뤄 보자."

"그래, 나간다!"

용이 모습을 드러냈다. 크기가 정말로 어마어마한데다 어찌나 끔찍하고 무시무시하게 생겼는지! 용이 나타나자 왕자는 용의 허리춤을 움켜쥐고 찌는 듯한 더위 속에서 아침 나절을 그렇게 있었다. 정오가 지나 해가 더 따가워지자 용이 그에게 말했다.

"날 좀 놔 줘, 황제의 아들아. 내가 이 타는 듯한 머리를 호수에 담근 뒤라면 널 저 하늘까지 던져 버릴 수도 있다고."

그러나 황제의 아들이 그에게 대답했다.

"어이, 용아. 그건 아무것도 아니지. 황제의 딸이 내 이마에 입맞춤해 준다면 난 너를 더 높은 곳으로 던져 버릴 수도 있단 말이야."

그가 말을 마치자 공주가 달려와 그의 볼과 눈, 이마에 입을 맞추었다. 그러자 왕자는 용을 휘두르며 하늘 끝으로 날려보냈고 용은 땅에 떨어지면서 산산조각이 나 버렸다. 용이 산산조각 나자 그 조각에서 멧돼지가 튀어나와 힘껏 달려가는 것이었다. 그러자 왕자는 그레이하운드에게 소리쳤다.

"어서 쫓아! 놓치지 말고!"

개는 어느새 멧돼지를 잡았다. 그러자 멧돼지 안에서 토끼 한 마리가 튀어 나왔다. 그러자 황제의 아들이 나머지 개에게 말했다.
"어서 쫓아! 놓치지 말고!"
그레이하운드가 토끼를 쫓더니 삽시간에 잡았다. 그러자 이번에는 토끼 안에서 비둘기가 나왔다. 매가 비둘기를 잡아왔다. 비둘기 안에서 까마귀가 나오자 황제의 아들은 까마귀를 잡고 말했다.
"어서 나의 형들이 어디에 있는지 말해라."
그러자 까마귀가 대답했다.
"말할게요. 그러니 나에게 아무 짓도 하지 않겠다고 약속해 주세요. 이 마을을 나가면 어느 개천이 있는데, 그 개천 안에는 막대기 세 개가 있습니다. 그 막대기들을 잘라서 땅에 대고 툭툭 치면 땅이 열리고 커다란 지하실을 발견할 수 있을 것입니다. 그 지하실 안에는 아주 많은 사람들이 갇혀 있지요. 남녀노소 별로 어찌나 많은지 아마 왕국 하나쯤은 만들 수 있을 거예요. 그 안에 바로 당신의 형들도 있지요."
까마귀가 이 모든 것을 말하자 왕자는 까마귀를 물에 빠뜨려 죽였다. 황제는 가만히 궁에 있기엔 너무도 궁금하여 그가 보낸 사람들이 있는 산으로 올라가 이 모든 광경을 지켜보았다.
양치기는 다시 얼굴을 깨끗이 씻고, 매를 어깨에 앉히고 그레이하운드도 끌고 백파이프는 겨드랑이에 끼고 양들을 몰면서 황제의 궁으로 향했다. 그러나 그의 곁에 있는 공주는 여전히 겁을 집어먹고 있었다. 그가 성으로 들어오자 모든 사람들이 놀랐다. 이 모든 것을 산에서 지켜보았던 황제는 자신의 딸을 양치기와 결혼을 시켰다. 그렇게 행복한 시간을 보낸 지 거의 몇 주일이 지나 왕자는 자신의 신분을 밝혔다. 그러자 그곳에 있던 사람들은 그를 더욱 좋아하게 되었다. 그가 자신의 나라로 길을 떠나려 하자 장인이 되는 황제는 수많은 시종들을 그에게 딸려보냈다.

   그들이 어느 개천에 이르자 왕자는 자신을 따르는 시종들을 멈추게 하고 자신은 개천 안으로 들어가 막대기 세 개를 잘라서 땅에 대고 두드렸다. 그러자 굳게 닫힌 문이 열렸다. 그 안에는 엄청나게 많은 사람들이 있었다. 그러자 황제의 아들은 한 사람씩 차례차례 나오도록 명령했고, 사람들은 그의 명령에 따랐다. 사람들은 밖으로 나오자 왕자에게 감사의 마음을 표하며 입맞춤을 하고 포옹하였다. 그렇게 나온 사람들 속에 역시 왕자의 형들도 있었다. 그는 자신의 형들과 신부를 데리고 집으로 향했다. 그들은 그렇게 오랫동안 행복하게 살았으며 왕자는 황제가 되어 오래오래 황제로 남아 있었다.

나쁜 시어머니

　어느 왕자가 산책을 하다가 어느 장소에 이르렀는데 그곳에 콜로 춤을 추기 위하여 소녀들이 모여 있었다. 왕자는 그곳에 멈춰 서서 소녀들을 지켜보았다. 그가 다가가자 그곳에 모여 춤을 추던 소녀들이 춤추기를 멈추었는데 매우 아름다운 세 소녀만이 계속 춤을 추었다. 왕자는 그 소녀들에게 다가가 각자 어떤 이에게 시집가고 싶은지를 물었다.

　그러자 한 소녀는 빵을 많이 가지고 있는 제빵업자에게 시집가고 싶다고 대답했고 다른 소녀는 양치기가 우유를 많이 가지고 있으니 양치기에게 시집가고 싶다고 하였다. 그때 세 번째 소녀가 한숨을 내쉬며 말했다.

　"휴우, 만약 왕자님이 내가 그를 위해 어떤 아기를 낳을지 안다면 내일 당장 나와 결혼식을 올릴 텐데."

　"어떤 아기를 낳을 것인데요?"

　왕자가 묻자 그녀가 대답했다.

"황금 팔을 가진 아들 둘과 이마에 황금 별이 박힌 딸 하나요."

왕자는 그 말을 듣고 곧 그녀를 궁으로 데리고 와서 채비를 갖추고 교회로 향했다. 교회로 가서 평생 그녀와 행복하게 살겠노라는 맹세를 하고 결혼식을 올렸다.

황제가 죽자 왕자가 황제가 되었는데 그 어머니는 자신의 며느리를 눈엣가시처럼 여겼다. 시간이 흘러 왕비는 임신했다. 그녀가 황금 팔을 가진 아들 둘과 이마에 황금별이 박힌 딸을 낳은 바로 그날, 왕자는 사냥을 떠났다. 그러자 시어머니는 아이 셋을 모두 궤짝에 담아 근처 강가에 버리도록 신하에게 명령했고 아기들이 누워 있던 요람에는 송아지 세 마리를 대신 갖다놓았다.

저녁 무렵이 훨씬 지나 왕자가 돌아왔다. 그는 왕궁에 돌아와 송아지를 발견하고 어머니에게 달려가 자신의 아내가 송아지를 낳았다고 말했다. 그리고 그는 곧 당장에 자신의 아내를 왕궁에서 끌어내어 길거리에 버려서 지나가는 모든 사람들이 그녀가 무엇을 낳았는지를 보도록 하고 그녀에게 침을 뱉게 하라고 명령했다. 만약 그녀에게 침을 뱉지 않는 사람이 있다면 목을 베겠노라고 하였다. 신하들은 그의 명령에 따랐고 불쌍한 왕비는 수치심과 추위와 병에 시달리다 며칠 되지 않아 숨을 거두었다.

세 아이들을 담은 궤짝은 강에서 계속 떠다니다 강기슭에 닿았다. 운 좋게도 그때 마침 커다란 왕궁의 매우 부유한 사람이 휴식을 취하기 위하여 강가에 앉았다가 궤짝을 발견했다. 그는 신하들에게 그것을 당장 건져오라고 하였다. 궤짝을 열자 안에 아이들이 있는 것이 아닌가! 그는 매우 기뻐하며 남자 아이들은 군에 가기 전까지, 여자 아이는 시집을 가기 전까지 먹이고 입히고 돌보기로 했다.

어느 날 그가 황제를 저녁에 초대하여 함께 만찬을 즐겼다. 만찬이 계속되는 동안 황제는 왕궁을 구경하다 이제껏 보지 못한 너무도 어여쁜 아이들을 발견하였다. 그는 그 아이들이 누구인지 몰랐고 그 아이들도 역시 그를 알아보지 못하였다. 그가 말했다.

"참으로 아름답구나! 나는 다른 어느 것도 바라지 않으니, 말하는 새와 노래하는 나무와 초록빛 물을 가져온다면 너희들에게 어떤 해도 끼치지 않겠다."

그러자 형제 중의 한 명이 나서서 말했다.

"제가 그 세 가지를 구해 올 테니 아무 짓도 말아 주십시오."

그는 그렇게 이야기하고는 길을 나섰다. 길을 계속 걷다가 어느 산 중턱 호숫가에 마치 양처럼 앉아 있는 노인을 보고 그에게 다가가 모든 것을 이야기하고 물었다. 그랬더니 노인이 말했다.

"네가 그것들을 어디에서 구할 수 있는지 내가 알려 주지. 내가 이 철 공을 던질 텐데 공이 가는 곳으로 가면 세 가지 모두 찾을 수 있어. 네가 그곳으로 가고 있는 동안에 네 곁에서 천 명 정도가 질러 대는 고함이 들릴 테지만 너는 아무도 발견하지 못할 테니 그 소리에 신경 쓰지 마렴. 아무도 네 몸을 건드리지도 않을 테니 너는 무사할 거란다. 그러나 호기심으로 뒤를 돌아봐서는 안 된다. 만약 뒤를 돌아보게 되면 너는 그 자리에서 돌로 변할 것이다."

청년은 그 말을 듣고 나서 노인이 던진 철 공을 따라 달려갔다. 그러자 갑자기 사방에서 고함이 들렸다. 그는 소리치는 게 누구인지 보기 위해 고개를 돌렸지만 그곳에는 아무도 없었다. 그는 돌처럼 굳어 버렸다.

다음날 그의 형제가 기다리다 못해 길을 떠나서 노인을 만났다. 노인은 이 청년에게도 먼저 왔던 청년에게 말해 주었듯이 모든 것을 일러 주었다. 젊은이는 노인에게 감사의 인사를 하고 그 장소를 향해 달렸다. 그러다가 길 한가운데에서 돌이 되어 있는 형제를 발견했다. 그는 울면서 형제에게 키스했다. 그러자 사방에서 천 명도 넘는 사람들의 고함이 들렸다. 그는 허겁지겁 도망쳤지만 겁에 질린 나머지 노인의 말을 잊고 뒤를 돌아보았다. 그러자 그도 역시 그의 형제 가까이에 돌로 굳어 버렸다.

누이는 이 형제들이 돌아오지 않자 다음날 날이 밝는 대로 서둘러 길을 나섰다. 두 형제가 간 곳으로 길을 따라가자 이번에도 같은 노인이 있었다. 노인은 그녀의 형제들에게 말했던 대로 소녀에게 모든 것을 일러 주면서 물었다.

"무기를 들고 간 남자들도 돌아오지 못했다. 그런데 가는 길에 엄청난 고함이 들릴 텐데 너는 겁을 먹지 않고 뒤도 돌아보지 않고 갈 수 있겠느냐?"

소녀는 풀을 몇 개 뜯어서 귀를 틀어막고는 노인에게 말했다.

"아무 염려 마시고, 그 철 공을 던지세요. 어떻게든 내가 그 길을 갈 테니. 그나저나 제가 말씀드린 그 세 가지와 제 형제를 찾아낼 수 있을까요?"

"물론이지."

노인은 그렇게 말하면서 철 공을 던졌고 그녀는 최대한 빠르게 달렸다. 이윽고 돌이 된 형제를 발견하자 소녀는 눈물을 흘렸다. 그때 사방에서 엄청난 고함이 울렸지만 그녀에게는 그다지 크게 들리지 않았으므로 소녀는 노인이 던진 공을 따라 달렸다. 그러자 오른쪽 어깨로 새가 날아와 말했다.

"신이여, 감사합니다! 네가 오기를 얼마나 기다렸는지 아니? 자, 어서 호숫가로 가자. 그곳에는 네가 찾는 초록빛 물과 노래하는 나무가 있단다. 그리고 어서 서둘러 너의 두 형제가 있는 곳으로 가자꾸나. 가서 부드럽게 만져 주면 다시 살아날 거야."

그녀는 새가 시키는 대로 했고 왔던 길을 다시 돌아 형제들이 있는 곳에 도착했다. 그녀가 부드럽게 만져 주자 이내 형제들이 다시 살아났으며 모두 함께 집으로 돌아왔다. 그러자 그들의 주인은 기뻐 어쩔 줄 몰라했고 곧 성대한 만찬을 준비시켜 그들에게 명령을 내린 황제도 초대했다. 이때 새가 말했다.

"주인님! 식사가 모두 준비되었을 때 식탁 위에 포크도 숟가락도 아무것도 놓지 마십시오. 황제가 손으로 먹도록 내버려 두십시오."

주인은 새의 말에 귀를 기울였고 그렇게 하기로 하였다. 초대를 받은 황제가 도착했고, 식사 준비도 모두 끝났다. 황제가 다 함께 식탁이 있는 곳으로 다가왔는데 식탁에서 포크도 숟가락도 아무것도 눈에 띄질 않았다. 그러자 황제가 물었다.

"아니, 이게 뭔가? 음식을 어떻게 먹으라고 하는 거지?"

새가 말했다.

"잘 드셔야죠. 당신의 두 아들과 딸이 이제껏 겪었던 고통을 느끼면서 드셔야죠. 죄 없는 아내와 불쌍한 아이들을 버린 벌을 어떻게 감당하시렵니까? 이 아이들이 당신의 아이입니다. 당신의 사악한 어머니가 이들을 버리고 대신 송아지를 갖다 놓은 거지요."

이 말을 듣자 황제는 너무도 기뻐서 아이들을 향해 두 팔을 벌리고 뛰어가 껴안고 입을 맞추었다. 그리고 모두를 데리고 자신의 성으로 왔다. 같은 날 그 아이들의 엄마도 살아났고, 두 아들과 딸은 같은 날 결혼식을 올렸다.

폴란드·유고 민담을 소개하며

● ● ● ● ●

18세기와 19세기에는 오늘날 동유럽 국가들 대부분이 유럽 강대국들의 지배를 받았다. 외세 점령 하에서 자칫 민족성과 민족 문화를 상실할지 모른다는 두려움이 싹텄고, 그러한 염려에서 조국의 역사를 알고 민족의 특성을 결정하는 것이 도대체 무엇인가를 알기 위한 연구들이 활발하게 일어났다. 유럽 각 나라의 귀족들은 모두 프랑스 어로 이야기하고 라틴 어로 글을 쓰며 비슷한 문화를 갖고 있었지만, 민중들은 지역 고유의 언어를 사용하고 관습을 보전하였다. 그와 같은 배경에서 동유럽 국가들은 나라마다 내용과 방법 면에서 각기 다르고 또 시기적으로도 약간의 차이를 보이기는 하지만 대체로 19세기에 접어들면서 민속 문학에 대한 연구를 본격적으로 진행해 나갔다.

● ── 폴란드 민담

폴란드의 구비 문학은 폴란드에서 기록 문학이 발생하고 기독교가 수용되기 이전에 민간에서 성행하던 원시 신앙과 풍습에 대한 정보를 풍부하게 제공해 준다. 폴란드에서 구비 문학이 학자들의 관심을 끌게 된 것은 이미 계몽주의 시대부터였으나, 18세기에서 19세기의 전환기 특히 낭만주의 시대에 이르러 비로소 다각적인 연구가 활기차게 이루어졌다.

당시 이웃의 강대국들인 프러시아, 러시아, 오스트리아-헝가리 제국이 폴란드를 분할 점령하였다. 일제 치하의 조선 민족이 그랬듯이 나라를 잃은 폴란드 사람들 사이에서도 민족의 중요성이 크게 부각되었고, 학문적으로는 역사를 되돌아봄으로써 민족의 시조와 역사의 원류를 밝혀내어 폴란드 민족의 진정한 모습을 찾고자 하는 움직임이 강하게 일어났다. 또한 비록 실패로 끝나기는 하였지만 1830년 러시아의 점령 통치에 반발하여 일어난 '11월 봉기' 당시에 그때까지 수동적인 자세로 일관하였던 농민들이 민족의 독립 쟁취를 위한 투쟁에 동참함으로써, 귀족 및 엘리트 계층의 인식을 바꾸어 놓았다.

낭만주의자들은 지역적 사회적으로 제한된 삶을 살아 온 서민들이야말로 가톨릭적이고 범유럽적인 폴란드 귀족 문화나 외세의 영향에 흔들리지 않고 폴란드 민족 문화의 특수성과 고유성을 온전히 보전해 왔다고 생각했다. 따라서 그들은 "민중과 민족은 하나"라는 구호 아래 농민들의 삶 속에서 폴란드 고유의 민족 문화 즉 가톨릭 수용 이전의 슬라브 문화를 찾으려 했고, 민족의 독립 문제를 농민들의 사회적 해방과 연결시켰다. 이러한 낭만주의자들의 활동 덕택에 민속은 계몽주의자들에게 미신적이고 지엽적이며 하찮은 것이라고 무시당하던 상태를 벗어나 민족의 독자성과 개별성을 말해 주는 주요 원천으로서 대단히 중요하게 여겨졌고, 이후부터는 폴란드 문화에서 영구적인 요소로 등장하게 되었다.

낭만주의자들은 구비 문학 중 특히 민요, 민담, 민간 신앙, 속담에 관심을 기울였고 그 예술적 가치보다는 사상적 도덕적 가치를 중요시하였다. 그들은 민요가 민족성을 두드러지게 나타내며 폴란드 민족의 삶과 역사에 긴밀하게 연관되어 있음을 강조하였다. 한마디로 낭만주의자들은 영적이고 가족적인 특징을 갖는 폴란드의 민속 문화 속에서, 오랫동안 끊임없이 유입된 외국 문화와 그리스 로마의 남방 민족에게서 나와 유럽 전역에 퍼진 라틴 문화의 영향에 묻혀 희석되고 잊혀 간 폴란드 민족 고유의 원초적 요소들을 찾으려 했다.

이에 따라 연구 방법도 이전과는 달라져서, 여러 학자들이 연구실을 떠나

호다코브스키^{Z. M. Chodakowski}의 주도 아래 각 지방을 직접 돌아다니며 그때까지 구전으로만 전해 오던 자료들을 적극적으로 수집하고 기록하여 출간하기 시작했다. 그 결과 1833년 잘레스키^{W. M. Zaleski}의 『갈리치아 지방의 폴란드와 우크라이나 민요들』, 1842년에는 민요와 민간 풍습, 제례 의식 간의 관계를 연구한 콜베르그^{O. Kolberg}의 『폴란드 민요 모음집』 등이 발간되었다. 즉 폴란드의 구비 문학이 채록되어 독자들에게 읽히기 시작한 것은 1830년 11월의 무장 봉기가 실패로 끝난 뒤인 1831년 이후부터라 하겠다.

폴란드의 구비 문학에서 서사시가 차지하는 비중은 이웃한 우크라이나, 세르비아와는 달리 작은 편이다. 그 대신에 주로 민간의 제례 의식이나 관습, 그리고 사랑을 주제로 한 민요가 많다. 신앙과 상상의 세계에 관한 민속 시가에는 몰락한 도시, 물에 잠긴 종, 물의 요정, 늑대 인간과 같은 특정한 상징과 주제들이 반복하여 등장한다. 민속 문학 중 가장 애호되던 장르는 여우, 곰, 늑대가 주로 등장하는 동물 우화, 마법과 별난 모험에 관한 환상적인 이야기들을 담고 있는 민담들이다. 신화를 통하여 지난날의 반향, 역사적 사건과 인물에 대한 민중의 판결을 찾을 수 있다면 민담 속에서는 인간사를 보는 민중의 시각과 그들이 세상과 맺고 있던 관계, 그리고 민중들의 진정한 지혜를 엿볼 수 있다 할 것이다.

● —— 유고 민담

'유고슬라비아'는 '남 슬라브인의 땅'이라는 뜻이다. 14세기 후반부터 19세기 말까지 오스만 튀르크 제국의 속국이었던 유고슬라비아는 이슬람이라는 이교 문화의 강압 속에서도 500년 가까이 세르비아 정교를 수호하며 나름의 문화적 전통을 고수해 온 나라이다. 현재의 유고는 연방 공화국으로 '유고'라는 이름을 계승한 세 번째 국가가 된다. 1929년 유고슬라비아 왕국이 선 후 1963년 여섯 공화국이 묶인 유고슬라비아 사회주의 연방 공화국으로 되었다가, 마케도니아, 보스니아 헤르체고비나, 크로아티아, 슬로베니아가 독립하면서 1992년 세르비아 공화국과 몬테네그로 공화국, 코소보와 보이보디나 자치주 등으로 이루어진 현재의 신유고 연방을 이루었다.

유고슬라비아는 동양과 서양, 슬라브 고유 문화와 그리스·라틴·이슬람 문화가 교차하는 지정학적 특성으로 인해 독특한 역사와 문화를 지니고 있다. 상이한 문화권의 접경 지대에 위치하여 그 다양한 문화권의 충돌을 완충하는 역할을 하면서 오히려 그 자신은 상이한 문화의 혼재를 드러내 보이는 나라이다. 유고슬라비아의 구비 문학에는 기독교적 요소와 발칸적 요소에 더하여 터키 민족을 통하여 도입된 아시아적 요소가 드러난다. 이처럼 유고슬라비아의 구비 문학은 다양한 민족적 요소의 혼재를 특징으로 하기 때문에 그 발생학적 문제 연구에 많은 어려움이 있다.

유고슬라비아에서 구비 문학 작품을 채록하기 시작한 것은 19세기 초의 부크 스테파노비치 카라지치 Vuk Stefanović Karadžić 부터이다. 그는 유고슬라비아 어 사전 '유고어'라는 용어는 실제로 세르비아 공화국, 보스니아 공화국, 몬테네그로 공화국에서 사용되는 세르보 크로아트 어를 지칭한다, 유고 어 문법 및 정서법正書法에 대한 체계를 세우고 유고 최초로 유고 구비 시가를 비롯한 다양한 갈래의 구비 문학 작품을 광범위하게 채록했다.

유고슬라비아 구비 시가의 주된 소재는 500여 년간 오스만 튀르크 제국의 지배를 받으며 민중들이 겪은 애환으로 그 속에 사랑, 죽음, 이별의 슬픔과 같은 인류 보편의 정서를 표현하고 있다. 또 구비 서사시 갈래에서는 이민족과의 전투, 영웅들에 대한 묘사가 주를 이룬다.

폴란드 편 엮은이 | 오경근

한국외국어대학교 폴란드어과를 졸업하고 폴란드 야기엘로인스키대학에서 문학 석사 학위를, 아담 미츠키에비츠 대학에서 문학 박사 학위를 취득하였다. 현재 동유럽발칸연구소 연구원이며 한국외국어대학교 강단에서 폴란드 어를 교수하고 있다. 논문으로는 「1989년 체제 변환 이후 폴란드 문학의 경향」, 「폴란드 민속 문학에 대한 고찰」, 「폴란드 민속 서사시 연구」 등이 있다.

유고슬라비아 편 엮은이 | 김지향

한국외국어대학교 유고어과를 졸업하고 유고의 베오그라드 국립대학교에서 문학 석사 학위와 박사 학위를 취득하였다. 현재 한국외국어대학교 외국문학연구소 연구 교수로 있으며 『세계 연극의 이해』, 『세계 문학의 기원』, 『세계의 소설가』, 『이보 안드리치』 등의 저서와 『안디의 벨벳 앨범』, 『아스카와 늑대』, 『손자 마르코에게 들려주는 이야기』, 『히치하이킹 게임』 등의 역서가 있다.

세계 민담 전집 10 **폴란드 · 유고**

1판 1쇄 펴냄 2003년 9월 15일
1판 3쇄 펴냄 2015년 11월 18일

엮은이 | 오경근 · 김지향
발행인 | 김세희
편집인 | 김준혁
펴낸곳 | 황금가지

출판등록 | 2009. 10. 8 (제2009-000273호)
주소 | 135-887 서울 강남구 신사동 506 강남출판문화센터 5층
전화 **영업부** 515-2000 **편집부** 3446-8774 **팩시밀리** 515-2007
홈페이지 | www.goldenbough.co.kr

도서 파본 등의 이유로 반송이 필요할 경우에는 구매처에서 교환하시고
출판사 교환이 필요할 경우에는 아래 주소로 반송 사유를 적어 도서와 함께 보내주세요.
135-887 서울 강남구 신사동 506 강남출판문화센터 6층 민음인 마케팅부

© ㈜민음인, 2015. Printed in Seoul, Korea
ISBN 978-89-8273-590-5 04800
ISBN 978-89-8273-580-6 (set)

㈜민음인은 민음사 출판 그룹의 자회사입니다.
황금가지는 ㈜민음인의 픽션 전문 출간 브랜드입니다.